D1574562

Jahrbuch
Der
Bayerischen Staatsoper
1985

Abbildungen auf dem Einband:
Szenenbilder aus »Cardillac« von Paul Hindemith
in der Inszenierung von Jean-Pierre Ponnelle
und unter der musikalischen Leitung
von Wolfgang Sawallisch,
Bühnenbild von Jean-Pierre Ponnelle,
anläßlich der Münchner Opern-Festspiele 1985
Fotos: Anne Kirchbach

© 1985 Gesellschaft zur Förderung
der Münchner Opern-Festspiele e.V.
Alle Rechte vorbehalten
Verlag und Herstellung: F. Bruckmann KG, München
Graphische Kunstanstalten
Printed in Germany
ISBN 3 7654 1973 7

JAHRBUCH DER BAYERISCHEN STAATSOPER 1985

*Anläßlich der Münchner Opern-Festspiele 1985
herausgegeben von der Gesellschaft
zur Förderung der Münchner Opern-Festspiele
(1. Vorsitzender Carl Wagenhöfer)
zusammen mit der Direktion der
Bayerischen Staatsoper
(Staatsoperndirektor Wolfgang Sawallisch)*

Zusammenstellung
Hanspeter Krellmann

Bruckmann München

Heinrich Adam: Blick auf Max-Josephs-Platz und Nationaltheater in München, 1839

Zum Geleit

Das Jahr 1985 wurde anläßlich besonderer Gedenktage für die Komponisten Heinrich Schütz, Johann Sebastian Bach, Georg Friedrich Händel, Domenico Scarlatti und Alban Berg zum Europäischen Jahr der Musik erklärt. Dies findet seinen Niederschlag auch im achten Jahrbuch der Bayerischen Staatsoper. Diese nun schon zum 28. Mal von der Gesellschaft zur Förderung der Münchner Opern-Festspiele zusammen mit der Direktion der Bayerischen Staatsoper herausgegebene Publikation zu den Münchner Opern-Festspielen widmet sich in Einzeldarstellungen diesem Themenkreis und behandelt in Allgemeinbeiträgen das Jahr der Musik sowie die Problematik der Oper als Festspiel.

Die Bühnenausstattung Giacomo Manzùs zu Verdis Oper *Macbeth* im Nationaltheater München regte an zu einer Untersuchung über das Verhältnis bildender Künstler zum Metier des Bühnenbildners. Das 25jährige Bestehen der Kammermusikveranstaltungen durch Mitglieder des Bayerischen Staatsorchesters gab Anlaß zu einem Beitrag über besondere Instrumente, die im Besitz des Orchesters sind. Paul Hindemith, Carl Orff, Heinrich Sutermeister und Vincenzo Bellini, im Spielplan der Staatsoper mit Neuinszenierungen bzw. einer konzertanten Aufführung vertreten, sowie Alban Berg, Johann Sebastian Bach und Georg Friedrich Händel werden zu ihren »runden« Geburtstagen eingehend gewürdigt, ebenso Kammersänger Dietrich Fischer-Dieskau, eine der bedeutendsten Sängerpersönlichkeiten unseres Jahrhunderts, zu seinem 60. Geburtstag.

Darüber hinaus bietet das Jahrbuch wieder ein breites Spektrum, das sich an den diesjährigen Festspielen und an der Arbeit des Münchner Operninstituts ausrichtet. Rück- und Ausblicke sind den Spielzeiten 1984/85 und 1985/86 gewidmet. Dazu gehören als Schwerpunkt das China-Gastspiel der Bayerischen Staatsoper in der zweiten Jahreshälfte 1984, das erste westliche Operngesamtgastspiel in der Volksrepublik China überhaupt, sowie eine Puschkin-Betrachtung Lew Kopelews anläßlich der Neuinszenierung von Tschaikowskys Puschkin-Oper *Pique Dame*.

Wir sind sicher, das Jahrbuch 1985 wird den Besuchern der Münchner Opern-Festspiele aus aller Welt und den Freunden der Bayerischen Staatsoper zur Einstimmung auf die Festspiele und zur anregenden Lektüre dienen.

Wolfgang Sawallisch
Staatsoperndirektor und
Bayerischer Generalmusikdirektor

Carl Wagenhöfer
Erster Vorsitzender der Gesellschaft
zur Förderung der Münchner Opern-Festspiele

Inhalt

I Programm der Münchner Opern-Festspiele 1985

Hans J. Fröhlich
Neue Mißverständnisse um Alban Berg?
Ein paar notwendige Anmerkungen — 18

Franz Willnauer
Kontinent zu entdecken
Gedanken zum 90. Geburtstag Carl Orffs — 28

Wilfried Hiller
»'S Amixl hat gsunga...«
Tagebuchaufzeichnungen — 33

Andres Briner
Ein unzeitgemäß-zeitgemäßer Komponist
Zu den Arbeiten von Heinrich Sutermeister — 44

Helmut Heißenbüttel
Von der Hörbarkeit der Musik
Georg Friedrich Händels
Zum 300. Geburtstag des Komponisten — 49

Herbert Rosendorfer
Belcanto-Zeitalter und Risorgimento
Vincenzo Bellini und seine Oper *Norma* — 55

II Allgemeine Beiträge

Helmut Heißenbüttel
Öffentliche Anhäufung musikalischen Kulturguts?
Anmerkungen zu einem Jubiläumsjahr — 67

Horst Leuchtmann
Die Oper als Festspiel ihrer selbst — 74

Aloys Greither
Aus der Instrumentengeschichte
des Bayerischen Staatsorchesters — 81

Mathilde Berghofer-Weichner
Erfahrungen mit China aus westeuropäischer Sicht
Mit der Bayerischen Staatsoper
im Reich der Mitte — 101

Siegfried Janzen
Der vielseitige Dietrich Fischer-Dieskau
Zum 60. Geburtstag des Sängers am 28. Mai 1985 — 107

Herbert Rosendorfer
Bachs ernstes Spiel mit der Einstimmigkeit
Einige Gedanken
über unbegleitete Intrumental-Soli — 111

Helmut Schneider
Bildende Künstler
und die Kunst der Bühnenbildnerei
Ein Rückblick
mit Anmerkungen zur Gegenwartssituation — 118

III Rückblick auf die Spielzeit 1984/85

Lew Kopelew
Puschkin und kein Ende... — 131

Hanspeter Krellmann
Zeitgenosse Paul Hindemith?
Zu seinem 90. Geburtstag am 16. November 1985 — 135

Premieren und Wiederaufnahmen — 140

Aufführungsstatistik — 154

IV Übersichten

Das Ensemble der Bayerischen Staatsoper — 157

Vorschau auf die Spielzeit 1985/86 — 171

Die Gesellschaft zur Förderung der
Münchner Opern-Festspiele — 179

Autoren dieses Buches — 183

Impressum — 185

I

Die Münchner Opern-Festspiele 1985

Blick ins Innere des Nationaltheaters in München

Nationaltheater

*Eröffnungspremiere anläßlich des
100. Geburtstags des Komponisten*
Samstag, 6. Juli 1985, 19.00 Uhr
LULU
von Alban Berg
Münchner Erstaufführung der dreiaktigen Fassung
Musikalische Leitung: Friedrich Cerha
Inszenierung: Jean-Pierre Ponnelle
Bühnenbild: Jean-Pierre Ponnelle
Kostüme: Pet Halmen

Catherine Malfitano, Brigitte Fassbaender, Astrid Varnay, Helena Jungwirth, Diane Jennings, Cornelia Wulkopf, Gudrun Wewezow, Verena Gohl
Claes H. Ahnsjö, Franz Mazura, Jacque Trussel, Alfred Kuhn, Hans Hotter, Ulrich Reß, Friedrich Lenz, Kieth Engen, Hermann Sapell, Georg Paskuda, Gerhard Auer, Hans Wilbrink

Sonntag, 7. Juli 1985, 11.00 Uhr
*LIEDERMATINEE
HERMANN PREY*
Am Flügel: Wolfgang Sawallisch
Lieder von Robert Schumann und Hugo Wolf

Sonntag, 7. Juli 1985, 19.00 Uhr
ARABELLA
von Richard Strauss
Musikalische Leitung: Wolfgang Sawallisch
Inszenierung: Peter Beauvais
Bühnenbild und Kostüme: Jürgen Rose
Chöre: Frank-Udo Schulze

Marjana Lipovsek, Lucia Popp, Julie Kaufmann, Sylvia Greenberg, Cornelia Wulkopf
Alfred Kuhn, Bernd Weikl, Peter Seiffert, Josef Hopferwieser, John Janssen, Rüdiger Trebes, Hermann Sapell

Montag, 8. Juli 1985, 19.30 Uhr
PAPILLON
Ballett von Ronald Hynd
nach der Originalfassung der Pariser Oper, 1860
Musik von Jacques Offenbach/John Lanchbery
Musikalische Leitung: Michael Collins
Choreographie: Ronald Hynd
Bühnenbild und Kostüme: Peter Docherty

Jacqueline Achmedowa, Jolinda Menendez, Linda Kalda, Louise Lester, Mary Renouf
Gyula Harangozó, Jindrich Mikulasek, Carey Davis, Tomasz Kajdanski, Adrian Fryer

Dienstag, 9. Juli 1985, 19.00 Uhr
LULU
von Alban Berg
Musikalische Leitung: Friedrich Cerha
Inszenierung: Jean-Pierre Ponnelle
Bühnenbild: Jean-Pierre Ponnelle
Kostüme: Pet Halmen

Catherine Malfitano, Brigitte Fassbaender, Astrid Varnay, Helena Jungwirth, Diane Jennings, Cornelia Wulkopf, Gudrun Wewezow, Verena Gohl
Claes H. Ahnsjö, Franz Mazura, Jacque Trussel, Alfred Kuhn, Hans Hotter, Ulrich Reß, Friedrich Lenz, Kieth Engen, Hermann Sapell, Georg Paskuda, Gerhard Auer, Hans Wilbrink

Donnerstag, 11. Juli 1985, 18.00 Uhr
DER ROSENKAVALIER
von Richard Strauss

Musikalische Leitung: Jiří Kout
Inszenierung: Otto Schenk
Bühnenbild und Kostüme: Jürgen Rose
Chöre: Frank-Udo Schulze

Lucia Popp, Brigitte Fassbaender, Helen Donath, Marianne Seibel, Cornelia Wulkopf, Georgine Benza, Verena Gohl, Helena Jungwirth, Monika Brustmann
Kurt Moll, Gottfried Hornik, Ulrich Reß, Gerhard Auer, Friedrich Lenz, Hans Wilbrink, Yoshihisa Yamaji, Christopher Scholl

Freitag, 12. Juli 1985, 19.00 Uhr
DIE ZAUBERFLÖTE
von Wolfgang Amadeus Mozart

Musikalische Leitung: Wolfgang Sawallisch
Inszenierung: August Everding
Bühnenbild und Kostüme: Jürgen Rose
Chöre: Günther Schmidt-Bohländer

Zdzislava Donat, Edith Mathis, Pamela Coburn, Marianne Seibel, Cornelia Wulkopf, Carmen Anhorn
Kurt Moll, Peter Schreier, Theo Adam, Christian Boesch, Ulrich Reß, Hermann Winkler, Kieth Engen, Kurt Böhme, Franz Klarwein, Gerhard Auer, Hans Wilbrink, Peter Wagner, Walter von Hauff, Abbas Maghfurian, 3 Tölzer Knaben

Samstag, 13. Juli 1985, 19.00 Uhr
LULU
von Alban Berg

Musikalische Leitung: Friedrich Cerha
Inszenierung: Jean-Pierre Ponnelle
Bühnenbild: Jean-Pierre Ponnelle
Kostüme: Pet Halmen

Catherine Malfitano, Brigitte Fassbaender, Astrid Varnay, Helena Jungwirth, Cornelia Wulkopf, Gudrun Wewezow, Verena Gohl
Claes H. Ahnsjö, Franz Mazura, Jacque Trussel, Alfred Kuhn, Hans Hotter, Ulrich Reß, Friedrich Lenz, Kieth Engen, Hermann Sapell, Georg Paskuda, Gerhard Auer, Hans Wilbrink

Sonntag, 14. Juli 1985, 11.00 Uhr
LIEDERMATINEE
DIETRICH FISCHER-DIESKAU
Am Flügel: Hartmut Höll

Franz Schubert: Die Winterreise

Sonntag, 14. Juli 1985, 18.00 Uhr
DER ROSENKAVALIER
von Richard Strauss

Musikalische Leitung: Jiří Kout
Inszenierung: Otto Schenk
Bühnenbild und Kostüme: Jürgen Rose
Chöre: Frank-Udo Schulze

Lucia Popp, Brigitte Fassbaender, Helen Donath, Marianne Seibel, Cornelia Wulkopf, Georgine Benza, Verena Gohl, Helena Jungwirth, Monika Brustmann
Kurt Moll, Gottfried Hornik, Ulrich Reß, Gerhard Auer, Friedrich Lenz, Hans Wilbrink, Yoshihisa Yamaji, Christopher Scholl

Montag, 15. Juli 1985, 19.30 Uhr
CARDILLAC
von Paul Hindemith

Musikalische Leitung: Wolfgang Sawallisch
Inszenierung: Jean-Pierre Ponnelle
Bühnenbild: Jean-Pierre Ponnelle
Kostüme: Pet Halmen
Chöre: Günther Schmidt-Bohländer

Maria de Francesca-Cavazza, Doris Soffel
Donald McIntyre, Robert Schunk, Hans Günter Nöcker, Josef Hopferwieser, Karl Helm

Dienstag, 16. Juli 1985, 19.00 Uhr
DIE ZAUBERFLÖTE
von Wolfgang Amadeus Mozart
Musikalische Leitung: Wolfgang Sawallisch
Inszenierung: August Everding
Bühnenbild und Kostüme: Jürgen Rose
Chöre: Günther Schmidt-Bohländer

Zdzislava Donat, Helen Donath, Pamela Coburn, Marianne Seibel, Cornelia Wulkopf, Carmen Anhorn
Kurt Moll, Peter Schreier, Theo Adam, Christian Boesch, Ulrich Reß, Hermann Winkler, Kieth Engen, Kurt Böhme, Franz Klarwein, Gerhard Auer, Hans Wilbrink, Peter Wagner, Walter von Hauff, Abbas Maghfurian, 3 Tölzer Knaben

Mittwoch, 17. Juli 1985, 19.00 Uhr
LULU
von Alban Berg
Musikalische Leitung: Friedrich Cerha
Inszenierung: Jean-Pierre Ponnelle
Bühnenbild: Jean-Pierre Ponnelle
Kostüme: Pet Halmen

Catherine Malfitano, Brigitte Fassbaender, Astrid Varnay, Helena Jungwirth, Cornelia Wulkopf, Gudrun Wewezow, Verena Gohl
Claes H. Ahnsjö, Jacque Trussel, Alfred Kuhn, Hans Hotter, Ulrich Reß, Friedrich Lenz, Kieth Engen, Hermann Sapell, Georg Paskuda, Gerhard Auer, Hans Wilbrink

Donnerstag, 18. Juli 1985, 19.00 Uhr
LA TRAVIATA
von Giuseppe Verdi
In italienischer Sprache
Musikalische Leitung: Carlos Kleiber
Inszenierung: Otto Schenk
Bühnenbild und Kostüme: Jürgen Rose
Chöre: Udo Mehrpohl

Edita Gruberova, Marianne Seibel, Helena Jungwirth
Neil Shicoff, Wolfgang Brendel, Ulrich Reß, John Janssen, Gerhard Auer, Nikolaus Hillebrand, Christopher Scholl, Joachim-Alois Pieczyk, Hermann Sapell

Freitag, 19. Juli 1985, 19.00 Uhr
ARABELLA
von Richard Strauss
Musikalische Leitung: Wolfgang Sawallisch
Inszenierung: Peter Beauvais
Bühnenbild und Kostüme: Jürgen Rose
Chöre: Frank-Udo Schulze

Marjana Lipovsek, Lucia Popp, Julie Kaufmann, Elfie Hobarth, Cornelia Wulkopf
Alfred Kuhn, Bernd Weikl, Peter Seiffert, Josef Hopferwieser, John Janssen, Hermann Sapell

Samstag, 20. Juli 1985, 19.30 Uhr
BALLETTABEND
Der Fächer
Musik von Edward Elgar

Fanfare für Tänzer
Musik von Leoš Janáček

Die Jahreszeiten
Musik von Alexander Glasunow

Musikalische Leitung: Michael Collins
Choreographie: Ronald Hynd
Bühnenbild und Kostüme: Peter Docherty

Jolinda Menendez, Judith Turos, Rosina Kovacs, Irina Lebedjewa, Jacqueline Achmedowa, Louise Lester, Linda Kalda, Gabriele Hubert, Anna Seidl, Kiki Lammersen
Peter Breuer, Ferenc Barbay, Gyula Harangozó, Waldemar Wolk-Karaczewski, Carey Davis, Tomasz Kajdanski, Peter Jolesch, Alexander Minz, Dorin Gal, Adrian Fryer

Sonntag, 21. Juli 1985, 11.00 Uhr
KLAVIERMATINEE
DANIEL BARENBOIM
Werke von Franz Liszt

Sonntag, 21. Juli 1985, 19.00 Uhr
LA TRAVIATA

von Giuseppe Verdi

In italienischer Sprache

Musikalische Leitung: Carlos Kleiber
Inszenierung: Otto Schenk
Bühnenbild und Kostüme: Jürgen Rose
Chöre: Udo Mehrpohl

Edita Gruberova, Marianne Seibel, Helena Jungwirth
Neil Shicoff, Wolfgang Brendel, Ulrich Reß, John Janssen, Gerhard Auer, Nikolaus Hillebrand, Christopher Scholl, Joachim-Alois Pieczyk, Hermann Sapell

Montag, 22. Juli 1985, 19.00 Uhr
ADRIANA LECOUVREUR

von Francesco Cilea

In italienischer Sprache

Musikalische Leitung: Giuseppe Patané
Inszenierung: John Copley
Bühnenbild: Henry Bardon
Kostüme: Michael Stennett
Choreographie: Terry Gilbert

Natalia Troitskaya, Alexandrina Miltschewa, Carmen Anhorn, Helena Jungwirth
Placido Domingo, Jan-Hendrik Rootering, Yoshihisa Yamaji, Bodo Brinkmann, Alfred Kuhn, Ulrich Reß, Georg Paskuda

Dienstag, 23. Juli 1985, 19.00 Uhr
*LE NOZZE DI FIGARO
(DIE HOCHZEIT DES FIGARO)*

von Wolfgang Amadeus Mozart

In italienischer Sprache

Musikalische Leitung: Wolfgang Sawallisch
Nach einer Inszenierung von Günther Rennert
Spielleitung: Ronald H. Adler
Bühnenbild und Kostüme: Rudolf Heinrich
Chöre: Günther Schmidt-Bohländer

Teresa Zylis-Gara, Delores Ziegler, Edith Mathis, Gudrun Wewezow, Carmen Anhorn, Monika Brustmann, Helena Jungwirth
Ruggero Raimondi, Hermann Prey, Siegfried Vogel, David Thaw, Gerhard Auer, Friedrich Lenz

Mittwoch, 24. Juli 1985, 19.00 Uhr
ARABELLA

von Richard Strauss

Musikalische Leitung: Wolfgang Sawallisch
Inszenierung: Peter Beauvais
Bühnenbild und Kostüme: Jürgen Rose
Chöre: Frank-Udo Schulze

Marjana Lipovsek, Lucia Popp, Julie Kaufmann, Elfie Hobarth, Cornelia Wulkopf
Alfred Kuhn, Bernd Weikl, Peter Seiffert, Josef Hopferwieser, John Janssen, Rüdiger Trebes, Hermann Sapell

Donnerstag, 25. Juli 1985, 19.00 Uhr
ADRIANA LECOUVREUR

von Francesco Cilea

In italienischer Sprache

Musikalische Leitung: Giuseppe Patané
Inszenierung: John Copley
Bühnenbild: Henry Bardon
Kostüme: Michael Stennett
Choreographie: Terry Gilbert

Natalia Troitskaya, Alexandrina Miltschewa, Carmen Anhorn, Helena Jungwirth
Placido Domingo, Jan-Hendrik Rootering, Yoshihisa Yamaji, Bodo Brinkmann, Alfred Kuhn, Ulrich Reß, Georg Paskuda

Freitag, 26. Juli 1985, 19.00 Uhr
NORMA

von Vincenzo Bellini

Konzertante Aufführung
in italienischer Sprache

Musikalische Leitung: Giuseppe Patané
Chöre: Udo Mehrpohl

Margaret Price, Alicia Nafé, Gudrun Wewezow
Franco Bonisolli, Robert Lloyd, Kenneth Garrison

Die Bamberger Symphoniker

Paul Hindemith
Cardillac
Inszenierung und Bühne: Jean-Pierre Ponnelle
Kostüme: Pet Halmen
München 1985

Samstag, 27. Juli 1985, 19.00 Uhr
LE NOZZE DI FIGARO
(DIE HOCHZEIT DES FIGARO)

von Wolfgang Amadeus Mozart

In italienischer Sprache

Musikalische Leitung: Wolfgang Sawallisch
Nach einer Inszenierung von Günther Rennert
Spielleitung: Ronald H. Adler
Bühnenbild und Kostüme: Rudolf Heinrich
Chöre: Günther Schmidt-Bohländer

Teresa Zylis-Gara, Ann Murray, Edith Mathis, Gudrun Wewezow, Carmen Anhorn, Monika Brustmann, Helena Jungwirth
Wolfgang Brendel, Hermann Prey, Siegfried Vogel, David Thaw, Gerhard Auer, Friedrich Lenz

GESAMTGASTSPIEL
DER KOMISCHEN OPER BERLIN

Sonntag, 28. Juli 1985, 19.00 Uhr

Anläßlich des 300. Geburtstags des Komponisten
GIUSTINO

von Georg Friedrich Händel

Musikalische Leitung: Hartmut Haenchen
Inszenierung: Harry Kupfer
Bühnenbild: Valeri Lewental
Kostüme: Reinhardt Heinrich
Chöre: Gerhart Wüstner

Jana Smitkova, Violetta Madjarowa, Barbara Sternberger
Michael Rabsilber, Bernd Grabowski, Jochen Kowalski, Günter Neumann, Hans-Martin Nau

Montag, 29. Juli 1985, 19.00 Uhr

NORMA

von Vincenzo Bellini

Konzertante Aufführung
in italienischer Sprache

Musikalische Leitung: Giuseppe Patané
Chöre: Udo Mehrpohl

Margaret Price, Alicia Nafé, Gudrun Wewezow
Franco Bonisolli, Robert Lloyd, Kenneth Garrison

Die Bamberger Symphoniker

Dienstag, 30. Juli 1985, 11.00 Uhr
ABSCHLUSSKONZERT DER
»MÜNCHNER SINGSCHUL' 1985«

Das Bayerische Staatsorchester

Dirigent: Heinrich Bender

Mitwirkende: Teilnehmer der Meisterklassen
Erika Köth, Marianne Schech,
Richard Holm, Josef Metternich, Hermann Prey

GESAMTGASTSPIEL
DER KOMISCHEN OPER BERLIN

Dienstag, 30. Juli 1985, 19.00 Uhr

GIUSTINO

von Georg Friedrich Händel

Musikalische Leitung: Hartmut Haenchen
Inszenierung: Harry Kupfer
Bühnenbild: Valeri Lewental
Kostüme: Reinhardt Heinrich
Chöre: Gerhart Wüstner

Jana Smitkova, Violetta Madjarowa, Barbara Sternberger
Michael Rabsilber, Bernd Grabowski, Jochen Kowalski, Günter Neumann, Hans-Martin Nau

Mittwoch, 31. Juli 1985, 17.00 Uhr

DIE MEISTERSINGER VON NÜRNBERG

von Richard Wagner

Musikalische Leitung: Wolfgang Sawallisch
Inszenierung: August Everding
Bühnenbild und Kostüme: Jürgen Rose
Chöre: Günther Schmidt-Bohländer

Lucia Popp, Cornelia Wulkopf
Bernd Weikl, Manfred Schenk, Friedrich Lenz, Raimund Grumbach, Hans Günter Nöcker, Karl Helm, Georg Paskuda, Hermann Sapell, David Thaw, Heinz Imdahl, Kieth Engen, Karl Christian Kohn, Matti Kastu, Peter Schreier, Hans Wilbrink

Altes Residenztheater
(Cuvilliés-Theater)

Montag, 8. Juli 1985, 20.00 Uhr
Einführungsveranstaltung zur Uraufführung
LE ROI BÉRENGER

Dienstag, 16. Juli 1985, 20.00 Uhr
*KAMMERMUSIK-SERENADE
DES BAYERISCHEN STAATSORCHESTERS*
Werke von Johann Sebastian Bach, Alban Berg und
Georg Friedrich Händel

Montag, 22. Juli 1985, 20.00 Uhr
LE ROI BÉRENGER
von Heinrich Sutermeister
Uraufführung
Musikalische Leitung: Wolfgang Sawallisch
Inszenierung: Jorge Lavelli
Bühnenbild und Kostüme: Max Bignens
Chöre: Udo Mehrpohl

Ute Trekel-Burckhardt, Edith Mathis, Julie Kaufmann
Theo Adam, Claes H. Ahnsjö, Fritz Uhl

Mittwoch, 24. Juli 1985, 20.00 Uhr
*LIEDERABEND
INGRID BJONER*
Am Flügel: Einar Steen-Nökleberg
Lieder von Richard Wagner, Richard Strauss, Jean
Sibelius und Edvard Grieg

Freitag, 26. Juli 1985, 20.00 Uhr
LE ROI BÉRENGER
von Heinrich Sutermeister
Musikalische Leitung: Wolfgang Sawallisch
Inszenierung: Jorge Lavelli
Bühnenbild und Kostüme: Max Bignens
Chöre: Udo Mehrpohl

Ute Trekel-Burckhardt, Edith Mathis, Julie Kaufmann
Theo Adam, Claes H. Ahnsjö, Fritz Uhl

Dienstag, 30. Juli 1985, 20.00 Uhr
LE ROI BÉRENGER
von Heinrich Sutermeister
Musikalische Leitung: Wolfgang Sawallisch
Inszenierung: Jorge Lavelli
Bühnenbild und Kostüme: Max Bignens
Chöre: Udo Mehrpohl

Ute Trekel-Burckhardt, Edith Mathis, Julie Kaufmann
Theo Adam, Claes H. Ahnsjö, Fritz Uhl

Alter Hof

In Zusammenarbeit mit der Landeshauptstadt München

Mittwoch: 10. Juli 1985

Anläßlich des 90. Geburtstags des Komponisten

DIE BERNAUERIN

Ein Bairisches Stück

von Carl Orff

Musikalische Leitung: Hanns-Martin Schneidt
Inszenierung: August Everding
Bühnenbild: Jörg Zimmermann
Kostüme: Lore Haas

Krista Posch, Christian Kohlund
Willy Schultes, Michael Schwarzmeier, Michael Hoffmann, Henner Quest, Rolf Castell, Gustl Bayrhammer, Fritz Straßner, Max Grießer, Wulf Schmid Noerr, Götz Burger, Norbert Gastell, Hans Gruber, Will Spindler, Hans Reinhardt Müller, Nikolaus Paryla, Gerd Deutschmann, Wilhelm Meyer, Kenneth Garrison, Raimund Grumbach, David Thaw

Der Chor der Bayerischen Staatsoper
Einstudierung: Udo Mehrpohl

Das Symphonie-Orchester Kurt Graunke

Wiederholungsvorstellungen am 13., 17. u. 20. Juli 1985

Staatsoperndirektor Wolfgang Sawallisch erhielt vom bayerischen Ministerpräsidenten Franz Josef Strauß, überreicht durch Kultusminister Prof. Dr. Hans Maier (rechts im Bild), den bayerischen Maximiliansorden für Wissenschaft und Kunst, die höchste Auszeichnung des Freistaates Bayern. Die Auszeichnung war Wolfgang Sawallisch bereits im März 1984 verliehen worden. Die Überreichung fand am 25. Januar 1985 statt.

Hans J. Fröhlich

Neue Mißverständnisse um Alban Berg?
Ein paar notwendige Anmerkungen

Daß im Zeichen und im Aufwind der Postmoderne mancher sich ermuntert fühlt, seinem oft nur aus opportunen Gründen zurückgehaltenen und angestauten Unmut über die *Avantgarde* freien Lauf zu lassen, war vorauszusehen. Es überrascht indes auch nicht, daß nach einer Welle der Nostalgie (mit allen Begleiterscheinungen und Unterabteilungen) die an Experimenten Verdrossenen die *Klassiker* der Moderne von ihrem Unmut ausnehmen und (gleichsam zum Beweis ihrer grundsätzlichen Aufgeschlossenheit allem Authentischen gegenüber) sie am liebsten zu Vätern der Postmoderne umstilisierten.

In der Musik zählt lange schon Alban Berg zu diesen *Klassikern*, und wenn auch gewiß nicht beim breiten Publikum, so doch beim fortschrittlichen Opernpublikum. Als »Meister« wurde er bereits nach der Berliner *Wozzeck*-Premiere 1925 gefeiert. Karl Holl schrieb damals in der Frankfurter Zeitung: »In der Wozzeck-Partitur, die sich nicht in Atonalität verkrampft, sondern um die alte Tonart noch weiß, spielt die Romantik auf einer letzten Saite des Späten.« Und vier Jahre später hatte ein Kritiker der Oldenburger Aufführung »die Empfindung, als ob sich der Komponist vergeblich um die Atonalität bemüht und immer wieder in ein harmonisches Halblicht gerät«.

Allerdings gerade diese von der damaligen Kritik so herausgestellten positiven und erfreulichen Eigenschaften der Partitur waren es, die bei der komponierenden Avantgarde der 50er Jahre Bergs *style flamboyant* in Mißkredit brachten. Man distanzierte sich von Berg. Wortführer dieser Distanzierung war der Leibowitz- und Messiaen-Schüler Pierre Boulez, der Berg übersteigerten Subjektivismus, Spätromantizismus und Traditionsgebundenheit vorwarf, seine Musik »die zu höchster Entfaltung getriebene Blüte einer Wagner-Nachfolge« nannte.

Man braucht nicht zu betonen, daß es sich bei Boulez' Kritik um eine interne und letztlich persönliche Auseinandersetzung mit Berg gehandelt hat. Boulez und die jungen Dodekaphoniker wollten etwas Neues, etwas ganz anderes. Interessant aber ist in diesem Zusammenhang, daß auch die Generation davor schon etwas ganz anderes wollte. 1930 meinte der Dirigent und Komponist Klaus Pringsheim, Schwager Thomas Manns: »Alle Musik, die bis 1918 war, ist den Heutigen Großväterzeit, finsteres Mittelalter ... und überhaupt wird es sich nicht mehr lange vertuschen lassen, daß dieser Schönberg im Grunde ein hundertprozentiger Romantiker ist, ein klinischer Fall von Romantik, ein Pfitzner-Typ, Gott weiß aus welchem Versehen in die neue Zeit geraten. Schlechte Zeiten für Stuckenschmidts!« Fatal interessant, daß in der frühen Nazizeit ähnliche Urteile über Bergs Lulu-Suite (1934 unter Kleiber uraufgeführt) zu lesen waren: »Bergs Melos ist nichts als eine Nervenbewegung«, schrieb die Regensburger *Zeitschrift für Musik* und sprach von »überlebten Formen«. Und da offenbar sich in der Kunst und Kritik alles wiederholt: 1946, zwei Jahre vor Boulez' Aufsatz *Incidences actuelles de Berg* schrieb ein Hindemith-Epigone, der die Großväterzeit weniger weit zurückdatierte: eine Art neuen Expressionismus werde es nicht mehr geben, die Zeit, wo die Musik »sozusagen mit sich selbst zu tun« gehabt habe (wieder eine Anspielung auf Schönberg und seine Schule) sei lange vorbei und bereits im Jahre 1930 habe »der zeitgenössische Komponist« (!) sich darauf besonnen, daß er nicht allein auf der Welt sei, sondern auch des Hörers bedürfe.

Im Zeitalter der Postmoderne recht vertraute Töne!

Der junge Alban Berg

Überflüssig anzumerken, daß Boulez, Kagel und Stockhausen nicht zur Tonalität zurückkehren wollten, im Unterschied zum Letztzitierten. Ihre Einwände gegen Schönberg und seine Schüler richten sich nicht gegen die kompositorische Methode, sondern, speziell im Falle Berg, gegen dessen Stilideal, die angebliche Sentimentalität, die, wie Boulez meinte, Verschmelzung des Wiener Walzers (in all seiner schauerlichen Liebenswürdigkeit) mit der Emphatik des italienischen Verismus, was ihm (Berg) den Ruf des »großen Genies« eingetragen habe.

Nun ist (unabhängig von der Fachdebatte) nicht zu leugnen, daß Bergs Lyrische Suite und insbesondere das Violinkonzert in seiner schwermütigen Abgeklärtheit und stellenweise »herzbrechenden Gewalt der Rührung« (Adorno) einem Publikum entgegenkommen, das erstaunt und entzückt in Werken eines Schönberg-Schülers eine seit Mahler nicht mehr gehörte Schönheit entdeckt. Und es mag sein, daß diese überraschende Schönheit, weil sie an Vertrautes erinnert, zu dem Glauben verführt, man brauche seine Hörgewohnheiten nicht zu ändern. (Doch wurde und wird die Musik Beethovens oder Schuberts mit neuen Ohren gehört? Und mit was für Ohren haben die *Seriellen* Bergs Musik gehört?)

Hans Werner Henze schrieb 1954 an Josef Rufer: »Das Kriterium ›zu schön‹, das von gewissen jungen Leuten gegen Alban Berg angewandt wird, schreckt mich nicht. (›Das Violinkonzert ist zu schön‹ – ist es nicht phantastisch, daß Schönheit heute als ein der Musik abträgliches Element betrachtet wird?)« Allerdings: die Kritik der jungen Leute setzte *tiefer* an: bei Bergs motivisch-thematischer Verarbeitung. Doch bringt es die Entwicklung der Kunst nun einmal mit sich, daß Technik wie Ästhetik sich wandeln, und somit ist auch nicht zu erwarten, daß ein im Wien des *fin de siècle* aufgewachsener Künstler wie Berg die gleichen ästhetischen Ideale gehabt hat wie ein vierzig Jahre später in Paris oder Köln oder Tokio geborener.

Die Spannung, das Wechselverhältnis zwischen Innovation und Tradition bei Berg ist nicht unabhängig von seiner persönlichen, auch außermusikalischen Entwicklung zu beurteilen: seiner Kindheit und Jugend in einem großbürgerlichen (und katholischen) Elternhaus in der Kaiserstadt Wien. Der Begeisterung für alles Neue in Kunst, Literatur und Musik steht gegenüber die »eigentümliche Fixiertheit ans Vergangene, die Elternwelt« und die (später) »bis zur Angst reichende Gebundenheit an Schönberg« (Adorno). Aber ist diese Spannung, sind diese Widersprüche es nicht gewesen, die ihn zum »Erzdramatiker« prädestiniert haben, als der er sich schon in den frühen Liedern und der Klaviersonate ankündigt?

Im übrigen scheint es mir keinen Unterschied auszumachen, ob man vorsätzlich in ein Werk Vertrautes hineinhören oder den Mangel an Neuem heraushören will. Diametral entgegengesetzt dazu Bergs Fähigkeit, noch im Vertrautesten die kleinsten Nuancen der Abweichung wahrzunehmen, wie nicht nur seine Urteile über Grieg, D'Indy oder Brahms, sondern auch die konstruktiven Umdeutungen konventioneller Momente in seinen eigenen Werken beweisen.

Außerdem gründete sich der Erfolg des *Wozzeck* auch in Provinzstädten wie Oldenburg durchaus nicht nur auf das Romantische, Nach-Tristanische und Bergs *Wissen um die alte Tonart*. Die Verrisse belegen überdeutlich, wie schockierend neu die Musik Mitte der 20er Jahre auf nicht wenige gewirkt haben muß, auch wenn man die politischen Motive der Polemik in der rechtsradikalen Presse abzieht. »Nicht die Spur einer Melodie« gebe es in dieser Musik, schrieb ein Berliner Kritiker 1925, »nur Brocken, Fetzen, Schluchzer und Rülpser«. Und 1938 (natürlich) faßt Meyers Opernführer die *Stimme des Volkes* mit den Worten zusammen: »Man glaubt nicht Musik, also Töne und Klänge, zu vernehmen, sondern nur Geräusche: es zischt und quietscht, knarrt und scharrt, brodelt und wogt, donnert und grollt, pfeift und kreischt«. Nein, es war keineswegs so, daß man das unerhört Neue des Stils und des Klangs nicht wahrnahm. Doch ist zu vermuten, daß der überwiegende Teil des Publikums von Bergs Musik wie von dem (auch damals noch weitgehend unbekannten) Büchnerschen Drama so betroffen war, daß es die Frage nach der Modernität für eine sekundäre hielt. Es interessierte nicht, ob hier der Komponist die eigene

Ausgangsposition zurücknimmt oder die Dogmen seines Lehrers desavouiert. Entscheidend allein, so scheint es, war: daß Berg den genau richtigen *Ton* seiner Zeit getroffen hatte, daß es nach diesem *Wozzeck* unvorstellbar war, es könne zu diesem Text eine andere Musik als die Bergs geben. Ja, vielleicht sahen viele sogar durch Bergs Musik das Büchnersche Fragment erst zu einem vollendeten Kunstwerk geworden.

Ist der Begriff *Spätromantik* nun viel zu verschwommen und pauschal, um die verschiedenen Stile und Kunstrichtungen zwischen 1870 und 1914 differenziert zu erfassen, ist die Bezeichnung *Wagner-Nachfolge* wiederum zu eng gefaßt, um das Spezifische des Bergschen Œuvres zu charakterisieren. Wagners Wirkung und Einfluß gerade auf den Opernkomponisten Berg ist gewiß nicht zu bestreiten. Gleichwohl steht die *Lulu* in Text und Musik der Welt Weiningers und Schieles näher als der Wagners. Und läßt sich im *Wozzeck* gerade auch durch die Einbeziehung des Sprechgesangs und der Vulgärmusik, vor allem aber der traditionellen Formen der absoluten Musik, nicht geradezu ein kühner Gegenentwurf zum Wagnerschen Musikdrama sehen?

Daß Alban Berg mit dem *Wozzeck* den ersten großen und seinen internationalen Ruhm begründenden Erfolg nicht in Wien, sondern in Berlin hatte, scheint zum Schicksal österreichischer Künstler – und nicht erst seit Gustav Mahler – zu gehören. Bergs einmal scherzhaft geäußerte Befürchtung, in einem Nachruf auf ihn könne es heißen: »Wie vordem unser Schubert, unser Bruckner, unser armer unvergeßlicher Hugo Wolf, so ist nun auch der ›Sänger des Wozzeck‹ in der alles geliebten undankbaren Heimatstadt, die ihn doch tief im Herzen trägt, Hungers gestorben…«, verrät bei aller Ironie, wie sehr er sich als Wiener fühlte, wie sehr er sich zu Wien, mit aller Ambivalenz, hingezogen fühlte, doch auch, in welcher Tradition, in welcher traurig-tragischen Tradition er sich sah.

Indes, trotz seiner Bindungen an Wien und Österreich hat er dieses Land und seine Metropole nie verklärt gesehen wie Stefan Zweig, der in seinem Erinnerungsbuch *Die Welt von Gestern* die Epoche vor 1914 »das goldene Zeitalter der Sicherheit« nennt, auch wenn er dann retrospektiv einräumen muß, diese Welt der Sicherheit sei ein Traumschloß gewesen. Aber wenn auch viele, und vor allem das wohlhabende Bürgertum, in diesem Traumschloß lebten, gab es doch auch einige, die, weil sie ausgeschlossen waren, die Risse und Sprünge an ihm entdeckten. Was wir heute bei Kafka, Kraus, Musil Prophetie nennen, war nur der unbestechliche, unverschleierte Blick auf die (damalige) Gegenwart.

Auch das Schicksal der Familie Berg, die durch den plötzlichen Tod von Albans Vater, des Kunst- und Devotionalienhändlers Conrad Berg, im März 1900 in eine schwierige materielle Lage geriet, ist eher ein Gegenbeispiel für Zweigs handliche Formel vom »goldenen Zeitalter der Sicherheit«, wo alles »seine Norm, sein bestimmtes Maß und Gewicht hatte«, und jeder, der ein Vermögen besaß, genau errechnen konnte, »wieviel an Zinsen es alljährlich zubrachte«.

Wenn es sich bei den Bergs auch um ein Einzel- oder Ausnahmeschicksal gehandelt haben mag, die Familie nach dem Tode des Vaters nie wirklich Not gelitten hat, war diese unerwartete Wendung zum Schlechteren und Ungesicherten für den fünfzehnjährigen, hochsensiblen Alban, dessen schulische Leistungen in dieser Zeit so beängstigend abnahmen, daß er sogar die siebte Gymnasialklasse wiederholen mußte, ein lange nachwirkender Schock.

Die vier Jahre zwischen dem Tod des Vaters und dem Studienbeginn bei Schönberg gehören zu den krisenreichsten in Bergs Leben. Zu den Schwierigkeiten in der Schule kommen zwei unglückliche Liebesbeziehungen (aus dem Verhältnis mit dem Dienstmädchen Marie Scheuchl geht eine Tochter, die den Namen Albine erhält, hervor), und 1903 unternimmt Berg einen Selbstmordversuch. Es war das Todesjahr von Hugo Wolf und Otto Weininger. Letzterer hatte sich wenige Monate nach Veröffentlichung

Angela M. F. Räderscheidt: Lulu

seines Hauptwerkes *Geschlecht und Charakter*, am 4. Oktober, erschossen. Daß der Freitod des von ihm hochgeschätzten Weiningers Berg außerordentlich berührt hat, verwundert nicht nach dem Brief an seinen Freund Watznauer, in dem er »von einem alten Lebensschmerz, der an mir wie ein altes Erbübel klebt« spricht.

Es ist übrigens bezeichnend, daß in Stefan Zweigs Erinnerungsbuch, in dem kaum ein prominenter Name fehlt, Otto Weininger mit keinem Wort erwähnt wird. Allerdings sucht man auch die Namen von Kafka, Klimt, Schiele, Kokoschka, Hauer, Musil, Webern und Joseph Roth vergeblich. Karl Kraus wird nur einmal kurz als »Meister des giftigen Spotts« erwähnt. Das heißt, fast alle für Berg wichtigen Künstler bleiben ungenannt.

Der Grund für diese Aussparungen ist nicht nur in persönlichen Animositäten Zweigs zu vermuten, sondern auch und vor allem in dem von Paul Stefan (in seinem Buch *Das Grab in Wien*) behandelten Phänomen einer *inoffiziellen* Kunst in Österreich. Zu diesem inoffiziellen (Öster-)Reich, zu dem u. a. auch Weininger und Schiele, Altenberg und Kraus, Schnitzler, Freud und Schönberg zählten, fühlte sich Berg nicht nur hingezogen, sondern er gehörte ihm auch an, spätestens nach der skandalumwitterten Uraufführung seiner Altenberg-Lieder im März 1913.

Die *offizielle* Kultur und Weltanschauung war, wie Schönberg (der 1911 verbittert über einen systematisch gegen ihn betriebenen Rufmord Österreich verließ) in der *Harmonielehre* schreibt, »der Komfort«. Tatsächlich war das sich so gern als Stadt der Kunst feiernde Wien, wie Broch schreibt, »weit weniger eine Stadt der Kunst als der Dekoration«. Und in konsequenter Analogie zu der von Adolf Loos ausgegebenen Parole: »Ornament ist Verbrechen« fordert Schönberg: »Die Musik soll nicht schmücken, sie soll wahr sein.«

Es war diese ethische Forderung, die ihn zur Reflexion des musikalischen Materials drängte, auch eine Absage an die offizielle Kunst, die Wiener Musikpolitik und -kultur.

Für den jungen Alban Berg ist aufschlußreich, daß er bereits ein Jahr vor seinem Studienbeginn bei Schönberg sein Ergriffensein über literarische und musikalische Meisterwerke in einem Brief an Watznauer mit den Worten begründet: »Die Vermeidung alles Überflüssigen – der feste, unerschütterliche Aufbau« zeichne diese Kunstwerke aus.

Aus dem Rückblick scheint es, als habe aber gerade die inoffizielle Kunst jene einmalige und einzigartige Aufbruch- und *Anbruchstimmung* im Vorkriegswien erzeugt, der wir die einzigen Werke von Dauer verdanken. Zugleich aber ist bemerkenswert, daß kaum einer der Künstler sich für revolutionär hielt. Schönberg nannte sich einen »Konservativen, den man gezwungen hat, ein Radikaler zu werden«. Und Radikalität bedeutete für ihn – wie auch für Berg – nicht den Bruch mit der Tradition, sondern diese von Grund auf neu zu überdenken und Konsequenzen aus ihr zu ziehen. Berg sieht 1917 »die große Umwandlung in der Musik« im Schritt von der Homophonie zur Polyphonie, und das sei »natürlich kein Rückschritt, denn man vereinigt nur die ›Kunst im wahrsten Sinne des Wortes‹ mit den modernen Mitteln«. Deutlicher konnte Berg den Kontinuitätsgedanken nicht formulieren, den er in einem 1930 gesendeten Rundfunk-Dialog noch ausführt. Dort sagt er auf die Frage, ob *atonale* Musik eine Heranziehung der *älteren* Formen anstrebe: »Der Form überhaupt«, d. h. »aller in der Musikentwicklung von Jahrhunderten gegebenen formalen Möglichkeiten.«

Doch so weit sich der Komponist Berg auch an formalen Möglichkeiten früherer Jahrhunderte orientiert haben mag (de facto allerdings wohl kaum über Bach hinaus): sein Lebensgefühl war geprägt vom *fin de siècle*, seine Ästhetik vom Jugendstil ebenso wie von der Kunst und Literatur des Symbolismus und der Neuromantik. (Unter den *zeitgenössischen* Autoren, die er vertont hat, waren Schlaf, Falke, Liliencron,

Rilke, Hofmannsthal und natürlich Altenberg.) Die Götter seiner Jugend waren Ibsen und Nietzsche. Von den Malern der Sezession bewunderte er am meisten Gustav Klimt.

Diese frühen Prägungen haben selbstverständlich auch in seiner Musik – von den ersten Liedern bis hin zur *Lulu* und dem Violinkonzert – ihren Niederschlag gefunden. Im übrigen aber hat die künstlerische Emanzipation (und die damit verbundene gesellschaftliche Isolation) ähnlich wie bei Schönberg, Karl Kraus und Adolf Loos auch bei Alban Berg nicht nur zu einem erhöhten Selbstgefühl, sondern sogar zu einer Art Sendungsbewußtsein geführt, allerdings weniger einem individuellen als einem gruppenspezifischen. 1909 schreibt er an seine Braut Helene Nahowski: »Je höher ich steige –, desto besser erkenne ich erst, wie viel, wie weit noch zu wandern ist, bis wir zur Spitze des Berges kommen...zu der Höhe, wo alleine die Edelsten wohnen.«

Mit diesem Höhenstreben, diesem Verlangen nach Vollkommenheit mag es zusammenhängen, daß Berg uns nur ein relativ schmales (publiziertes) Werk hinterlassen hat. Daß er so wenig und so langsam komponierte, ist ihm von Schönberg immer wieder vorgehalten worden, und Berg rechtfertigt sich dem Lehrer gegenüber zunächst mit dem Hinweis auf die Vielfältigkeit seiner Aktionen (Anfertigung von Klavierauszügen, Korrekturenlesen, Konzertveranstaltungen etc.) und nennt schließlich gewichtigere Gründe: »Wäre ich nicht überhaupt ein langsamer Arbeiter und wäre nicht der Krieg und damit die anfängliche Lust zum Komponieren gebrochen...so hätte ich mehr zustande gebracht.«

Man darf darüber hinaus vermuten, daß nicht zuletzt auch Schönbergs unausgesetzte Kritik an Bergs Schaffen wesentlich zu diesen Produktionshemmungen beigetragen hat. Daß Schönberg sich schon 1913 über die Altenberglieder Bergs »befremdet« zeigte, er das »zu offenkundige Streben, neue Mittel anzuwenden« tadelte, mag heute vielen unglaublich erscheinen, ist aber für Schönbergs *konservative*, lehrerhafte Grundhaltung bezeichnend.

Noch unnachsichtiger scheint er über die Drei Orchesterstücke op. 6 geurteilt zu haben, wie man nach einem Brief Bergs an Schönberg vermuten muß: »Die Drei Orchesterstücke entsprangen wirklich dem angestrengtesten und heiligsten Bemühen, in der von Ihnen gewünschten Form Charakterstücke zu arbeiten, ohne jede Sucht, unbedingt was ›Neues‹ zu bringen.«

Tatsächlich aber »bringen« sie im Klanglichen wie in der Struktur etwas unerhört »Neues«. Berg öffnet sich nicht nur schönbergfremden Einflüssen (u. a. denen von Debussy und Bartók), sondern beweist mit seiner Hinwendung zur großen Form auch eine enorme Steigerung seiner Ausdrucksmöglichkeiten. Und so drängt sich der Verdacht auf, hinter Schönbergs Kritik, hinter seinem »Miesmachen«, wie Berg es einmal nennt, könnte, speziell bei den Drei Orchesterstücken, nicht nur die Unduldsamkeit eines rechthaberischen Lehrers, sondern auch die Angst des Meisters vor dem Abtrünnigwerden seines Jüngers stehen. (Unwillkürlich denkt man dabei an das Verhältnis Freuds zu Jung oder Adler.) Wenn Schönberg sich immer wieder auf die Tradition beruft, heißt das letztlich, daß er, in seinem übersteigerten Selbstgefühl, das ihm von einer höheren Macht abverlangte Neue in seinem Werk bereits als sakrosankten Teil der Tradition angesehen hat, er folglich jede Abweichung davon für Häresie halten mußte.

Insofern geht man wohl nicht ganz fehl in der Annahme, daß (neben den an sich selbst gestellten hohen Anforderungen) Bergs Arbeitshemmungen weitgehend auf Schönbergs Kritik zurückzuführen sind, auf Bergs Befürchtungen, den Erwartungen des Lehrers nicht zu genügen.

Auf dem (ersten) Höhepunkt der Spannungen zwischen ihm und seinem Lehrer sah Berg in Wien eine Aufführung des *Woyzek*, mit Albert Steinrück in der Titelrolle. Das war im Mai 1914, wenige Monate vor Beginn des Ersten Weltkriegs. Bergs Entschluß, eine Oper nach Büchners Dramen-Fragment zu schreiben, könnte mithin als Versuch gedeutet werden, sich von der *Vaterfigur* Schönberg zu lösen, und zwar

dadurch, daß er sich einer musikalischen Gattung zuwendete, in der Schönberg damals noch nicht reüssiert hatte. Und selbst wenn Berg diese Ablösung vom Lehrer-Vater nicht bewußt angestrebt haben sollte: Schönberg scheint diesen »Ausbruchsversuch« instinktiv gespürt zu haben. Er war ja nicht nur gegen das Sujet (»Musik soll sich lieber mit Engeln als mit Offiziersdienern beschäftigen«, hat er einmal über Bergs *Wozzeck* geäußert); er war überhaupt dagegen, daß sein Schüler eine Oper schreiben wollte. In einem Brief an seine Frau aus dem Jahre 1923, unmittelbar nach Fertigstellung der Partitur, erinnert Berg, nicht ohne Bitterkeit, daß Schönberg ihm »die Lust dazu nehmen wollte«. Er hat sie sich nicht nehmen lassen. Doch war es ihm gelungen, sich von Schönberg zu lösen, sich von dessen kritischen Gängeleien zu befreien?

Zumindest ist festzustellen, daß ihm Publikum und Kritiker in diesem möglichen Bemühen nicht unbedingt entgegengekommen sind. Als der *Wozzeck* uraufgeführt wurde, war Alban Berg vierzig Jahre alt und schließlich durchaus kein unbekannter Komponist mehr. Gleichwohl hat man ihn in fast allen Aufführungsbesprechungen als *Schüler* Schönbergs apostrophiert. Und dabei ist es bis heute geblieben. (Man stelle sich nur vor, Beethoven sei bei der Uraufführung des *Fidelio* als Neefe- oder Haydn-Schüler, Wagner bei der Uraufführung des *Tristan* als Weinlig-Schüler bezeichnet worden!) Im Falle Berg mag freilich der Hauptgrund gewesen sein, daß man den Komponisten des *Wozzeck* einer bestimmten Stilrichtung, die man mit dem fragwürdigen Begriff *Atonalität* belegte, zurechnete. Wenn sich heute, aus einem Abstand von mehr als fünfzig Jahren, die stilistischen Unterschiede zwischen Schönberg und Berg auch gar nicht mehr überhören lassen, scheint das 1925 durchaus nicht der Fall gewesen zu sein. Dennoch: spätestens mit dem ersten Streichquartett hatte Berg zu seinem ganz eigenen, von Schönberg unabhängigen Stil gefunden, bis er schließlich in den Drei Orchesterstücken jene künstlerische Freiheit gewonnen hatte, die ihm gestattete, noch die chaotischen Anteile seiner Persönlichkeit im Werk zur strengsten musikalischen Ordnung transzendieren zu lassen, aus der sich die faszinierende Spannung zwischen Expression und Konstruktion in der *Wozzeck*-Partitur erklärt. Indes scheint mir die Annahme, Berg habe durch den Gebrauch von Formen der absoluten Musik dem Musikdrama das Odium des Formlosen nehmen wollen, zu akademisch-formalistisch.

Es ging ihm – weder beim *Wozzeck* noch bei der *Lulu* – überhaupt nicht um das Musikdrama, und schon gar nicht um die Rettung einer (für das 19. Jahrhundert repräsentativen) Gattung. Für Berg stand mehr auf dem Spiel: die Rettung der Kunst durch deren höchste Entfaltung. Und zugleich war die Musik das Refugium der – im sublimsten und keineswegs nur autobiographisch-privaten Sinne – Selbstrettung. (In dieser Einstellung zur Kunst ließen sich übrigens frappierende Parallelen zu Kafka entdecken!) Die »mehr oder weniger alten musikalischen Formen« der absoluten Musik im *Wozzeck* sind in Analogie zur Verwendung der *Reihe* in *Lulu* Chiffren nur für das (nach Hermann Broch) *Absolutheit repräsentierende Kunstwerk*. Doch indem Berg Zuflucht bei der Form sucht, stellt er sie (ähnlich wie Kafka) durch die sich in ihr niedergeschlagenen Inhalte zugleich in Frage, so daß er, um auch nur dem Anflug von Willkür zu entgehen, das musikalische Material mit teilweise sogar außermusikalischen Formalien organisiert. Und dieses Faktum hat denn zu jenen (weit vom musikalisch Rezipier- und Realisierbaren entfernten) Deutungen und Analysen geführt, deren Ergebnisse seit Jahren im Mittelpunkt fast jeder Berg-Diskussion stehen.

Seit die jüngere Komponistengeneration Berg wieder neu für sich entdeckt hat und sich zu ihm auch offen bekennt, sind eine Reihe von Arbeiten erschienen, die sich mit Bergs Zahlenmystik im allgemeinen und den *geheimen Programmen* seiner Werke im besonderen (der Lyrischen Suite, des Violinkonzerts, des Kammerkonzerts) befassen. Bergs Glaube an die schicksalhafte Bedeutung der Zahl 23, die eine konsequente Rolle in der Lyrischen Suite spielt, aber, neben den Zahlen 10 und 28 auch im Violinkonzert, ist inzwischen durch die Analysen von Jarman und Perle hinreichend bekannt. Bekannt auch, nach Auffinden der Bergschen Annotationen zur Lyrischen Suite, das bewußte Spiel mit den Initialen A B (Alban Berg) und H F (Hanna Fuchs), die autobiographischen Anspielungen auf die Liebesbeziehung Bergs zu Werfels in Prag lebender Schwester Hanna Fuchs-Robettin durch musikalische Zitate aus *Tristan* und

Zemlinskys Lyrischer Symphonie. Und da Berg selber mehrfach (u. a. in Briefen an Schönberg) inhaltliche Andeutungen und programmatische Hinweise zu verschiedenen seiner Instrumentalwerke gegeben hat, sind Werkanalysen unter besonderer Berücksichtigung solcher privaten Äußerungen und naheliegenden autobiographischen Querbezüge nicht nur legitim, sondern auch höchst interessant.

Ich zweifle keinen Augenblick daran, daß die in der Tat aufregenden Entdeckungen, die gemacht wurden und die weiter gemacht werden, eher noch hinter dem zurückbleiben, was Berg in die Partituren (nach eigenen Worten) »hineingeheimnißt« hat. Nur sind solche Geheimnisse, die es in dieser privaten Form – im Unterschied zu der Zahlensymbolik bei den alten Niederländern und Bach – sowohl bei Mozart und Beethoven als auch bei den meisten Komponisten der Romantik (Schumann, Brahms etc.) gibt, für das musikalische Kunstwerk von nur akzidenteller Bedeutung. Da man indes über Musik, über absolute, also instrumentale, nicht wortgebundene Musik (selbst wenn sie Programm-Musik ist) so wenig sagen kann, Musik letztlich immer nur sich selbst bedeutet, stürzt man sich begierig auf solche weitgehend außermusikalischen *Inhalte* und kann sich dabei, wie im Falle Berg, sogar noch auf Andeutungen des Komponisten berufen. So bestechend die Analysen des Kammerkonzerts, der Lyrischen Suite und des Violinkonzerts unter dem Aspekt der Bergschen Zahlenmystik und der Tonsymbolik auch sind: man muß doch fürchten, daß nach der kritisch-theoretischen Diskussion der frühen 50er Jahre nun eine mystisch-okkulte begonnen hat, die ebenso wie die erste vom Wesentlichen ablenkt: von der Musik. Gerade weil Berg, wie auch Schönberg, größten Wert darauf legte, daß man kompositorische Verläufe und (in dodekaphonischen Werken) nicht Zwölftonreihen höre, scheint es mir problematisch, wenn durch solche Analysen das Ohr vom komplexen musikalischen Geschehen abgelenkt wird und seine Aufmerksamkeit nur noch dem Taktezählen zuwendet, um Bergs persönliche Botschaften und Geständnisse nochmals bestätigt zu finden. Nützlicher scheint mir für das Verständnis Bergs, statt in ihm den *Klassiker* und nun auch Zahlenmystiker zu sehen, dem Musiker zuzuhören, der über den *Wozzeck* schrieb: »Abgesehen von dem Wunsch, gute Musik zu machen, den geistigen Inhalt von Büchners unsterblichem Drama auch musikalisch zu erfüllen, seine dichterische Sprache in eine musikalische umzusetzen, schwebte mir nichts anderes vor, als dem Theater zu geben, was des Theaters ist, das heißt also, die Musik so zu gestalten, daß sie sich ihrer Verpflichtung, dem Drama zu dienen, in jedem Augenblick bewußt ist – ja weitergehend: daß sie alles, was dieses Drama zur Umsetzung in die Wirklichkeit der Bretter bedarf, aus sich allein herausholt, damit schon vom Komponisten alle wesentlichen Aufgaben eines idealen Regisseurs fordernd. Und zwar all dies: unbeschadet der sonstigen absoluten (rein musikalischen) Existenzberechtigung einer solchen Musik; unbeschadet ihres durch nichts Außermusikalisches behinderten Eigenlebens.«

Es ist gewiß zutreffend, daß man nur hört, was man weiß. Doch dieser Satz bezieht sich auf das Wissen um musikalische Zusammenhänge. Nur sie sind mit dem Ohr zu erfassen. Der Rest ist gehobener Klatsch, der nicht im mindesten zum Verständnis eines Kunstwerks beiträgt, durchaus aber von dessen spezifischer Qualität ablenken kann.

Alban Berg
Wozzeck
Inszenierung: Dieter Dorn
Bühne und Kostüme: Jürgen Rose
München 1982

Franz Willnauer

Kontinent zu entdecken
Gedanken zum 90. Geburtstag von Carl Orff

1980 entbot die musikalische Welt Carl Orff Gruß und Glückwunsch zu seinem 85. Geburtstag. Stadt München und Freistaat Bayern hatten sich zu einem gemeinsamen Festakt zusammengefunden, der durch eine hintersinnige Ansprache Wilhelm Killmayers seine eigentliche Würze erhielt. Das Geburtstagsgeschenk war die Namensgebung des Mehrzwecksaales im damals noch im Planungsstadium befindlichen Kulturzentrum Gasteig als *Carl-Orff-Saal*. Es war das letzte Mal, daß der schon von Krankheit gezeichnete Komponist in der Öffentlichkeit erschien. Zwanzig Monate später, am 29. März 1982, war Carl Orff tot.

Noch fünf Jahre früher war Orff, der einsiedlerhaft in Dießen am Ammersee lebte, anläßlich seines 80. Geburtstages gleichwohl zum Gegenstand internationaler Würdigungen geworden. Was an äußeren Ehren und Titeln zu vergeben war, Ehrenbürgerschaften und Ehrenmitgliedschaften, Ministerreden und Staatsempfänge, hatte man ihm an diesem Tag zuteil werden lassen. Allerorten waren Huldigungsschreiber und Festredner angetreten und hatten von Orffs bayrischem Welttheater getönt, vom Erneuerer der antiken Tragödie, vom Magier und Mythagogen. Diese Betriebsamkeit hatte schon damals etwas von schlechtem Gewissen, konnte den Charakter der Pflichtübung nur mühsam verleugnen.

Und heute, da es einen Neunzigsten zu feiern und den Blick bereits auf den herannahenden 100. Geburtstag Carl Orffs zu richten gilt – wie steht es heute um Wirkung und Nachwirkung seines Werks? Was Wilhelm Killmayer in seiner Rede 1980 konstatierte, das Mißverhältnis zwischen Orffs Ansehen in der Welt und der Verdrängung seines Werkes von Bühne und Konzertsaal, dieser Widerspruch ist eher noch krasser geworden. Er wird durch viele beflissene Aufführungen zum runden Geburtstag in diesem Jahr nur vorübergehend zugedeckt, nicht grundsätzlich beseitigt.

Gewiß wagt heute niemand mehr der Behauptung zu widersprechen, Orff sei der bedeutendste deutsche Komponist nach Strauss und Hindemith. Aber wirklich eingegangen ins musikalische Bewußtsein unserer Zeit, wirklich populär geworden sind nur seine *Carmina burana*, im Repertoire des Musiktheaters sind allenfalls die Märchenstücke *Der Mond* und *Die Kluge* heimisch geworden, und sein pädagogisches Herzstück, das Orff-Schulwerk, als Angebot zur musikalischen Früherziehung geringschätzig zu behandeln und als simpel abzutun, gehört zumindest in unseren Breiten zum üblichen Ton.

Orffs eigentliche Leistung lebt noch im Ausnahmezustand. Sein dreifaches Vermächtnis an das Welttheater ist noch unerkannt und ungenutzt; und so sehr zu fürchten steht, daß unsere auf Retrospektive dauerabonnierte Musikwissenschaft ihn erst mit der ihr eigenen Generationen-Verspätung zu ihrem Gegenstand machen wird, so sehr darf man hoffen, daß die europäischen Musikbühnen im nächsten Jahrzehnt die Erbschaft antreten werden, die er ihnen hinterlassen hat. Ein Kontinent ist zu entdecken.
Siebzehn Bühnenwerke weist der Werkkatalog Carl Orffs, von seinem Verlag mit dem lapidaren Titel *Welttheater* publiziert, aus. Sternbildern gleich fügen sich diese siebzehn Werke zu unverwechselbaren Konstellationen zusammen, die den Widerschein naturgesetzhafter Ordnung ausstrahlen und zugleich von der Entelechie einer Kunst-Schöpfung Zeugnis geben. Sternbildern gleich: hermetisch abgeschlossen, zu spannungsreichen und doch harmonischen Gestalten ausgeformt, streng voneinander geschieden, stehen Carl Orffs Bühnenwerke dennoch, von unsichtbaren thematischen Kräften zusammengehalten, in

Carl Orff

innigem Zusammenhang, sich fügend zu einem Kosmos von zwingender Logik, gesetzmäßiger Entfaltung und eigener Schönheit.

Klammert man einmal die drei frühen Monteverdi-Bearbeitungen und das alle Kategorien sprengende Letztwerk *De temporum fine comoedia* aus, so sind es vier große Werkkomplexe, in die sich Orffs Schaffen gliedert: Die *Ludi scaenici: Trionfi* umfassen die Trias von *Carmina burana*, *Catulli carmina* und *Trionfo di Afrodite*; die *Märchenstücke* bestehen aus dem *Mond* und der *Klugen*, denen man getrost die Musik zu Shakespeares *Sommernachtstraum* hinzuzählen darf, die Orff, in sechs Versionen komponiert, ein halbes Leben lang beschäftigt hat; das *Bairische Welttheater*, mit der *Bernauerin*, den *Astutuli*, dem Oster- und dem Weihnachtsspiel sich über alle Bereiche des geistlichen und des weltlichen Spiels, der Tragödie und der satyrspielhaften »Kumedi« erstreckend, stellt wohl das Herzstück dieser Werkreihe dar; die Griechendramen schließlich – *Antigonae* und *Oedipus der Tyrann* von Sophokles in Hölderlins Übertragungen, der *Prometheus* des Aischylos im altgriechischen Original in Musik gesetzt – weiten das Panorama des Orffschen Bühnenwerks nach Zeit und Raum ins Ursprüngliche und Überdauernde: zu den antiken Wurzeln abendländischen Geistes.

Nicht nur ein so erlauchter Altphilologe wie Wolfgang Schadewaldt, auch philosophische Geister und scharfe Musikdenker wie Karl Kerényi und Thrasybulos Georgiades haben die musikschöpferische Wiederbelebung der antiken Tragödie durch Orff, vom Komponisten selbst zurückhaltend als »Interpretation« bezeichnet und verstanden, zu den großen Erneuerungstaten der Kulturgeschichte unseres Jahrhunderts gerechnet. Das Theater selbst, auf dem sich allemal noch das Schicksal des für es Ersonnenen, Geschriebenen und Komponierten entscheidet, hat davon nur wenig zur Kenntnis genommen. Orffs Vertonungen – besser sollte man sagen: Musikalisierungen – der drei Griechenstücke und, Abschluß und Gipfel seines Lebenswerkes, das theosophisch-synkretistisch-spekulative *Spiel vom Ende der Zeiten* sind wohl zu Festspielehren gelangt, als Ausnahme-Ereignisse weltweit gewürdigt, als Musteraufführungen auch auf Schallplatte konserviert worden; zum Kunst-Besitz unserer Zeit jedoch sind sie nicht geworden.

Der unvergessene Stuttgarter Generalintendant Walter Erich Schäfer, der wie kein anderer sein Theater dem Schaffen Orffs geöffnet hat, fällt in seinen Lebenserinnerungen über diese Bemühungen ein recht resigniertes Urteil. »Diese Tragödien«, schreibt er, »werden vielleicht einmal gänzlich vergessen sein. Aber ich könnte mir denken, daß später, wenn wir alle längst nicht mehr da sind, vielleicht einmal einer auf diese Findlinge stößt und daß er sie auf das Theater bringt. Und daß dann vielleicht unsere Enkel oder Urenkel sagen: Verdammt, das war doch etwas!«

Und das soll alles gewesen sein? Bilanz eines 87jährigen Lebens, Resultat einer beinahe ebensolangen Hingabe an die Phantasmagorie des Theaters, der Musik, des Spiels? Es darf nicht alles gewesen sein. Nehmen wir Schäfers Satz also als eine Formel – eine skeptische Formel, von schwäbischer Nüchternheit und jenem illusionslosen Verhältnis zum Nachruhm, wie es nur der Theaterpraktiker erwirbt; eben darin freilich um soviel sympathischer als die andere, griffige Formel von Orffs Bedeutung »für Bayern und die Welt«, die den Kultur-Offiziellen so mühelos von den Lippen kommt. Dem Komponisten jedenfalls, der seinen Wirklichkeitssinn immer als sein bestes bayerisches Erbteil angesehen hat, dürfte Schäfer aus dem Herzen gesprochen haben.

Was aber ist Orffs Griechendramen-Triptychon wirklich? Was könnte, was kann es unserer Gegenwart an Einsicht vermitteln? Am allerwenigsten müßten sich unsere Intendanten, Regisseure und Opernliebhaber davor fürchten, daß Orffs drei Antikenstücke mühsam kultiviertes Bildungsgut auf die Bühne transportieren wollen. Und auch als protziges Vehikel zur Befriedigung der Schaulust eignen sich diese Partituren mit ihren Schlagzeuggewittern, mit dem versteinerten Sprechgesang ihrer Theaterfiguren nicht. *Antigonae*, *Oedipus der Tyrann*, *Prometheus*: Menschheitsgestalten möchten von ihren Leiden und Erkenntnissen zu uns reden, das Uralte ebenso dringlich und gegenwärtig machend wie die Götter und Helden des Wagnerschen *Rings*, der gerade unserer Zeit zu so vielfältigen Ausdeutungen Anreiz bietet.

Musikalisches Theater ist für Orff insgesamt, und das gilt erst recht für das Kernstück seiner Griechendramen, ein geradezu magisch sich vollziehender Akt der Bewußtwerdung und Selbstbesinnung des Menschen: indem nämlich Urthemen der menschlichen Existenz – Mythen also – als kultisch-theatralische Handlungen, durch Schrei und Laut, durch Wort, Geräusch und Ton, durch Bewegung, Licht und Raum ins Bewußtsein des heutigen Menschen gehoben werden. Einer Generation, die sich aufs Multi-Mediale versteht wie keine zuvor, die der unaufhaltsamen Rationalisierung unserer Welt nur ihre bescheidenen privaten Mythologien entgegenzusetzen hat, dieser Generation müßten Orffs Verlebendigungen des griechischen Mythos ebenso zur geistigen Orientierung dienen wie, jenseits aller Sprach- und Bildungsbarrieren, zur Augen- und Ohrenlust gereichen. Ist es vermessen, sich die festliche Aufführung der drei Griechendramen in Orffs »Interpretation« als feste Einrichtung bei den großen europäischen Festivals, in Athen, in Orange, in – Bayreuth, vorzustellen?

Freilich, wer nur an der unbändigen Spiel-Phantasie Orffs sich begeistert, wer die so tragischen wie komischen Aspekte seines Werkes für bloße Versatzstücke des Theatralischen hält, wer dem Sog seiner ostinaten Rhythmen verfällt oder die diatonisch-schlichte Melosbildung zum Schlager nivellieren möchte, der hat nur die oberflächliche Wirkung seines Musiktheaters kennengelernt, der ist dessen geistigem Anspruch nicht begegnet. Orffs Denken ist immer um die letzten Dinge gekreist, die in Wahrheit die ersten sind; auf seiner Musikbühne sind einander stets Himmel und Hölle begegnet, und die Figuranten seines Welttheaters sind immer neue Ausprägungen jenes Menschenbildes gewesen, das von außermenschlichen Wirkkräften des Guten und des Bösen bestimmt ist.

Folgerichtig sind Mysterienspiel und Volkstheater die Quellen für die theatralische Inspiration Carl Orffs. Was aber in den *Carmina burana* noch profane Allegorie, im *Mond* und in der *Klugen* noch musikalisches Märchen war, ist in den drei Griechenstücken zur alle Theater-Gattungen sprengenden, alle Erfahrungs-Kategorien aufhebenden Wiedergewinnung abendländischer tragischer Welt-Anschauung geworden – und in seinem letzten Werk, dem *Spiel vom Ende der Zeiten*, zum großen symbolischen Welttheater.

Immer weiter haben sich Orffs Geschöpfe dabei vom barocken Sinnbild des Schicksalsrades der Fortuna entfernt, über den unerbittlichen Schicksalsbegriff des antiken *Ananke* – musikalisch ausgedrückt durch das Hinabtauchen in die ausgeglühten Abgründe eines großartig-kahlen Spätstils – hinweg zur überkonfessionellen Bejahung der göttlichen Weltordnung, zur Versöhnung des menschlichen Individuums mit seinem metaphysischen Entwurf – zur Selbstverwirklichung in der *Komödie* schließlich, die für das *Spiel vom Ende der Zeiten* nicht nur den Titel und den Gattungsbegriff abgibt, sondern auch den philosophischen Ort seines Geschehens.

Seit Gustav Mahler in seiner Achten Symphonie den Pfingsthymnus der katholischen Liturgie *(Veni creator spiritus)* und die mystizistische Lebensüberwindung des späten Goethe (Schlußszenen aus *Faust II*) zur Einheit zusammengezwungen hat, ist Ähnliches mit den Mitteln der Musik nicht mehr versucht worden: Darstellung – und damit Bewältigung – der letzten Seins-Fragen im Bilde des Kunstwerks. Die romantische Idee von der Kunst als Sinngebung des Lebens hat in diesem 1973 bei den Salzburger Festspielen uraufgeführten Werk, so abwegig dies im Zusammenhang mit Orff zunächst auch scheinen mag, eine späte, letzte Erfüllung erfahren. Orffs *De temporum fine comoedia* weist, wie alle Spätwerke von Bachs *Kunst der Fuge* bis zu den *Modernen Psalmen* Arnold Schönbergs, über sich hinaus: indem es die Transzendenz zum Thema macht, transzendiert das Werk selbst aus dem Gegenwärtigen, also dem Geschichtlichen, ins Mythische, wird es von Artefakt zu Symbol.

Unabweisbar sind die Fäden, die Orffs *Comoedia* mit seinen Griechendramen verbinden. Die expressive

Leidens- und Protestgebärde, mit der die drei überpersonalen Handlungsgruppen – Sybillen, Anachoreten und die letzten Menschen – im *Spiel vom Ende der Zeiten* auftreten, hat Orff schon in den Antike-Vertonungen geschärft und verdichtet. Doch auf die Wehklage um das humane Individuum folgt nun die Wehklage um das kollektive Humanum: Orff weitet sein Welttheater zur kosmischen Szene, befreit die menschliche Befangenheit in Gut und Böse von allen moralischen und religiösen Akzidenzien und erzwingt, nein: gewährt so Einsicht in das Prinzip unserer geistigen Existenz. Es ist, zuletzt, eine tröstliche Einsicht; am Ende des mit Grauen erwarteten Weltuntergangs steht – Versöhnung, »Vergessung«.

»Der Teufel geht um, Gott hat es gewollt«, singen die Anachoreten, und wenn Gott das Böse zugelassen hat, dann steht auch dessen Aufhebung in seiner Macht. Luzifer kehrt in Reue zu Gott dem Vater zurück: »Pater peccavi!«. Gut und Böse werden eins, Ursprung und Ziel des Menschen fallen zusammen, philosophische Erkenntnis und spekulative Theologie kommen in der Heilsgewißheit zur Deckung. So rechtfertigt sich das Wort *Comoedia* im Titel des Orffschen Werkes ebenso, wie Mozarts *Don Giovanni* sich zurecht *dramma giocoso* nennt, wie Wagners *Parsifal* als *Bühnenweihfestspiel* sich legitimiert: Was zuletzt, sub specie aeternitatis, ein gutes Ende nimmt, darf sich menschlicher wie göttlicher Heiterkeit erfreuen.

Damit freilich ist von Orffs *De temporum fine comoedia* eine Verbindungslinie, über die drei Griechendramen hinweg, zurück zu seinem Oster- und Weihnachtsspiel gelegt, die uns diese drei Werke in einen inneren Zusammenhang rückt und sie als sein zweites großes Vermächtnis an die Nachwelt erscheinen läßt. Die Heilsgewißheit ist ihr gemeinsamer Nenner; sie alle verhandeln, jedes auf seine Weise, den Prozeß der Wiederherstellung der göttlichen Weltordnung auf dem Theater. Was in der *Comoedia de Christi Resurrectione* und im *Ludus de nato infante mirificus* noch auf den konfessionellen Aspekt der christlichen Heilslehre eingeengt war, weitet sich im *Spiel vom Ende der Zeiten* zur über-konfessionellen Schau auf die letzten Dinge. Ist es vermessen, sich diese Trias auch auf unseren Bühnen in einen zyklischen Zusammenhang gebracht zu wünschen, als jahreszeitlich abgestimmtes geistliches Festspiel etwa im süddeutsch-österreichischen Raum, in München oder Salzburg, aber auch im katholischen Polen, das von den Schrecken des Weltendes schon so viele leidvolle Vorahnungen empfangen hat?

Und ist es schließlich vermessen, ein gleiches für das weltliche Gegenstück zu diesem geistlich-geistigen Triptychon zu verlangen: für die Trias der puren Lebenslust, für die aus *Carmina burana*, *Catulli carmina* und *Trionfo di Afrodite* bestehenden *Trionfi*? Das Allervertrauteste, die *Carmina burana*, würde so, in einem übergreifenden szenischen Rahmen entfaltet und in den Zusammenhang mit den vitalen Catull-Chören und der ikonenhaften Aphrodite-Huldigung gebracht, sich als wahrhaft unverbraucht erweisen und neue sinnbildhafte Wirkungen freisetzen. Das Ganze aber könnte in seiner bunten Mischung heidnischer, spätantiker, mittelalterlicher und renaissancehafter Elemente zu einem multimedialen Tableau sich fügen, zum fröhlich-tiefsinnigen Spektakel für alt und jung werden. Dargeboten an herausgehobener Stelle und gegliedert in den tageszeitlichen Ablauf einer dreigeteilten Aufführung am Vormittag, Nachmittag und Abend, vor allem aber zu einer festen, alljährlich wiederkehrenden Einrichtung gemacht wie der Salzburger *Jedermann*, könnten diese *Trionfi* weit mehr sein als festlich-modernes, zeitloses Musik-Theater: ein Festspiel für Liebende.

Das weltliche Sinnspiel der *Trionfi*, die Botschaft der drei theologisch-theosophischen Komödien, dazwischen das tragische Antiken-Triptychon: Orffs dreifaches Vermächtnis an die Nachwelt will erfüllt werden. Ein Kontinent ist zu entdecken. Doch seien wir zuversichtlich: »Meine Zeit wird kommen«, hat Gustav Mahler über sein Schaffen befunden. Sein selbstbewußtes Prophetenwort gilt auch für den heute 90jährigen Carl Orff.

Wilfried Hiller

»'S Amixl hat gsunga…«
Tagebuchaufzeichnungen

Angefangen hat alles mit der Münchner Erstaufführung des *Prometheus* am 1. August 1968 im Nationaltheater, bei der ich als einer der 20 Schlagzeuger im Orchestergraben mitwirkte. Da ich keinen allzuschweren Part und oft lange Pausen hatte, in denen ich nicht zählen mußte, konnte ich mich während der Proben und bei der Premiere intensiv mit der Partitur auseinandersetzen. Mich faszinierte die konsequente Art, in der Orff seinen mit der *Antigonae* eingeschlagenen Weg der »musikalischen Abstrahierung« weiterverfolgte, wie er die Tragödie des Aischylos in modernes Musiktheater umformte, indem er Akzente setzte, Klangsymbole komponierte, breit angelegte farbige Teppiche webte und große Blöcke aufbaute, die wie Tonsäulen die gesamte musikalische Architektur tragen. Nach der Premiere kam ich wie betrunken nach Hause. Ich war völlig aufgewühlt und konnte nicht einschlafen. So zog ich mich wieder an, lief mit großen Schritten die ganze Nacht durch Schwabing und schrieb am nächsten Morgen einen Brief an Orff, in dem ich ihm mitteilte, ich möchte sein Schüler werden. Günter Bialas, mein Kompositionslehrer an der Münchner Musikhochschule, sagte mir damals: »Geh zu ihm, da kannst du viel lernen; ich bin ein Komponist, er ist ein Genie.«

Wann ich das erste Mal bei Orff in Dießen war, weiß ich nicht mehr, da ich immer nur unregelmäßig Tagebuch führte. Später habe ich dann auf dem Heimweg im Zug, in der S-Bahn, oder, wenn meine Frau Lisa mich chauffierte, auf dem Beifahrersitz meine Eindrücke in Notenhefte, Skizzenbücher und auf lose Zettel gekritzelt. Gelegentlich nahm ich auch ein Tonband mit und nahm unsere Gespräche auf.

17. April 1972

Im Orchestervorraum zum großen Konzertsaal der Münchner Musikhochschule liest Orff die *Bernauerin* für eine Schallplattenaufnahme. Da das ganze Stück für eine Schallplatte zu lang ist, muß er einige Szenen weglassen. Die Aufnahme geht bis zur *Hexenszene* zügig voran. Orff begleitet den rhythmischen Sprechgesang der Hexen, indem er mit beiden Händen auf den Tisch klopft. Alle Akzente des Schlagzeugs unterstreicht er mit einem lautstarken »Patsch, Peng und Bumm«.
»Peng! Itzt ham sie's derpackt!
Peng! Itzt ham sie's derpackt!«

Ulrich Kraus, Tonmeister und Aufnahmeleiter der Produktion, unterbricht: »Herr Professor, in einer Aufführung können's des ja machen, aber für eine Aufnahme können wir das nicht gebrauchen. Wenn man diese Stellen immer wieder hört, stört das sehr!«

Orff versucht es noch einmal, aber immer wieder rutschen ihm die nicht geplanten Worte dazwischen. Schließlich muß ich mich ihm gegenüber setzen und den Hexenrhythmus mit beiden Händen auf den Tisch trommeln.

Als Orff später die zusammengeschnittene Fassung hört, sagt er nur: »So gut war ich noch nie!«

Untergrund: blaues Erbstück wie Panorama

Ornamentranken: aus blauer Kordel silber graniert, mit blauer Seide unterlegt

Holzperlen: auf Ranken nähen

Mondsichel: kontrag flach koschiert echt versilbert

Kopf + Hände: matte Seide malen

Haare: Moiree über Poppe gezogen mit dkl. Litze konturen

Heiligenschein: gold-Kordel + Netz die ganze Fläche mit Goldmetall unterlegen darauf gelbe Steine

Gewand: des gleiche wie Kostüm Schattenton dkl. gefärbtes Netz in gleicher Farbe mit Litze konturiert

Blumen: Folie unterlegt darein gelbe und weisse Steine

Borten: anfertigen lassen einschliesslich Schlaufen Passementen Müller, dann

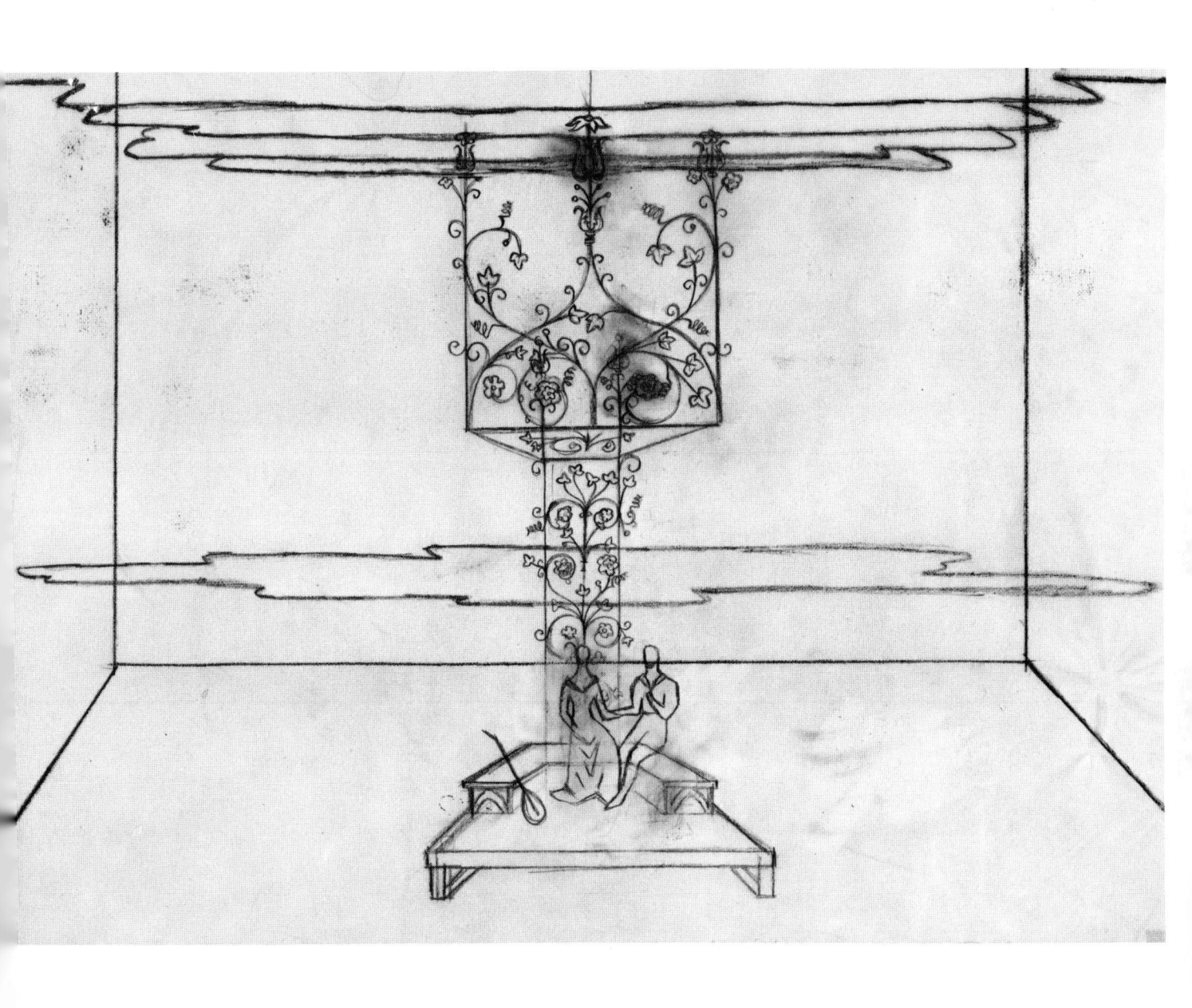

Helmut Jürgens: Technische Zeichnungen zu Carl Orffs
Die Bernauerin, München 1954

26. Mai 1974

Orff hatte mich gebeten, für eine Aufführung der *Bernauerin* im Gärtnerplatztheater die Partitur so einzurichten, daß ohne allzu schlimme klangliche Einbußen das Stück auch mit kleinerer Orchesterbesetzung gespielt werden könne.
Ich hatte das ganze Wochenende über der Partitur gebrütet und schrieb Orff einen Brief.
»...jedes Instrument, auch die dritte Oboe und das vierte Horn, kommt an irgendeiner Stelle einzeln, also ohne Verdopplung vor.

...würde ich vorschlagen, die Schlagzeugbatterie in einen Nebenraum zu stellen, dazu einen Monitor und einen Co-Dirigenten. Die Pauke bleibt im Orchestergraben bzw. in der rechten Loge. Wenn die Schlagzeuger ihren Part über Mikrophon zuspielen, und wenn sich der Klang mit dem des Orchesters mischt, erhält man eine viel stärkere Wirkung, als wenn alles von Band zugespielt wird«... (ursprünglich war geplant gewesen, die großen Schlagzeugpartien auf Band aufzunehmen und zuzuspielen.), »diese Lösung wurde auch bei Zimmermanns *Soldaten* praktiziert und war von großer Wirkung...«
Nach wochenlangen Überlegungen – ich hatte verschiedene Entwürfe für Vereinfachungen gemacht – entscheidet Orff, endgültig doch alles beim alten zu lassen. »Wenn ich eine von Ihnen gestutzte Fassung autorisiere, wird aus Sparsamkeitsgründen überall nur die weniger aufwendige Version gespielt. Soll jedes Theater schauen, wie es zu Rande kommt.«

29. 12. 1974

Ich war gerade mit meinem acht Monate alten Sohn beschäftigt, als das Telephon klingelte. Orff war am Apparat. »Morgenstund hat Orff im Mund!«, so meldete er sich jeden Morgen. Ob wir Zeit hätten, am Nachmittag herauszukommen. Ich mußte mich ziemlich kurz fassen, da mein Sohn auf dem Wickeltisch im Bad lag und gewickelt werden mußte. »Pappens a Briefmarkn drauf, dann hält's!« riet mir Orff noch und hängte ein.

Unser Gespräch in Dießen kam bald auf die *Bernauerin*. Orff hatte eine Neuausgabe herausgegeben und sich wieder intensiv mit dem Stück auseinandergesetzt.

Lisa: Was meint denn die Bernauerin mit dem Satz: »Was is na dös Heimliche, was alle sagn?«

Orff: Es ist das Wort »duchessa«, die Bernauerin versteht kein Italienisch.

Lisa: Warum hat Herzog Albrecht sich gerade in eine Augsburger Baderstocher verliebt?

Orff: Sie waren einander ebenbürtig. Prag, wo Albrecht einige Jahre erzogen worden ist, war das Sodom und Gomorrha der damaligen Zeit, und in den öffentlichen Badehäusern ist es auch nicht gerade prüde zugegangen. Agnes hat nach dem frühen Tod ihrer Mutter gemeinsam mit ihrem Vater erfolgreich die Badstubn geführt. Sie war also auf keinen Fall eine heilige Johanna, als die sie so oft dargestellt worden ist, sie war Albrecht in jeder Hinsicht ebenbürtig.

Lisa: Die starke erotische Beziehung der beiden geht aber aus dem Text nicht hervor.

Orff: Das steht alles zwischen den Zeilen und in der Musik, vor allem in den Zwischenspielen, die eine starke Leidenschaftlichkeit ausstrahlen, sie werden nur meistens recht fad dirigiert, weil die Dirigenten nicht wissen, was hinter den Noten steht. (Orff zeigt uns die Zwischenspiele.) Jetzt hab' ich schon durchwegs italienische Anweisungen geschrieben, damit die Dirigenten darüber stolpern: molto estatico (S. 67), con molto entusiasmo (S. 70), molto infiammato (S. 89), veemente usw. Allein mit dem Taktschlagen kommt man da nicht aus, Regisseure, die nach dem Libretto inszenieren, haben diese Zwischenspiele auch schon streichen wollen. Schauts her, in der *Hexenszene* sind einige Sachen, die natürlich sehr boshaft sind, aber ein Körnchen Wahrheit steckt doch drin. Ich hab' das *Liederbuch der Clara Hätzlerin* erst entdeckt, wie ich fast schon fertig war mit dem Stück und dann habe ich für die Badstubn und für die Hexenszene, die anfangs gar nicht geplant waren, ganz wichtige Anregungen bekommen. (Er holt das *Liederbuch der Clara Hätzlerin* aus dem Bücherschrank und zeigt uns die Schimpfalphabete.)

Abgrittene	Abgfaymte,
Böszwichtin!	Bübische,
Czerrüszne,	Czuspringerin!
Durchtribne,	Durchgsottene,
Erenlose,	Erenlose,
Frawenschenderin!	Falsche,
Gruntlose,	Giftinge,
Hurische,	Hur!
Inprünstinge	…
Kotz!	…
…	
…	

»Ich habe dann die beiden Alphabete miteinander vermischt, eigene Texte hinzugenommen und konnte mit den Mitteln der Teichoskopie eine Szene schildern, die zu grausam ist, als daß man sie auf der Bühne zeigen könnte. Mit dieser Hexenszene konnte ich dann im zweiten Teil einen völlig neuen Schwerpunkt setzen. Daß ich die sechs Hexen von Männern singen lasse, hat keine symbolischen, sondern nur klanglichen Gründe. Auch die Hexen im *Weihnachtsspiel* sollten – zumindest wenn sie chorisch auftreten – mit Männern besetzt werden.«

25. April 1976

Sehr früh am Morgen rief Orff an. Er war am Abend vorher in einer Spätvorstellung unseres Maria-Stuart-Monodrams gewesen und wollte mal mit uns in Ruhe darüber reden. »Ein Zuschauer hat sich mal gewundert, weil ich bei meinen Lesungen immer in Ekstase gerate. Da hab' ich ihm gesagt: Kommen'S morgen abend nochmal, da les ich die *Bernauerin* wieder und punkt halb neun schneuze ich mich. Der Mann kam am nächsten Tag tatsächlich wieder in meine Lesung, und genau um halb neun habe ich mein Taschentuch rausgeholt und mich geschneuzt. – Man muß immer neben einer Sache stehen, wenn man sich in Kontrolle haben will.«

....
Gegen 22 Uhr ruft Orff nochmals an. Er hatte gerade ein Gespräch im Musikmagazin des Bayerischen Rundfunks gehört, in dem ein Regisseur über die Problematik des Schlußbildes mit dem Erscheinen der Bernauerin auf den Wolken sprach. »Die meisten Regisseure wollen am Schluß immer eine Madonna aus der Bernauerin machen, es handelt sich hier aber um die *patrona bavariae*. Ich glaube, es ist doch ganz gut, daß ich meine Dokumentation schreibe, dann wissen die Leute wenigstens, was ich mir beim Schreiben meiner Stücke gedacht habe.«

26. Februar 1978

Den Tag bei Orff verbracht. Er zeigte mir zu Beginn seine Änderungen in der *Bernauerin*, Kürzungen und harmonische Veränderungen im Summchor sowie kleine Striche und meinte, *Die Bernauerin* sei sein textlich gelungenstes Stück, auch gingen hier Text und Musik ganz organisch ineinander über. Dann machte er mich noch auf Feinheiten aufmerksam, die ihm sehr am Herzen lagen: das *zerborstene F* der Röhrenglocke im großen A-Dur-Zwischenspiel, das wie eine ferne dunkle Ahnung das Stück unterbricht.

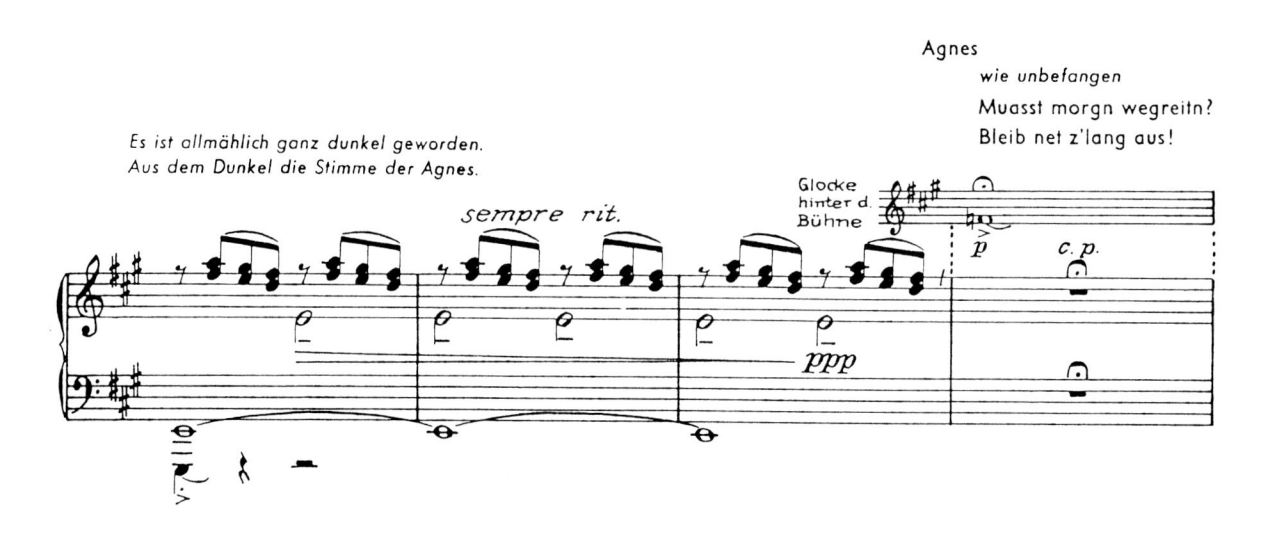

In der Urfassung hatte Orff dieses Zwischenspiel beim Erscheinen der Bernauerin in den Wolken noch einmal wiederholt, dann aber sehr bald durch ein Sopran-Solo ohne Orchester ersetzt. In der Urfassung hieß die Regieanweisung noch:

> Der Himmel öffnet sich:
> In den Wolken, auf der leuchtenden Mondsichel, Agnes
> als Duchessa, mit Krone und weitem Mantel

Für die Neuausgabe hatte Orff die Regieanweisung geändert:

> Der Himmel erhellt sich.
> Schemenhaft erscheint in den Wolken
> – nur Albrecht sichtbar – Agnes als Duchessa,
> mit Krone und weitem Mantel.

Orff spielte mir das Sopran-Solo auf dem Klavier vor, die drei Schlußtakte wiederholte er mehrmals. »Ich glaube, ich habe jetzt im Gegensatz zur letzten Ausgabe eine richtige Lösung gefunden.« Er holte einen alten Klavierauszug aus dem Schrank und spielte die beiden Melodien nacheinander. »Durch die neue Cis-C-Spannung wird eine starke Intensität erreicht.«

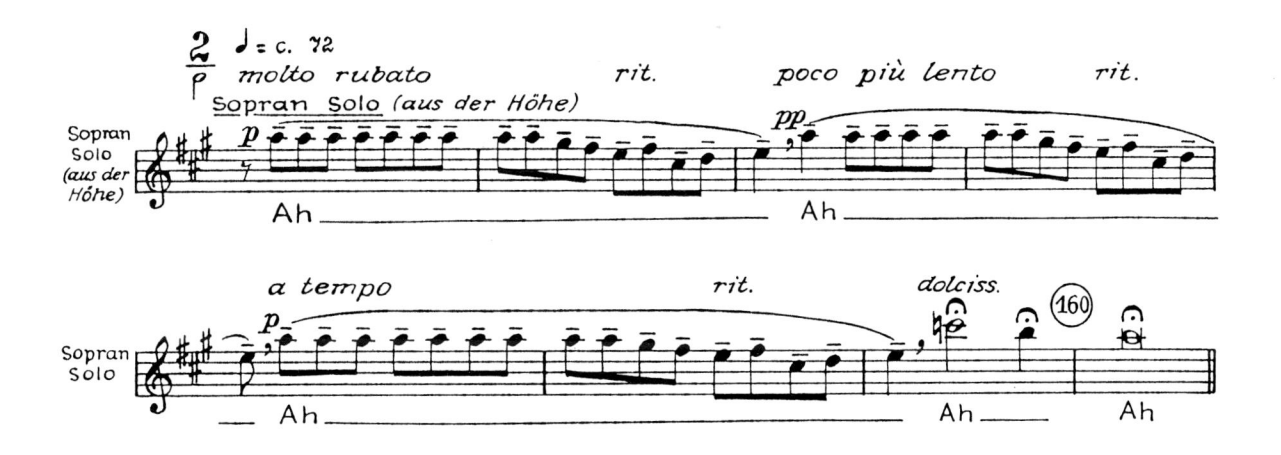

Fassung 1974

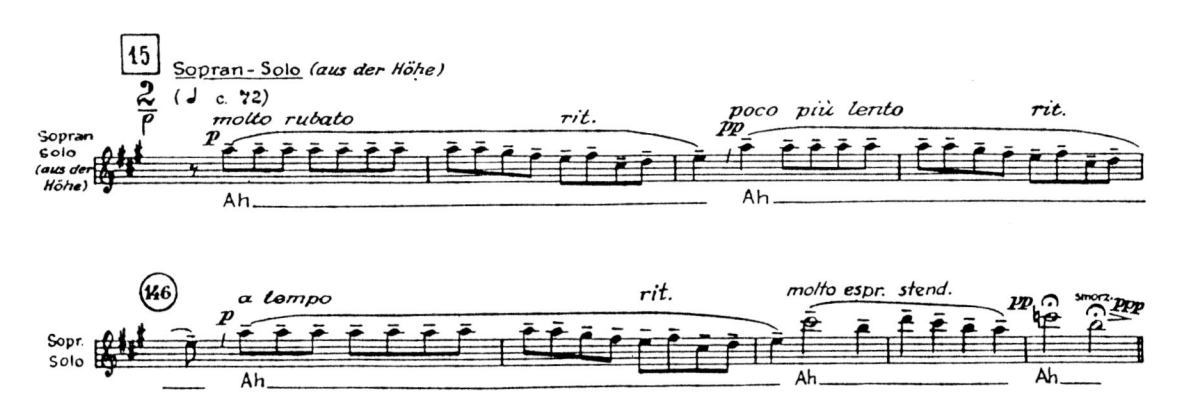

»In der Neufassung entfällt der Schlußton A, so bleibt die Melodie unaufgelöst im Raum stehen.«

Dann zeigte mir Orff noch den großen Glockenchor, in dem durch das ständige Gleiten des Chores von H zu A (»Glockn schlagn, Glockn tun schlagn, schlagn und klagn«) und durch die Instrumentierung mit Pauken, großer Trommel, Klavier und Harfe eine Glockenwirkung entstehen soll; die von Albrecht prophezeiten Freudenglocken des alten Peter
    »Chum, chum,
    chum, chum!«
    Da hören's die andern,
    die singen und schwingen:
    »Willkumm, willkumm,
    Willkummen
    willkumm!«
sind zu Totenglocken geworden.

»Glocken spielen eine große Rolle im Stück. Ich habe auch das Vorspiel *Auf Schloß Straubing* neu geschrieben und das Läuten der Glocke von der Burgkapelle eingefügt.«

2. Szene
Auf Schloß Straubing
Agnes und Albrecht blicken ins Abendlicht

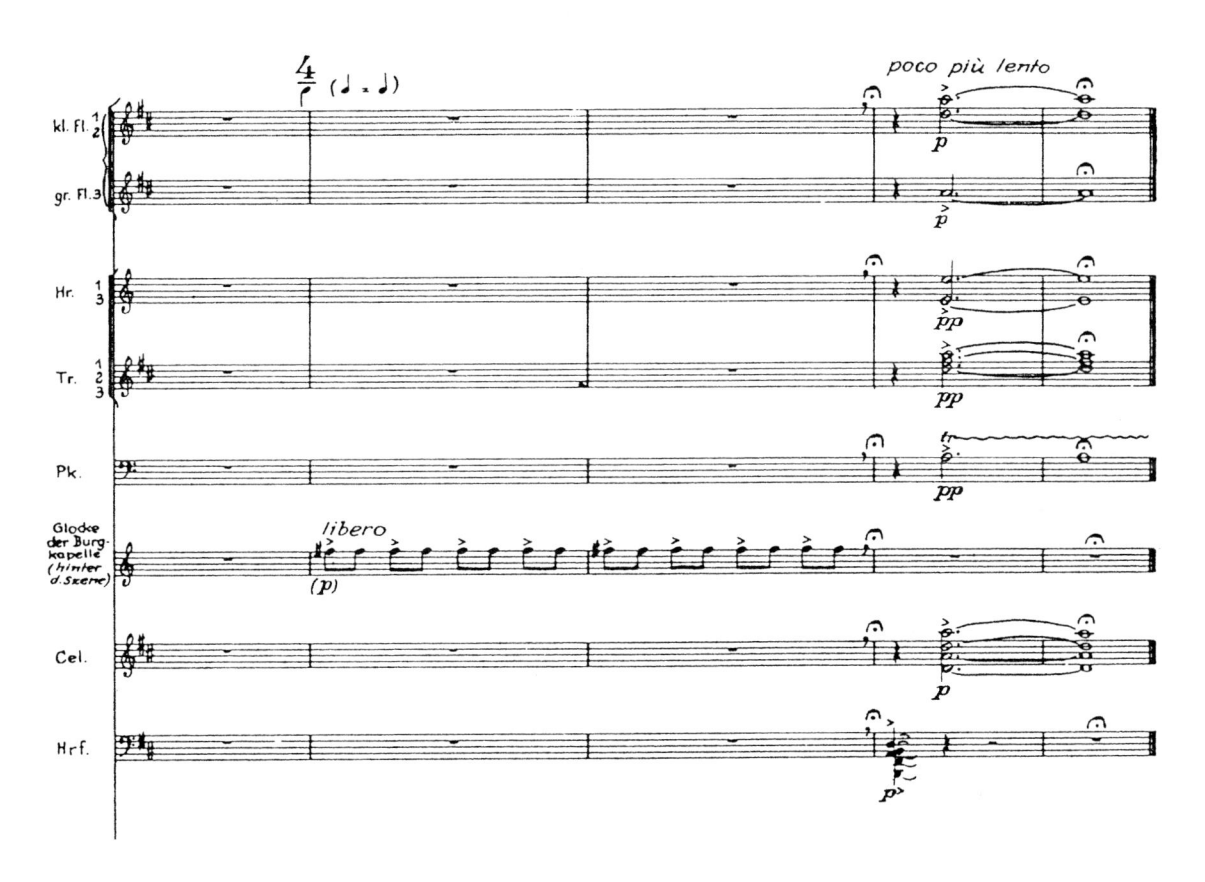

28. März 1981

Für ein Konzert in Straubing planen wir neben unserem Monodram *An diesem heutigen Tage* nach Briefen der Maria Stuart eine Uraufführung des tschechoslowakischen Komponisten Luboš Fišer *Gesuch um eine Hinrichtung* und Szenenausschnitte aus Orffs *Bernauerin*. Lisa geht mit Orff die Texte, die sie für die Lesung geplant hat, durch.

Orff: Eigentlich müßte man das Lied »Hab ich Lieb, so hab ich Not« auch bei einer Lesung singen, in ihrem Kopf hört Agnes noch immer die Schreie des Mönchs »Nieder mit der Bernauerin!«, die wie ein fernes Echo immer wieder von Bratschen (mit Plektron) und von gestopften Hörnern und Xylophon gespielt werden. Agnes hat Angst, und aus dieser Angst heraus beginnt sie zu singen. Es ist keine Volksmelodie, auch wenn es immer wieder behauptet wird: es ist für eine Schauspielerin geschrieben, du kannst es also auch eine Oktave tiefer singen.

Orff rät Lisa, auch die Texte der 5. Szene *Auf Schloß Straubing*, die nicht von der Bernauerin gesprochen werden, zu lesen. Hier könne man nämlich die verschiedenen Arten, bairisch zu reden, gut herausarbeiten:

das sehr proletarische Bairisch des Hauptmanns, der selbst nicht lesen kann:	»Is die sell Bernauerin mächti der Gschrift...«
das Beamtenbairisch des Richters:	...reuig Bekenntnus allsamter Meintaten...
das aufhetzerische Bairisch des Mönchs:	»Fangt's as, de Hexinn!« (die zwei »nn« sind dabei sehr wichtig)
und die poetische Sprache der Agnes:	Alls was i 'tan hab, des braucht net di Sunnen, den hellichtn Tag nie nit zu scheuchn

Dann zeigt uns Orff, daß er für die Neuausgabe 1974 einige kleine, aber doch sehr wichtige Regieanweisungen eingefügt hat.

1. Fassung	2. Fassung
....	springt auf
springt auf und entreißt dem Richter das Blatt	entreißt dem Richter in höchster Erregung das Blatt
....	hart anklagend
»Der Herzog von Munichen kommt bei der Nacht.«	
....	mit teuflischem Triumpf
Der Mönch: »Bringt' as zur Bruckn naus!«	
in die Knie brechend	in die Knie brechend versteht, daß ihr keine Frist mehr bleibt
Agnes: »Himmelsmuatter...«	
....	sibyllinisch, wie in die Ferne gesprochen
Agnes: »Doch Andern wird Andres ein Andernes sein«	
Sie ergreift einen schwarzen Mantel, den sie schnell überwirft	nun ganz Duchessa
Agnes: »Zeigt's ma den Weg!«	

Hans-Jürgen Kallmann: Carl Orff

Karsamstag 1982

Ich wollte über die Osterfeiertage in Klausur gehen, um in Ruhe mein Stück *natura morta con salterio* für die Schwetzinger Festspiele fertig schreiben zu können. Früh am Morgen beschloß ich dann kurzfristig, Orffs Grab in Andechs zu besuchen. Ich war seit der Beerdigung nicht mehr dort gewesen. Das von den Fischbachauer Sängerinnen am Andechser Altar vorgetragene bairische *Ave Maria* hatte mich damals so beeindruckt, daß ich mir fest vornahm, mich einmal mit der bayerischen Volksmusik auseinanderzusetzen.

Früh am Morgen packte ich ein Buch über das Hackbrett und eine Orff-Partitur für Sprechchor und Schlagzeug ein und fuhr mit der S-Bahn nach Herrsching. Von dort aus machte ich einen wunderschönen Spaziergang nach Andechs.

Die Stelle in der kleinen Seitenkapelle unter dem Bild Herzog Albrechts III., wo Orffs Sarg hinuntergelassen worden war, war inzwischen zugemauert. Ein Betstuhl, in dem eine alte Frau kniete und betete, stand jetzt dort.
Keine Inschrift verwies auf die Grabstätte. Alles war dumpf, kalt und unendlich traurig.

Ich verließ sehr schnell und recht deprimiert die Kirche. Im Wald, auf dem Rückweg nach Herrsching, setzte ich mich auf eine Bank und blätterte in dem Notenband, den Orff mir geschenkt hatte. Es waren die *Sieben Gedichte nach Brecht*, die er 1976 für Sprechchor und Schlagzeug gesetzt hatte. Mein Blick fiel auf die *Karsamstagslegende*, in der Orff über einen gleitenden Klang und einer klagenden, absteigenden melodischen Begleitung einen Solisten ohne rhythmische Bindung sprechen läßt:

> »... Als sie gehetzt und müde
> andern abends wieder zum Grabe kamen,
> siehe, da blühte aus dem Hügel jenes Dornes Samen.
> Und in den Blüten, abendgrau verhüllt
> sang wunderleise
> eine Drossel süß und mild
> eine helle Weise.
> Da fühlten sie kaum mehr den Tod am Ort
> sahen über Zeit und Raum
> lächelten im hellen Traum
> gingen schweigend fort.«

Auf dem Nachhauseweg in der S-Bahn skizzierte ich den letzten Satz meines *natura morta* und bezog das alte deutsche Volkslied *Es gingen zwei Gesellen gut* mit ein, das ich bei Bialas mal im Unterricht für Singstimmen gesetzt hatte. Dieses Lied ließ ich nun während des *fahl und vibratolos* zu spielenden Satzes wie einen Hoffnungsschimmer immer wieder aufflackern, bis es am Schluß in den Gesang eines Vogels übergeht. »'S Amixl hat gsunga...«

3. Februar 1985

Meine bairische Mär mit Musik *Der Goggolori* nach einem Text von Michael Ende wird im Gärtnerplatz-Theater uraufgeführt. Ich habe die Partitur meinen beiden Lehrern Günter Bialas und Carl Orff gewidmet, einem Sensiblen und einem Urkräftigen, wie Karl Schumann später in einer Besprechung schrieb. Bialas hatte in mir während meines Studiums die Liebe zum deutschen Volkslied geweckt, und Orff hatte mir die Musikalität und die Klangsinnlichkeit der bairischen Sprache nähergebracht.

Andres Briner

Ein unzeitgemäß-zeitgemäßer Komponist
Zu den Arbeiten von Heinrich Sutermeister

Im Jahr 1910 geboren, hat Heinrich Sutermeister früh Zeichen seiner eigenen Komponistengeneration mit persönlichen, unwiederholbaren Charakteristiken verbunden. Zu den Signa seiner Generation gehört eine Unbefangenheit im Umgang mit historischer Musik, namentlich des 19. Jahrhunderts, die seinen älteren Komponistenkollegen zumeist fehlte. Sie, die im letzten Jahrzehnt des 19. Jahrhunderts oder im ersten Jahrzehnt dieses Jahrhunderts Geborenen, hatten in der Zwischenkriegszeit einen Pfad in eine neue, antiromantische Haltung zu bahnen – ihre Ziele lagen, zumal in der Schweiz, in einer neuen Objektivität, in abstraktionsfähigen Satzprinzipien, ja oft in einer (zumindest deklarierten) *Sachlichkeit*. Ihnen gegenüber verkörperte Sutermeister in den dreißiger Jahren den neuartigen Typus eines Musikers, der unbefangen Giuseppe Verdi bewundern, der Honegger, Janáček (lange bevor er allgemein anerkannt wurde) und Prokofieff als geistesverwandt annehmen konnte. Die *Moderne* war für Sutermeister schon damals, und auch seither, nie gleichbedeutend mit kompositorischer Askese, und schon gar nicht mit dem Rückzug in eine Welt der dodekaphonen Gruppierung. Als es in den fünfziger Jahren einigen Mut brauchte, weder Arnold Schönberg noch Anton Webern, beide große Komponisten, zu folgen, bekannte sich Sutermeister ausgesprochen zu seiner erweiterten Tonalität und zu seiner Verfügung über historisch gewachsene Formen. Erst in den letzten fünfzehn Jahren ist ein solcher Standort auch von der Avantgarde wieder angenommen worden. Bis dahin stand Sutermeister in seiner Zeitgenossenschaft weitgehend als ein Unzeitgemäßer, als einer, der das kommende Reich der dodekaphonen Gestaltung noch nicht erkannt und angenommen hatte.

Sutermeister selber hat als sein Bestreben den Willen genannt, das Tonmaterial jeder neu gestellten Aufgabe dienstbar zu machen – Komponieren soll ein »Mittel zur Kommunikation« bleiben *(Schweizer Komponisten unserer Zeit*, Atlantis-Musikbuchverlag, Zürich 1975). Die frühesten Kompositionen allerdings gingen nicht in Richtung Musikdramatik. Im Sutermeister *(Der Weg des Bühnenkomponisten*, I) gewidmeten Neujahrsblatt der Allgemeinen Musikgesellschaft Zürich auf das Jahr 1985 (Kommissionsverlag Hug & Co., Zürich) hat Günter Birkner, der Vorstand der Musikabteilung der Zürcher Zentralbibliothek, das erste vollständige Werkverzeichnis vorgelegt. Es zeigt, wie aktiv Sutermeister in Instrumental- und Vokalwerken war, bevor er die Musikbühne für sich erobern konnte. Die vor seiner Münchner Studienzeit (1931–34) entstandenen Kompositionen können übergangen werden, aber zu den biographisch ins Gewicht fallenden Stücken gehören bereits die Zwölf Klavierinventionen von 1932/33, die »ihrer kecken ›Artfremdheit‹ wegen sowohl das Entsetzen der anwesenden Direktion als auch ein fröhliches, für den Komponisten deswegen nicht weniger deprimierendes Pfeifkonzert der Besucher« dieses Hochschulkonzerts brachten.

Schon vor seiner leidenschaftlichen Beschäftigung mit Opernstoffen setzte sich Sutermeister mit Dichtungen verschiedener Länder und Zeitalter auseinander, besonders aber mit Barockgedichten. The New Grove Dictionary of Music and Musicians führt in seiner Auswahl aus Sutermeisters Werken die Sechs Barocklieder für Tenor, Frauenchor und drei Instrumente von 1934 auf. Thematisch fügt sich an sie in einiger Entfernung die Kantate Nr. 1 für gemischten Chor über Texte von Andreas Gryphius von 1938 an. Die freie Verfügbarkeit der Geschichte für den jungen Komponisten zeigen die Sieben Liebesbriefe (nach Briefen aus dem 18. und 19. Jahrhundert) für Tenor und Orchester, die 1935 entstanden und vom Ars-viva-Verlag in Mainz übernommen wurden. Der Barock hat Sutermeister später mehr vom Theater her in Beschlag genommen. Das Shakespearesche Vorbild hoffte er in jüngeren Dichtungen, etwa P. B. Shelleys *Die Cenci* (seit 1910 in deutscher Übersetzung), wiederzufinden. Goldoni und Tirso de Molina haben ihn wiederholt angezogen; die zwischen Sutermeister und seinem frühen Librettisten Albert Rösler gewechselten Briefe zeigen, wie anhaltend Sutermeister die Theatergattungen des Barocks durchpflügte. Während er sich auf seine Komposition von Shakespeares *Sturm* als *Die Zauberinsel* (1942) vorbereitete, schrieb Sutermeister an Rösler: »Es schwebt mir vor allem eine Erneuerung der Barockoper mit magischem Hintergrund vor« – da ist in ein paar Worten eine Absicht zusammengefaßt, die weit über dieses Shakespeare-Projekt hinausreicht und Sutermeister eigentlich nie ganz losgelassen hat.

Es gibt von Sutermeister einen Brief an Rösler, der die Stellung jener Oper, die ihm Weltbekanntschaft brachte, fast unbarmherzig seinem eigenen Wertgefühl gegenüber zum Ausdruck bringt. Nach der Dresdner Uraufführung der Shakespeare-Oper *Romeo und Julia* im Jahr 1940 schrieb er an seinen literarischen Helfer: »...Ich kann mir eigentlich gar nicht vorstellen, wie ein moderner Operntext aussehen müßte. Wie wird überhaupt die moderne Oper aussehen? *Romeo* ist eigentlich nur musikalisch *Neuland*, dramaturgisch folgt er den Spät-Verdi-Opern und ihren Versuchen, Shakespeare für die Opernbühne *umzukonzentrieren*, obwohl das eigentliche unterscheidende Merkmal wohl im Bestreben besteht, Neutextierung und textliche Vorlage des Originals in besseren Einklang zu bringen, als es noch bei Boito der Fall sein konnte.« Da mag einige Unterschätzung von Arrigo Boito, dem Librettisten von *Otello* und *Falstaff* mitspielen, von größerer Bedeutung an der Briefstelle ist Sutermeisters grundsätzliche Offenheit allen Stoffen und Stilen gegenüber. Wie die *moderne Oper* aussehen (und sich anhören) wird: das wird erst die Erfahrung der Zukunft lehren. Sutermeister hat in jeder Phase zu dieser literarisch-musikalisch-szenischen Erfahrung beigetragen, aber er hat nach Möglichkeit vermieden, sich zu wiederholen. Auf diese Art ist er ein abwechslungsreicher Bühnenkomponist geblieben, unternehmungslustig nicht nur in der Behandlung der Sprache – weniger in der der Dramaturgie –, sondern auch in den verschiedenen Führungen der Singstimmen und, besonders, im Einsatz des Orchesters.

Sutermeisters Durchbruchswerk, die Oper *Romeo und Julia*, zeigte bereits eine Vielfalt von dramatischen Ausdrucksmöglichkeiten an, die auch auf Gattungen außerhalb der Oper verwies. So lassen die Chöre eine Farbigkeit des Stimmsatzes, eine Verbindung von polyphoner Stimmführung und homophoner Akkordik als Farbwerte hören, die einesteils an Opernchöre des 19. Jahrhunderts anschließen, andernteils einen vom dramatischen Geschehen unabhängigen Sinn für die Entfaltung von Chorensembles zeigen. Weil innerhalb einer Oper, die keine Versenkung in privater Innerlichkeit, sondern ein Abstrahlen nach außen sucht, auch die Chöre auf unmittelbare Wirkung angelegt sind, verkannte man in den ersten Phasen der Rezeption diese über die Operngattung hinausweisenden Zeichen. Die Expositionsszenen des ersten der beiden Akte führen direkt in den Streit der Montagues und der Capulets, lassen aber in ihrer Übereinanderschichtung von vokalen und instrumentalen Effekten Möglichkeiten hören, die auch unabhängig von dieser überzeitlichen Geschichte um den Streit von Familien und die leidenschaftliche Liebe von zwei jungen Menschen eingesetzt werden können. Und die Nachtmusik des zweiten Aufzugs mit ihren »Hymnischen Chor-Vokalisen« (Willi Schuh) bringt eine vokale Sensualität, die zwar romantische Vorbilder nicht ganz vergessen, zugleich aber neuere Vokalisenkunst voraushören läßt. Wie es überhaupt unfair wäre, alle die von Sutermeister mit so großem Geschick eingesetzten Wirkungen immer nur historisch zurückzubeziehen: sie haben auch ihre Nachfahren.

Sicher hat sich gesamthaft die Dramatik in Sutermeisters Bühnenwerken resistenter gezeigt als die in die Dramatik eingelassene Lyrik, besonders die auf eine einzelne Person bezogene. Es ist, wie wenn in antithetischem Verfahren die besten Erfindungskräfte in Sutermeister geweckt würden. Wo nicht der Verdacht aufkommen kann, daß ein einzelner Mensch das Maß aller Dinge wird, übersteigt seine Musik die Gefahr der Reduktion des Musikalischen auf das Private. *Romeo und Julia* bleibt als Oper bis heute nicht zuletzt deshalb aktuell, weil sogar in Julias großer Soloszene die heftige Auseinandersetzung zwischen den feindlichen Parteien, also ein überpersönliches Agens, mitschwingt. Sutermeisters Frauengestalten konstituieren sich dort am glücklichsten, wo ihre Spannung zur Außenwelt musikalisch artikuliert wird, wo also ein soziales Bezugsnetz neben und über dem privaten hörbar wird. In seinem in der Schweizerischen Musikzeitung 1958/Nr. 9 gedruckten *Brief an einen jungen angehenden Komponisten* bekennt sich Sutermeister zum 19. Jahrhundert, »das man so gerne aus der Musikgeschichte streichen möchte« (womit er sicher nicht das Publikum, sondern die Avantgarde meint), und gesteht: »So erschien mir die Lyrik der *Desdemona* im letzten Akt des *Otello* mehr und mehr als ein Beginn, und nicht als ein Ende.«

Sutermeisters eigene Werke aber zeigen, daß sein Wille, »das Tonmaterial jeder neu gestellten Aufgabe dienstbar« zu machen, sich dort am glücklichsten manifestiert, wo die Ästhetik nicht bei der Wiederholung einer Desdemona-Situation verharrt. Auch seine leidenden Frauenfiguren, von der Julia über die *Niobe* (1945) des Werkschlusses bis zur *Madame Bovary* (1967), dürfen – das Wort als ästhetisches Postulat verstanden – nicht als bloße rührende Opferfrauen ihre Vorgängerin Desdemona überleben; sie müssen, das zeigt die Gesamtheit der Bühnenwerke, aus den dramatischen Anlagen der Stücke heraus jeweils neu geboren werden, um glaubhaft, um auch musikalisch *neu* zu werden. Und es fällt auf, wenn man die Partien der Männer mit jenen der Frauen vergleicht, daß sich dieses Problem für die Männer, obgleich sie durchschnittlich ungleich aktiver sind, grundsätzlich ähnlich stellt. Auch sie sind in der Kontemplation, in der Ruhe musikalisch weniger originell als in der Auseinandersetzung, in Kampf und Streit. Wenn Sutermeister im genannten Brief schreibt, »aber auch hier gilt es, das Bildnis des Menschen musikalisch zu erwärmen und zu durchleuchten«, so möchte man aufgrund von Sutermeisters eigenen Bühnenwerken anfügen: ja, solange diese »Erwärmung« zugleich eine der geistigen, emotionalen und möglicherweise sogar physischen Erhitzung ist, dann nämlich sind alle seine Gestalten der Gefahr der Auswertung ihres Sentiments entzogen.

Gewiß, mit dieser Feststellung ist man auch bei den Ursachen angelangt, warum die meisten von Sutermeisters unmittelbaren Vorgängern und einige seiner Zeitgenossen den Einfluß des 19. Jahrhunderts meiden: sie kennen die Gefahr der Sentimentalität. Aber daraus zu schließen, daß sie Sutermeister *nicht* kennt, wäre ein Fehlschluß. Die dramatische Wirksamkeit seiner Dostojewski-Oper *Raskolnikoff* (1948), die raffinierte Munterkeit der Nestroy-Vertonung *Titus Feuerfuchs* (1958), ja auch flächenhafte und doch detailbewußte Arbeit in den Fernsehopern *Das Gespenst von Canterville* (1966) und *Der Flaschenteufel* (1970) beweisen, wie Sutermeister in den richtigen Momenten Gefühle anzeigen und deuten kann, ohne sie auszuwalzen. Die als Radiooper früh (1935/36) entstandene *Schwarze Spinne* nach Jeremias Gotthelf, ein dramatischer Erstling, zeichnete sich bereits durch ein Handwerk aus, das zwar alle Gefühlsregister von Vorahnung, Furcht und Panik kennt und auswertet, sich aber von ihnen nicht vereinnahmen läßt.

Und wenn man dem Verhältnis Sutermeisters zum Film nachgeht, so wird man diesem weiteren Medium gegenüber eine ähnliche Haltung feststellen: eine zeitgemäße Offenheit für die Kommunikationsprobleme, aber eine (nur allzu) berechtigte Skepsis dort, wo sich Musik in bloßen Klischees erschöpfen müßte. Nach Birkners Verzeichnis und Aussage hat sich Sutermeister zweimal mit dem Film eingelassen, erstens mit Helmut Käutners *Ludwig II.*, für den Sutermeister auch Musik Richard Wagners montieren konnte, und zweitens mit Kurt Frühs *Der Mann, der nicht ›nein‹ sagen konnte*. Diese Erfahrungen waren für den Komponisten selber nicht so positiv, daß er in einem dritten Fall selber zu einem Mann geworden wäre, der nicht ›nein‹ sagen konnte.

Volker Sammet: Macbeth und Queen

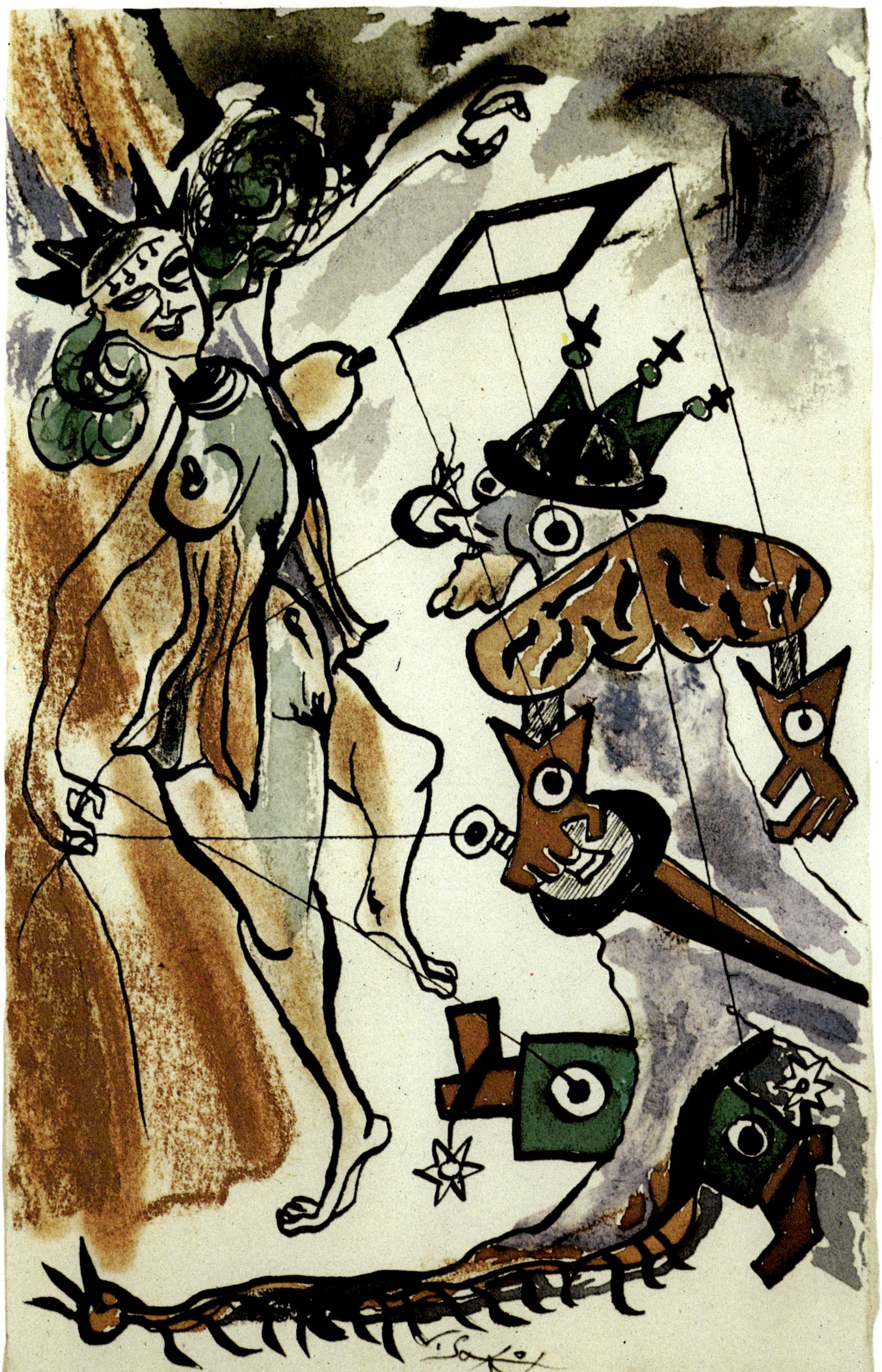

Helmut Heißenbüttel

Von der Hörbarkeit der Musik Georg Friedrich Händels
Zum dreihundertsten Geburtstag des Komponisten

Dem oberflächlichen Blick erscheint Georg Friedrich Händel fast wie ein Zwillingsbruder Johann Sebastian Bachs. Formulierungen wie: die beiden größten deutschen Komponisten vor Beethoven (der immer noch der größte zu sein hat) stellen sich leicht ein. Zwar hat Händel den Grundstock zu seinem Opernschaffen in Italien gelegt, wo Alessandro Scarlatti für ihn wichtig war, zwar war er ab 1727 britischer Staatsangehöriger und wurde Bach auf der anderen Seite immer stärker in liturgische und pädagogische Verpflichtungen eingebunden, aber gilt nicht dennoch beider Werk als die Vollendung nicht nur deutscher, sondern europäischer Barockmusik? Entspricht nicht sogar die tiefe und geheimnisvolle Verinnerlichung des Bachschen Spätwerks dem Händels; hier die h-moll-Messe, die Passionen und die *Kunst der Fuge*, dort Oratorien-Dramen wie *Theodora*, *Solomon* und *Jephta*?

Aber während nach einer langwährenden und wechselvollen Renaissance das Gesamtwerk Bachs auch dem weniger Musikkundigen geläufig ist, *Brandenburgische Konzerte*, das *Wohltemperierte Klavier*, die *Goldberg-Variationen* oder die Sonaten und Suiten für Solovioline, von populären Kantaten und *Matthäuspassion* einmal abgesehen, wie leicht wechselbare Münze im Musikgespräch einzusetzen sind, was bleibt von Händel? Die Orgelmusik, *Wassermusik* und *Feuerwerksmusik*, das Halleluja aus dem *Messias*, das *Largo*, eine Arie aus der Oper *Giulio Cesare*, deutscher Text: »Warf je ein Blühn«..., der Kinderchor aus dem Oratorium *Judas Maccabäus* mit dem unterlegten Text: »Tochter Zion freue dich«? Wer kennt das frühe Oratorium *Resurrezione*, das 1708 in Italien aufgeführt wurde, wer die Passion auf den Text des Hamburger Dichters Barthold Hinrich Brockes von 1716? Wer die Opern *Rinaldo* (1711), *Rodelinda* (1725), *Admeto* (1727), *Orlando* (1733), *Xerxes* (1738), wer die Oratorien *Samson* (1743), *Judas Maccabäus* (1746), *Alexander Balus* (1748), *Jephta* (1752), wer die Meisterwerke der späten Musikdramen *Semele* (1744) und *Hercules* (1745), wer das letzte Vokalwerk, die allegorische Kantate *The Triumph of Time and Truth* von 1757?

Im Grunde gibt eine solche Aufzählung von Titeln nur den Eindruck von Wegmarken in einem unbekannten Land. Dabei sind alle genannten Titel auf Schallplatten eingespielt, zum größten Teil in hervorragenden, wenn nicht beispielhaften Aufführungen. Ich nenne nur *La Resurrezione* von Christopher Hogwood, *Rinaldo* und *Xerxes* von Jean-Claude Malgoire, *Admeto* von Alan Curtis, *Acis and Galathea*, *Semele* und *Hercules* von John Eliot Gardiner, *Giulio Cesare* und *Samson* von Karl Richter, *Belshazzar* und *Jephta* von Nikolaus Harnoncourt. Für den durchschnittlichen Musikliebhaber ist das immer noch verwirrend, dem Händelspezialisten aber genügt es schon lange nicht mehr. Ist daran etwas zu ändern? Sollte ein Jubiläumsjahr wie das des dreihundertsten Geburtstages 1985 nicht anspornen, Liegengebliebenes neu aufzuarbeiten? Händels Geburtstag am 23. Februar hatte nichts zur Folge als die Ausstrahlung von nicht allzu guten Opernaufnahmen auf Schallplatte im Hörfunk. Dem Werk blieb allerdings auch die sechsstündige *Geburtstagsparty* erspart, wie sie das Fernsehprogramm der ARD in der Nacht vom 16. zum 17. März für Bach ausstrahlte.

Vielleicht sollte man zunächst einfach rekapitulieren. In Halle, wo Händel 1785 geboren wurde, erhielt er seine erste musikalische Ausbildung. 1703 bis 1706 hielt er sich in Hamburg auf, wo er bei Mattheson und Keiser an der damals berühmten Hamburger Oper den ersten Begriff davon erhielt, was auf der musikalischen Bühne möglich war. Der Bruch der Freundschaft mit Mattheson führte zur Reise nach Italien. Rom, Neapel, Venedig und Florenz waren Stationen und Einflußzentren für den jungen Komponisten. Vor allem die Oper von Alessandro Scarlatti übte ersten prägenden Einfluß aus. Mit dem gleichaltrigen Domenico Scarlatti war er in dieser Zeit befreundet. Mit dem späten Cembalowerk, das dessen Ruhm bis heute erhalten hat, ist Händel nicht mehr bekannt geworden.

Es ist heute fast in Vergessenheit geraten, daß die Übersiedlung Händels nach London sich über die Zwischenstation Hannover vollzog. Die Königreiche Hannover und England waren in Personalunion der hannoverschen Könige miteinander verbunden. Händel hielt sich 1710 bis 1712 in Hannover auf und folgte dann dem Königshof nach England. Die Umsiedlung hatte, wenn man so will, auch einen politischen Hintergrund. Hauptanreiz war jedoch die Tatsache, daß Händel in London die Möglichkeit sah, seine Vorstellung von der Oper zu realisieren. Die wechselvollen Schicksale dieses Opernbemühens aufzuzählen würde hier zu weit führen, vor allem deshalb, weil es mit personalen und öffentlichen Beziehungen durchsetzt ist, die bis heute nicht voll zu durchschauen sind. Die Oper, die Händel realisierte, war die italienische Oper mit italienischen Sängern. Ihre Beliebtheit wurde gestützt vom englischen Königshof und dessen Anhang.

Hier machte sich in den dreißiger und vierziger Jahren ein Wandel bemerkbar. 1727 wurde Händel britischer Untertan. 1728 brach die *Royal Academy*, die das Opernunternehmen trug, zum erstenmal zusammen. Die berühmte Konkurrenz der *Beggar's Opera* von Pepusch war nicht so sehr ein Gegenunternehmen, das Händels Musik und Musikvorstellung aus dem Felde schlug, als daß sie eine Veränderung im Hören von Musik anzeigte. Einer nachwachsenden mittleren Hörerschicht war das Italienische nicht mehr so geläufig wie der Oberschicht. Die Betriebskosten der Händelschen Oper waren durch die teuren Szeneneinrichtungen und die hohen Gagen der italienischen Sänger sehr groß. Eine erfolglose Spielzeit konnte das Unternehmen zum Bankrott bringen.

Händel als Person wurde Opfer der Risiken und Verwicklungen. Zweimal, 1737 und 1745, brach er körperlich zusammen. Die Wende wurde bezeichnet durch den Erfolg des *Messias*, 1741 aufgeführt, der mit seinem englischen Text so etwas wie ein nationales Ereignis wurde. Diese Rolle spielt das Oratorium bis heute. Möglicherweise ist das der Grund, warum das bundesdeutsche Fernsehen Händel nicht, wie Bach, mit Verfilmungen, Fernsehserien und einer Party zugedeckt hat. Nach dem Erfolg baute Händel die Aufführungspraxis des biblischen Oratoriums aus. Er konnte mit billigeren Sängern arbeiten und auf den kostspieligen Bühnenapparat verzichten. Dennoch, das wird immer wieder übersehen, handelte es sich hier nicht einfach um den Wechsel von einer Form zur anderen. *Semele* und *Hercules*, die Händel selber mit dem Titel *drama in musica* versah, aber auch *Solomon*, *Theodora* und *The Choice of Heracles* mit einer Musik, die ursprünglich für eine *Alceste* von Tobias Smollett gedacht war, zeigen nicht nur Mischungen zwischen Opernform und Oratorium, sie stellen im Grunde eine Weiterentwicklung der Händelschen Opernvorstellung in etwas Neues dar, das gar nicht so einfach zu bezeichnen ist. Es läge nahe, hier von Synthese zu sprechen. Aber das würde das Unabgeschlossene, die genuine Offenheit der Händelschen Spätphase nur allzu bestimmt wieder auf einen handlichen Nenner bringen. Es wird in Umrissen vielmehr, versuche ich von *Jephta* aus eine Linie weiter zu ziehen, etwas hörbar, das, will ich es ganz kühn und spekulativ ausdrücken, in Richtung Berlioz weist.

Nikolaus Harnoncourt spricht im Begleittext zu seiner *Jephta*-Einspielung beim Duett Iphis-Hamor von »verblüffend mozartischen Wendungen«. Aber das betrifft nur die unvermeidliche Hörassoziation zu den Duetten in *Così fan tutte*. Nimmt man zu dieser Melodiosität (die ja auch der von Rezitativ und Arie der Maria Magdalena, von Blockflöten begleitet, in der frühen *Resurrezione* entspricht) die kompositorische Durchdringung der Verzweiflungsszene des Jephta am Anfang des dritten Akts von *Jephta* (»Hide thou thy hated beams, O sun, in clouds and darkness, deep as is a fathers woe«) hinzu, so kann man sich schon an den Wechselgesang des Paters Lorenzo mit dem Chor in *Romeo und Julia* von Hector Berlioz erinnern

Georg Friedrich Händel
in seiner letzten Portrait-Darstellung

fühlen. Allerdings mit dem Einwand, daß hier dennoch eine Epochengrenze überschritten wird, vor der Händel notwendigerweise einhalten mußte. Wie wäre diese Grenze zu fassen?

Musikinterpreten seit dem 19. Jahrhundert haben immer wieder Schwierigkeiten damit gehabt, daß Komponisten bis hin zu Joseph Haydn Melodien, musikalische Einfälle, ja ganze kompositorische Komplexe mehrfach verwendet haben. Noch auf der Fernsehparty zum dreihundertsten Geburtstag Bachs wies Moderator August Everding auf die Ökonomie Bachs hin, die diesen die gleiche Musik für Konzert, Passion oder Kantate verwenden ließ. Immer wieder ist für Händel bezeugt, daß er aus früheren Kompositionen ganze Passagen später noch einmal einsetzte. Aber war das nur Ökonomie? Konnte ökonomisches Verhalten überhaupt maßgebend sein? Das Unverständnis für eine solche Verhaltensweise und der Widerstand dagegen beruhen ja auf einem Originalitätsdenken, das erst Ende des 18. Jahrhunderts einsetzt und in der Romantik voll ausgebildet wird. Für dieses Originalitätsdenken ist die Wiederverwendung geschlossener kompositorischer Teile gleichbedeutend mit der Degradierung der Musik zu frei und beliebig verwertbaren Versatzstücken.

Eben das aber widerspricht dem musikalischen Denken vor Haydn. Wenn man einen Ausgangspunkt im älteren Parodieverfahren sieht, der Einsetzung von populären Melodien in eine Messekomposition, so zeigt das zunächst nur die Trennung von musikalischem Einfall (Melodie, Intervallsequenz) und kompositorischer Durchführung. Seit dem 16. Jahrhundert hat sich daraus immer stärker so etwas wie eine autonome musikalische Sprache entwickelt, eine Sprache, die immer differenzierter ihre eigenen Akzente und ihre eigene Syntax herausarbeitete. Diese Sprache nun wurde bedeutungsvoll gehört. Dieses bedeutungsvolle Hören verstärkte sich vom 17. ins 18. Jahrhundert immer mehr. Dennoch waren solche Bedeutungen nicht in dem Sinne fixierbar, wie es die Sprechsprache tut. Eine musikalische Phrase vermochte in ihrer weitgespannteren und auch vageren Bedeutungsbesetzung eine Verbindung einzugehen mit ganz verschiedenen sprechsprachlichen Bedeutungen. Die verschwimmende Semantik konnte grundsätzlich von sprachlicher Semantik verschieden akzentuiert werden, in eine andere Funktion versetzt werden.

Nimmt man dies ernst und versucht man, sich in den Zustand zu versetzen, in dem sozusagen wechselweise Kombinatoriken möglich waren zwischen zwei Sprachsystemen, so erkennt man sofort, daß musikalischer Ausdruck in dieser kompositorischen Sprache niemals an eine bestimmte verbal-begriffliche Semantik gebunden werden konnte. Umgekehrt war der Text, das Libretto, einmal nur ein genereller thematischer Vorwurf, der das Zusammengehen von Text und Musik ausrichtete, aber nicht unauflösbar fixierte, zum anderen aber mußte die Text-Semantik immer wieder an der Sprache der Musik auszurichten sein, beanspruchte also nicht eine Originalität, Bedeutung, Qualität für sich. Nur so ist es zu erklären, daß so viele Libretti im 17. und 18. Jahrhundert von Komposition zu Komposition wandern konnten. Nicht in irgendeinem Wettbewerb, sondern weil die Semantik des Textes allein dazu da war, für die Aufführung auf der Bühne die Sprache der Musik momentan festzuhalten.

Diese Art des kompositorischen Denkens ist vielleicht bei keinem anderen Komponisten so stark ausgebildet wie bei Händel. Es erklärt auch, warum von Wiedereinrichtung zu Wiedereinrichtung einer Oper oder eines Oratoriums Veränderungen, Kürzungen, Erweiterungen vorgenommen wurden. Nicht weil das frühere Ergebnis verbessert werden sollte, sondern weil die Situation, in der musikalische Sprache von Textsemantik akzentuiert wurde, sich verändert hatte. Hier im philologischen Sinne von Erst- oder Letztfassung zu reden, ergäbe keinen Sinn. Untersucht man das Verhältnis von Text zu Komposition im Kantatenwerk Bachs, so stößt man überall auf dasselbe Problem, auf das gleiche kompositorische Denken. Das ist, obwohl die neueren Interpreten Händels und Bachs in diesem Sinn verfahren, weil sie sich auf den Focus einer historischen Aufführungspraxis eingestellt haben, bisher noch gar nicht deutlich genug erkannt worden.

Hier ist die Grenze, die Bach und Händel nicht überschreiten konnten, hinter die aber Beethoven oder Berlioz nicht zurückzugehen vermochten. In dem historischen Augenblick, in dem das Prinzip der absoluten Originalität auftauchte und bestimmend wurde, waren die musikalischen Sprachmittel nicht mehr variabel verfügbar, mußten sie interpretatorisch im engeren Sinne, im Sinne der einmaligen und nie wieder rückgängig zu machenden Festlegung eingesetzt werden. Zugleich wuchs immer stärker die Forderung nach Originalität des Textes, dessen Qualität nun nicht mehr nach Verwertbarkeit, sondern nach seinem eigenen literarischen Gewicht gemessen wurde. Erst jetzt war es für die Vertonung wichtig, daß der Text als Dichtung, in der Originalität der Dichtung, aufgefaßt werden konnte. Rückblickend aber wird auch deutlich, warum das für Komponisten wie Bach und Händel kaum eine Rolle spielte. Und wenn ein Musiker wie Georg Philipp Telemann schon Ansätze zur Originalitäts-Auffassung zeigte, ist das nur ein Beleg dafür, daß er hier wie in anderen Bereichen (etwa dem der Klangfärbung) Vorstöße machte, die allzu leicht unterschätzt werden.

Man könnte auch sagen, daß diese Sprache der Musik bestimmten typischen Mustern und Redeweisen folgte. Die Bedeutungsbreite dieser typischen Muster wechselt zwischen bestimmten Polen: Tod und Erotik, Repräsentanz und Zerstörung, Triumph und Untergang, Emotion und Religiosität. Die Pole scheinen auswechselbar, je nach der konkreten Festlegung durch den Text, mit dem die Musik sich verbindet. Das betrifft auf der Ebene der Figuren und der Situationen, in denen sich die Figuren befinden, also der Handlung auf der Bühne, typische Personen und typische Konstellationen. Auch diese sind häufig austauschbar. Aus diesem variablen Zusammenspiel aber von typischer Musiksprache mit typischer Handlung ergibt sich das Geschehen auf der Bühne. Was nicht vorausgesetzt und erwartet werden kann, ist individuelles Verhalten, realistisches Agieren, psychologische Nuancierung. Bühnenhandlung, die aus den öffentlichen und privaten Motiven von identifizierbaren Individuen entspringt, wäre bei Händel musikalisch nicht zu erfassen.

Dennoch bewegt sich etwas in dieser Richtung. Der Unterschied zwischen der Melodiosität von Rezitativ und Arie der Maria Magdalena in *Resurrezione* und der des Duetts zwischen Iphis und Hamor in *Jephta* besteht gerade darin, daß das Duett bereits weit aus der Typisierung von Figuren und Situation herausdrängt. Je stärker das jedoch geschieht, umso mehr wird die kompositorische Individualität des Autors hörbar. In *Jephta* spricht Händel, wenn man so argumentieren kann, seine persönlichste musikalische Sprache. Von hier aus, so meine ich, läßt sich das so schwer überschaubare Gesamtwerk gliedern. Von der ganz typisierenden Musik der *Resurrezione* entfaltet sich eine kontinuierliche Linie bis zu einem Höhepunkt wie *Admeto* (1727). Der *Messias* (1741) dagegen erscheint unter diesem Aspekt wie eine gewaltige, alle Kennzeichen der Typik zusammenfassende Retrospektive. Von seinem Textdichter Thomas Morell darauf angesprochen, hat Händel erklärt, daß ihm *Theodora* weit näher stand als der *Messias*. Zweiter Höhepunkt wären *Semele* und *Hercules*, am weitesten fortgeschrittene Individualisierung zeigte sich dann in *Theodora* und *Jephta*.

Natürlich ist das nur ein Orientierungsschema. Man müßte die Linie und den Rahmen, die sich so ergeben, nachprüfen von Werk zu Werk. Worauf es ankommt, ist zunächst einmal, eine Fragestellung zu finden, die den Zugang zum Gesamtwerk öffnet. Erst dann kann sich der Kosmos des Händelschen Vokalwerks entfalten und für das Ohr bis in seine letzten Tiefen erfahrbar werden. Man darf nämlich auch nicht in den Irrtum verfallen, diese Musik könne für sich genommen und genossen werden. Die Orchestermusik hat fast immer repräsentativen Charakter und weicht dem Problem aus. Instrumentalmusik ist bloß gesellig. Händel ist es niemals gelungen, etwas von der Problematik der *Goldberg-Variationen* oder der *Englischen Suiten* Bachs in seine Kompositionen für Cembalo oder Orgel einzubringen. Er sah es wohl auch nicht als seine Aufgabe an.

Wenn aber Händels Musik wesentlich Vokalmusik ist, Oper, Oratorium, Kantate, Psalm, Te Deum, stellt sich immer wieder neu die Frage der Präsentation. Der englische Händelkenner Winton Dean sagt im

Begleittext zur Schallplattenaufnahme von *Admeto*, Leitung Alan Curtis: »Analysen der Admeto-Partitur zeigen: musikalische Erfindungsgabe, die fast grenzenlos in ihrer Vielfältigkeit ist; außergewöhnliche Kraft der Charakterisierung und die Fähigkeit – zu dieser Zeit einzigartig, aber in vielen anderen Händel-Opern ebenfalls vorhanden –, eine organische Einheit zu schaffen, die alles übertrifft, was wir von der herkömmlichen opera seria erwarten. Seine bedeutendsten Opern gehören zu den künstlerischen Wundern.« Sind diese »Wunder« nun dazu verdammt, nur in der akustischen Wiedergabe durch Schallplatten erfahrbar zu werden? Hörgenüsse, die alles, was die Musik an Sichtbarem begleiten könnte, der Phantasie überläßt? Wobei sofort auch gefragt werden muß, was kann denn die Phantasie sich vorstellen, freie Szenerien, Traumlandschaften oder Rekonstruktionen historischer Opernpraxis?

Es bleibt da etwas Ungelöstes, ähnlich wie bei den akustisch wieder zugänglichen Opern von Haydn. Wer sich bemüht, kann die Musik zweifellos vom Hören allein, verbunden mit der Lektüre des Librettos, ergänzt vielleicht durch Studium der Partitur, erfahren. Aber wenn das nicht genügt, wo wären dann die Elemente für die öffentliche, die Bühnenpräsentation Händelscher Opern zu suchen? Dieser Frage wäre vielleicht die Vorfrage voranzustellen: was war denn sichtbar zur Zeit Händels, und ist es sinnvoll, das zu rekonstruieren? Die Barockbühne, der sich Händel noch bediente, lebte von Apparatur, Zauberei und festen Konstellationen der Sänger. Versuche in dieser Richtung sind fast immer unbefriedigend geblieben. War denn nicht schon zu Händels Zeiten dieses Sichtbare ein Zugeständnis und auch ein Notbehelf, den er aufgab, als er begann, das Oratorium in einer Form vorzustellen, die wir heute Konzertaufführung nennen? Wie ist es damit?

Warum ist es leichter, eine Konzertaufführung von Berlioz anzuhören als die einer Oper von Händel? Weil bei Berlioz die Musik bereits konzipiert worden ist als Symphonie mit Stimmen, das Optische der Phantasie überlassen bleibt. Was stört, auf der anderen Seite, an dem Libretto einer Händel-Oper, will man sie in lebendige Bühnenhandlung verwandeln? Ihre Typik und ihre durch nichts auf unser Verständnis zu transponierende konventionelle Schematik. Man müßte das umkehren und sagen: wie mache ich das Typische, das Schematische, die Grundverhältnisse, die nicht psychologischer Motivation folgen, sondern eher proportionaler, allegorischer oder konventioneller, sichtbar? Indem ich gerade dieses betone? Indem ich das Fremde weiter entfremde, phantastische Masken und Kostüme benutze oder heutige Kleidung oder beides zusammen? Indem ich die Situation, die ich in Text und Musik verfolgen können muß, will ich den Ablauf verstehen (was ich ja auch im Schallplattenhören tun muß, indem ich das Libretto mitlese), immer durchsichtig halte durch Schrift oder Ansage oder beides? Indem ich die Position der Figuren zueinander, die ja im nichtpsychologischen Theater so wichtig sind, abstrahiere und wie in einer Art Schachbrettmuster oder aber choreographisch oder mit beiden Mitteln immer überschaubar halte?

Es werden ja heute Theaterstücke, die durchaus noch in traditioneller Aufführungsweise vorgestellt werden können, in Riesensäle, Arenen, vermischt mit dem Publikum, in gegenläufiger Kostümierung, unterlegt mit Striptease usw. vorgeführt. Warum nicht das einmal mit einer Oper von Händel versuchen? Zirkus, Tanztheater, schwarze Flächen, punktuelle Bewegungsabläufe usw., warum nicht? Es bedürfte eines Modells. Die Musik, das zeigen die Schallplattenaufnahmen, steht allemal für sich ein. Die Elemente, die ich in Frageform aufzuzählen versucht habe, wären alle, einzeln oder miteinander, zu verwenden. Einziges und nicht zu überschreitendes Gesetz wäre, daß das Spektakel oder das optisch Überraschende nicht das Übergewicht über die Musik bekäme. Warum nicht so etwas wie eine Konzertaufführung mit optischen Einlagen, die vor allem dafür sorgen müßten, daß der Zusammenhang des Textablaufs, der die Musik führt, durchsichtig bleibt, durchsichtig am besten auf eine Weise, die dem Zuhörer selbstverständlich erscheinen müßte, strukturalphantastische Aufführungen, auf deren Grund die Musik ihre Strahlkraft ungehindert entfalten könnte?

Vielleicht bin ich hier etwas zu weit gegangen. Aber es muß, so meine ich, bei einer solchen Musik und aus Anlaß dieses Jubiläums, das nicht so rasch wiederkommt, auch erlaubt sein, zu phantasieren. Warum erdulden wir so bereitwillig die Exotik, auch dies wäre ein Beispiel, der Peking-Oper, wenn wir so unvergleichliche Musik haben, die, was die Bühne betrifft, brach liegt? Noch einmal: es bedürfte des Entwurfs. Inzwischen jedoch und zum dreihundertsten Geburtstag Georg Friedrich Händels: wir sollten froh sein, daß so viel Musik von ihm zugänglich ist, öffentlich und für jeden, der aufpaßt, den Schallplattenmarkt verfolgt und sein Geld lieber hierfür ausgibt als für Reisen nach Sri Lanka oder ähnliches. Es könnte schlimmer sein. Alessandro Scarlattis oder Johann Christian Bachs oder Giovanni Paisiellos Opern sind unbekannt, weil nicht hörbar. Hören wir Händel!

Herbert Rosendorfer

Belcanto-Zeitalter und Risorgimento

Vincenzo Bellini und seine Oper *Norma*

Die Kunstform der Oper ist italienischen Ursprungs, breitete sich aber noch im Laufe des 17. Jahrhunderts über ganz Europa aus, und unter *italienischer Oper* verstand man keinen nationalen Besitzanspruch (nationale Besitzansprüche in die Musik, an und für sich ein Unding, sind erst eine Errungenschaft der 2. Hälfte des 19. Jahrhunderts), sondern die Bezeichnung einer Gattung. Ein deutscher Komponist konnte ohne weiteres in und für England italienische Opern schreiben (Händel). Ein Seitentrieb der Oper entwickelte sich in Frankreich: die *französische Oper*. Auch sie war ein Gattungsbegriff. Einer ihrer ersten Meister, Lully, war ein Italiener. Die *französische Oper* blieb lokal begrenzt, sie gab es außerhalb Frankreichs nicht, seltsamerweise nicht einmal in Spanien, das im 18. Jahrhundert in der Literatur, in der Malerei und überhaupt kulturell (weil politisch) ein Satellit Frankreichs war; in der Oper blieb selbst Spanien italienisch. Auch Frankreich selber war in der Oper nicht nur französisch, denn immer wurden in Paris auch italienische Opern gegeben, französische Opern außerhalb Frankreichs allerdings nicht.

Der Opernstreit in Paris um Gluck und Piccini in den Jahren um 1770 bis 1780 war eigentlich ein unentschieden endender Streit zwischen den Anhängern der französischen und denen der italienischen Oper. Die französische Oper unterschied sich von der italienischen durch mehr Aufwand, höheren literarischen Anspruch an den Text, größeren Einsatz von Chor und Ballett, ausgefeiltere Instrumentation und vor allem das Fehlen von Kastraten, dem Um und Auf der italienischen Oper bis zum Ende des 18. Jahrhunderts. Mit dem Verschwinden der Kastraten von der Opernbühne (von der Musikszene überhaupt verschwanden sie noch lange nicht, die päpstliche Kapelle verwendete sie für die Kirchenmusik noch hundert Jahre; der letzte Kastrat, Alessandro Moreschi, starb als pensioniertes Mitglied der Sixtinischen Kapelle 1922) verflachte der Unterschied zwischen italienischer und französischer Oper. Die Entwicklung ist bei Mozart abzulesen: Idamantes in *Idomeneo* ist noch ein Kastrat, Cherubino im *Figaro* bereits eine Hosenrolle. Das Verschwinden der Kastraten – im humanen Interesse so zu begrüßen wie im musikalischen zu bedauern – hatte mehr Einfluß auf den Gang der Musikgeschichte als die gesellschaftlichen Veränderungen durch die zufällig etwa gleichzeitige Französische Revolution, obwohl natürlich durch sie und vor allem durch Napoleon französisches Kulturgut – und damit die französische Spielart der Oper – in Europa Übergewicht bekam. In Cherubini und Meyerbeer verschmolz die Tradition der italienischen und französischen Oper zur Grand Opéra des 19. Jahrhunderts, aus der einerseits Wagner, andererseits Gounod hervorgingen. In Italien selber, das seine große Operntradition selbstverständlich nie vergessen hat, entwickelte sich dann in den zwanzig Jahren nach Mozarts Tod eine neue italienische Oper, die – von uns aus gesehen, damals zählten auch viele andere Namen – mit den Werken Rossinis, Donizettis und Bellinis verknüpft ist.

Rossini, der sozusagen direkt an Mozart anknüpft (auch biographisch: er ist drei Monate nach Mozarts Tod geboren) und die musikdramatischen Errungenschaften des ausdrücklich und höchlichst bewunderten Meisters perfektioniert, damit aber auch vergröbert – was der Bewunderung Rossinis als Stern erster Güte in *seiner* Milchstraße keinen Abbruch tun soll – hat, kaum dreißig Jahre alt, aufgehört, zumindest *italienische* Opern zu komponieren, und den Platz für die beiden nur wenig jüngeren Talente Donizetti und Bellini freigemacht, obwohl er beide weit überlebte. Eine gewisse Verachtung oder zumindest Verweisung des Belcanto in den Bereich des nahezu nur Unterhaltenden (feiner ausgedrückt: des Dionysischen), was nicht zuletzt durch die zunehmende Intellektualisierung der Musik gegen Ende des 19. Jahrhunderts eingetreten ist, hat es mit sich gebracht, daß man Bellini und Donizetti (und auch den jungen Verdi bis zum *Rigoletto*) in einen Topf wirft und sich keine großen Gedanken um die Differenzierung macht. Dazu kommt, daß die Opern Bellinis und die Donizettis (mit Ausnahme des *Don Pasquale* und der *Lucia*) aus dem Repertoire verschwunden sind, was seine Gründe in Besetzungs-Schwierigkeiten hat (für die *Norma* braucht man nicht nur einen, sondern zwei virtuose Soprane), aber auch in der fatalen Eigengesetzlichkeit der Repertoire-Verengung großer Sänger. Erst die Schallplatte hat uns in den Stand gesetzt, Bellini und Donizetti wieder sinnlich wahrzunehmen. Wir können heute nur noch kopfschüttelnd konstatieren, daß im einzigen Monat April 1833 in London nicht weniger als vier Opern Bellinis, nämlich *Il Pirata*, *Norma*, *La Sonnambula* und *I Capuleti ed i Montecchi*, neuinszeniert wurden.

Vincenzo Salvatore Carmelo Francesco Bellini wurde am 2. November 1801 in Catania in Sizilien geboren, im Todesjahr Cimarosas, im gleichen Jahr wie Lortzing. Er war vier Jahre jünger als Schubert und zwei Jahre älter als Berlioz. Mit der venezianischen Malerfamilie Bellini des Cinquecento und mit dem florentinischen Anatom Lorenzo Bellini des 18. Jahrhunderts (dem Entdecker der Nierenfunktion) hatte die sizilianische Musikerfamilie nichts zu tun. Vincenzo Bellini, ein kompositorisches Wunderkind – seine ersten Werke, darunter ein *Tantum ergo*, schrieb er im Alter von sechs Jahren –, erhielt eine gediegene musikalische Ausbildung am Real Colegio in Neapel, wo er Schüler des seinerzeit berühmten Nicola Zingarelli war. Die Tradition war nicht unwichtig. Zingarelli, der nach einer glänzenden Karriere als Opernkomponist Kapellmeister an St. Peter in Rom war, bevor er als Professor an das Konservatorium seiner Heimatstadt Neapel überwechselte, war noch Schüler Fedele Fenarolis gewesen, der seinerseits Schüler Francesco Durantes und Leonardo Leos gewesen war, und damit in der Lage, die Errungenschaften der alten neapolitanischen Opernschule sozusagen aus erster Hand zu überliefern. Daß die ersten Kompositionen Bellinis Kirchenkompositionen waren, ist nicht seltsam. Alle italienischen Opernkomponisten bis zu Puccini hatten entweder als Kirchenmusiker angefangen oder zumindest eine dementsprechende Ausbildung empfangen. Man war der – vielleicht berechtigten – Ansicht, daß nur eine Beherrschung des strengen Stils, des kontrapunktierten Handwerks, und die Erfüllung der ernsten Ansprüche der musica sacra einen jungen Musiker instand setzen würden, sich mit Erfolg dem glitzernden Geschäft der Opernkomposition zuzuwenden.

Bellini unterzog sich dieser Forderung, wie es scheint, ohne Murren. Er studierte am Real Colegio ab 1819 und schloß seine Studien 1824 ab. Außer Kirchenmusik entstanden in dieser Lehrzeit auch einige symphonische Werke und ein Oboenkonzert, dessen Ton bereits die elegante Bläserbehandlung und die geschmeidig-schmerzliche Melodik des späteren Meisters erkennen läßt. Die Aufführung der ersten Oper Bellinis, *Adelson e Salvini* (das Libretto behandelte ein blutrünstiges Künstlerschicksal und spielte merkwürdigerweise in Irland), wurde durch die Hoftrauer nach dem Tod König Ferdinands I. verhindert, die Aufführung der zweiten Oper *Bianca e Fernando* durch die Zensur. So wenig der junge Bellini sich gegen die strenge und vielleicht sogar sture Ausbildung am Real Colegio wehrte, so strikt lehnte er das politische System seiner Umwelt ab. Bellini wuchs im Königreich Beider Sizilien auf, zu dem sowohl Catania als auch – als eine der beiden Hauptstädte (die andere war Palermo) – Neapel gehörten. In der Zeit der Restauration nach dem Fall Napoleons tat sich dieser Neapolitanisch-Sizilianische Staat (ein dynastisches Kunstgebilde aus dem 18. Jahrhundert) durch ganz besonders betonte Reaktion, ihre Könige aus der sizilianischen Linie der spanischen Bourbonen durch selbst andere konservative Monarchen und Politiker erstaunende Borniertheit und Böswilligkeit hervor. Die neapolitanische Zensur war kleinlicher als selbst die päpstliche oder die metternichsche, und es verwundert nicht, daß gerade in Neapel und in Sizilien damals die Camorra und die Mafia (als in jenen Zeiten ehrenwerte Selbsthilfeorganisation der Unterdrückten) entstanden. Es heißt, daß Bellini in seiner Studienzeit der intellektuell-politischen Richtung dieser Widerstandsbewegungen, den Carbonari, beigetreten ist. Dokumente darüber gibt es aus begreiflichen Gründen freilich nicht.

Bellini verließ seine Heimat 1827 und ging nach Mailand, in dem nicht nur – obwohl es zum metternichschen Österreich gehörte – ein etwas liberalerer Wind wehte, sondern das vor allem auch durch die Scala das Zentrum der italienischen Oper war. Im gleichen Jahr noch wurde dort Bellinis *Il Pirata* uraufgeführt, die erste gemeinsame Arbeit Bellinis mit dem Textdichter Felice Romani. Die Begegnung des Komponisten mit Romani war einer der Glücksfälle der Operngeschichte. Romani – von Geburt Genuese und zwölf Jahre älter als Bellini – war einer der unzähligen Juristen, die sich der Literatur zuwandten. Auch er war ein romantischer Freiheitsanhänger und ein italienischer Patriot. Er verkehrte in Mailand, wo er seit 1814 lebte, mit dem Wiedererwecker Dantes, Vincenzo Monti, und dem Feuerkopf Ugo Foscolo, schrieb literarische Kritiken, Gedichte und eine – unvollendet gebliebene – Geschichte Italiens. Sein Hauptberuf war aber das Verfassen von Libretti, von denen er insgesamt fast hundert schrieb, unter anderem für Simon Mayr (Goethes »alten Mayr von Bergamo«), Rossini, Donizetti und Mercadante. Noch Verdi vertonte eins der Romanischen Bücher. Felice Romani war einer jener italienischen Dichter wie vor ihm Metastasio oder Da Ponte, die ihre literarische Kraft in den Dienst der Musik stellten, wodurch ihre schöpferischen Leistungen (und ihre Leistungen für die italienische Sprache) in den Schatten traten und sogar verkannt sind. Es ist hier nicht der Ort, die beachtenswerten *literarischen* Leistungen dieser großartigen Dichter – denn das waren sowohl Metastasio als auch Da Ponte und Romani – zu untersuchen. Es sei nur wieder einmal davor gewarnt, diese Meister der Sprache in das Gebiet der Zweitrangigkeit zu verbannen, denn damit wird man ihnen nicht gerecht. Mit Bellini verband Romani eine lange, allerdings in den letzten Jahren des Musikers getrübte Freundschaft, deren Grundlage nicht zuletzt auch die gemeinsame, wenngleich geheime politische Opposition gegen den Polizeistaat des Vormärz war.

1829 wurde ein weiteres Werk Bellinis und Romanis, *La Straniera*, an der Scala uraufgeführt, 1830 in Venedig das dritte, *I Capuleti ed i Montecchi* (nach Shakespeares *Romeo und Julia*), 1831 an einem anderen Mailänder Theater, dem Teatro Carcano, das vierte, die Buffa *La Sonnambula*. Schon mit *Il Pirata* war Bellini in die Reihe der ersten Sterne der italienischen Opern-Maestri aufgerückt und galt als einer der Erben Rossinis. Nach der glänzenden Uraufführung der *Sonnambula* im März 1831 zog sich Bellini wegen der Cholera, die in Mailand ausbrach, auf ein kleines Landgut in der Nähe von Como zurück, in die bessere Luft am Fuß der Berge, wo in Casalbuttano die Familie Turina einen Besitz hatte. Die Tochter des Hauses, Giulietta Turina, war die Geliebte Bellinis, ein Verhältnis, das freilich durch eine andere Giulietta – die berühmte Sängerin Pasta – beeinträchtigt wurde, die in der Uraufführung der *Sonnambula* die Titelrolle gesungen hatte. Schon das romantische Seelenleben Bellinis, seine Liebe zu den zwei Giuletten, die finsteren Mächte von Schwermut und Krankheit, der frühe Triumph und der frühe Tod stempeln Vincenzo Bellinis Leben eher zu einer hoffmannesken Novelle als zu einer Biographie.

In der Zurückgezogenheit Casalbuttanos arbeitete Bellini langsamer, als er es gewohnt war, und mit mehr Muße zur Sorgfalt als sonst an der Partitur der *Norma*, des Werkes, das seinen Namen in der Musikgeschichte und im Gedächtnis und der Liebe der Opernfreunde am stärksten verankern sollte. Das Libretto hatte wiederum Felice Romani geschrieben, und zwar auf der Grundlage der am 6. April 1831 in Paris uraufgeführten fünfaktigen Verstragödie *Norma* des – obgleich zu den Unsterblichen der Académie Française gehörenden – heute längst vergessenen Alexandre Soumet. Aber Felice Romanis Arbeit war (und ist) dennoch ein selbständiges Werk. Er raffte die fünf Akte Soumets auf zwei, benutzte nur das Handlungsgerüst; die Sprache ist die Romanis, und ihm gehörten auch die Gedanken von Freiheit und Patriotismus, vom Widerstand gegen eine Besatzungsmacht, die sein *Norma*-Libretto auszeichnen. Jeder wußte damals, daß mit der patriotischen, freiheitsliebenden gallischen Priesterin Norma die italienische Seele gemeint war, die nach Erlösung dürstete, und mit den perfiden Römern – in seltsamer Contradiction, an der sich aber offenbar niemand stieß – die ungeliebte österreichische Regierung. Die Handlung ist die Tragödie der zwischen Pflicht und Neigung schwankenden gallischen Priesterin und Seherin Norma, die – ohne daß die Gallier und ihr eigener Vater, der Oberpriester, es ahnen – vom Römer Pollione, dem Prokonsul, zwei Kinder hat. Selbstverständlich hat Norma damit nicht nur Verrat an ihrem Volk begangen, das am Vorabend eines verschwörerischen Aufstandes gegen die Römer steht, sie hat auch ihr Keuschheitsgelübde verletzt. Der Konflikt bricht aus, als sich der Römer Pollione von Norma abwendet und sich in Normas jüngere Priesterkollegin Adalgisa verliebt. In selbstmörderischer Furiosität offenbart nun Norma ihre eigene Schandtat, ist nahe daran, die beiden Kinder zu ermorden, was sie dann doch nicht tut; sie veranlaßt aber die Verurteilung ihres Ex-Geliebten zum Tode durch Verbrennen. Als der Geliebte schon angekettet auf dem bereits brennenden Scheiterhaufen steht, steigt sie freiwillig zu ihm hinauf, um ihren Verrat durch den Tod zu sühnen, womit sie gleichzeitig das Signal zum Aufstand gibt.

Dieses Drama, das gewisse historische Reminiszenzen (den Gallieraufstand unter Vercingetorix) mit anderen tragischen Motiven (*Medea*, auch Schillers *Jungfrau von Orléans*) in gewiß vergröbernder Form und in melodramatischer Haltung, aber in edler Sprache vereinigte, bot dem Komponisten reichlich Gelegenheit zu großartiger musikalischer Entfaltung. Daß der germanische Irminsul in die keltische Mythologie verpflanzt wurde; die Ungereimtheit des germanischen Namens Adalgisa für eine Gallierin; die historisch hanebüchene Wendung, daß ein römischer Prokonsul von einem gallischen Gericht zum Tode verurteilt hätte werden können; das alles hat Bellini so wenig wie seine Zuhörer gestört. Und einen so kritischen Geist wie Schopenhauer auch nicht, der im zweiten Teil der *Welt als Wille und Vorstellung* – einem Buch, in dem man wohl am allerwenigsten nach Aufschlüssen über Bellinis *Norma* suchen würde – ausgeführt hat: »...daß selten die echt tragische Wirkung der Katastrophe, also die durch sie herbeigeführte Resignation und Geisteserhebung der Helden so rein motiviert und deutlich ausgesprochen hervortritt wie in der Oper *Norma*, wo sie eintritt in dem Duett »Qual cor tradisti, qual cor perdesti«, in welchem die Umwendung des Willens durch die plötzlich eintretende Ruhe der Musik deutlich bezeichnet wird. Überhaupt ist dieses Stück – ganz abgesehen von seiner vortrefflichen Musik wie auch andererseits von der Diktion, welche nur die eines Operntextes sein darf – auch allein seinen Motiven und seiner inneren Ökonomie nach betrachtet, ein höchst vollkommenes Trauerspiel, ein wahres Muster tragischer Anlage der Motive, tragischer Fortschreitung der Handlung und tragischer Entwicklung, zusamt der über die Welt erhebenden Wirkung dieser auf die Gesinnung der Helden, welche dann auch auf den Zuschauer übergeht...« Schopenhauer, sicher der bloß emphatischen Schwärmerei unverdächtig, hat diese Passage *nicht* in Zusammenhang mit Betrachtungen über die Musik niedergeschrieben, sondern, wohlgemerkt, im Kapitel *Zur Ästhetik der Dichtkunst*. Schopenhauer hat in dem Zusammenhang also nicht eigentlich Bellinis, sondern vielmehr Felice Romanis Verdienste gewürdigt. Schopenhauer kann es sich dann nicht versagen, noch hinzuzufügen: »...ja die hier erreichte Wirkung ist um so unverfänglicher und für das wahre Wesen des Trauerspiels bezeichnender, als keine Christen noch christliche Gesinnung darin vorkommen.« Das schießt sicher über die Interpretation von Romanis Absichten hinaus. Eine *christliche* Tragödie im Sinn der *Norma* auf die Bühne zu stellen, wäre von der Zensur in Mailand ohne Zweifel verboten worden. Die Bühne wurde ja von der Kirche als das Weltlich-Sündige schlechthin betrachtet. Von den von ganz anderer Warte aus zu betrachtenden Jesuiten-Dramen und dergleichen abgesehen, war die Darstellung alles Sakralen auf der Bühne verboten (woran sich auch noch 1830 und später die österreichische Zensur hielt), wodurch die Kirche den eigentlich von ihr zu bedauernden Effekt erzielte, daß jahrhundertelang die heidnischen Götter auf der Bühne besungen wurden. Es durfte ja nicht einmal ein als Priester kostümierter Schauspieler auftreten, was dazu führte, daß – bei darzustellenden Eheschließungen etwa, man denke an *Così fan tutte* – der Notar die Figur des Priesters ersetzte, was wiederum eine seltsame, meines Wissens nie untersuchte Genealogie der Opernfigur Notar bewirkte, die im Notar des *Rosenkavalier* ihren bisher krönenden Abschluß fand.

Richard Wagner, dem sonst für die italienische Oper keine übertriebenen Sympathien nachzusagen sind, hat zeitlebens Vincenzo Bellini und gerade die *Norma* sehr hoch geschätzt. Wir wissen aus Cosima Wagners Tagebüchern, daß ein abendliches Klavierspielen im Haus Wahnfried (aber auch auf Reisen) zu den bevorzugten Unterhaltungen des Meisters und seiner Familie gehörte. Immer wieder, bis in seine letzten Lebenstage, lesen wir Vermerke von Cosima, daß sich entweder ein Freund des Hauses (Hans Richter zum Beispiel) oder Wagner selbst ans Klavier setzte und so dahinspielte, was ihm gerade einfiel. Offenbar brauchte Wagner das, um nach der Konzentration bei der Arbeit (die nicht stark genug gedacht werden kann) auszupendeln. Manchmal spielte Wagner eigene Sachen, öfters aber – offenbar auswendig – fremde Stücke, sehr oft Bellini, dessen Werke er gut genug von seiner Kapellmeisterzeit in jungen Jahren kannte.

Die Musik I. 3

Schon in Würzburg hatte er die *Straneria* dirigiert, in Magdeburg *Norma* (wobei er sich um eine partiturgerechte Besetzung der relativ großen Banda – der Bühnenmusik von 26 Mann – bemühte) und wiederum in Riga. Für den berühmten Sänger Lablache verfertigte Wagner sogar eine zusätzliche Oroveso-Arie (ein hinreißend-schmissiges Stück von talentiertester künstlerischer Mimikry), die der große Bassist allerdings nie sang. Wagner nennt Bellini »den sanften Sizilianer«; unterm 3. August 1872 notiert Cosima, daß Wagner zu einer Cantilene aus *I Puritani* bemerkt habe: Bellini habe Melodien gehabt, wie sie schöner nicht geträumt werden könnten. Am 9. März 1878 vermerkt Cosima, nachdem Wagner Melodien aus *I Capuleti*, *Straniera* und *Norma* gespielt hatte: »Das ist bei aller Pauvretät wirkliche Passion und Gefühl, und es soll nur die richtige Sängerin sich hinstellen und es singen, und es reißt hin. Ich habe davon gelernt,...« Es gibt noch viele, zum Teil kuriose Äußerungen über Bellini in Cosimas Tagebüchern und auch in ihren Briefen nach dem Tod Wagners, so die seltsame Szene, wo Franz Liszt eine Vegetarier-Hymne auf die Melodie des Marsches aus der *Norma* singt usf. Seinen vorletzten Silvesterabend, den 31. Dezember 1881, verbringt Wagner damit, seinen Gästen Melodien aus *Norma* vorzuspielen, »und ist«, wie Cosima schreibt, »den ganzen Abend über von großer Freundlichkeit«.

Es erscheint mir nicht abwegig zu vermuten, daß Wagners so auffallende, so oft und noch in seinen späten Jahren manifestierte Sympathie für Bellini und speziell für die *Norma* darauf zurückzuführen ist, daß sein philosophischer Leitstern, Arthur Schopenhauer, diese Wertschätzung sanktioniert hatte, wenn dabei auch zu berücksichtigen ist, daß Wagners günstige Ansichten über Bellini auch schon in einer Zeit vorhanden waren, da er Schopenhauer noch nicht gekannt hat. Aber zu jener Zeit – also in seiner Jugend – hat Wagner auch noch andere Kollegen hochgeschätzt (Meyerbeer zum Beispiel), von welcher Meinung er später deutlich abgerückt ist. Wagners fast zärtliches Gefühl für die Melodien Bellinis dauerte an. Im Winter 1880 hat Wagner in Neapel Francesco Florimo aufgesucht, der damals schon achtzig Jahre alt war, den letzten überlebenden Freund Bellinis, seinen Studienkollegen am Real Colegio, um mit diesem über Bellini zu reden. Wagner sagte zu Florimo: »Man hält mich für einen Feind der italienischen Musik und setzt mich im Gegensatz zu Bellini. Aber nein, nein, tausendmal nein! Bellini ist eine meiner Vorlieben: seine Musik ist ganz Herz, fest und innig an die Worte gebunden...« Es gibt noch eine, allerdings fast legendenhafte oder jedenfalls unfaßbare Verbindung Bellinis zu Wagner. Über die letzten Lebensmonate Bellinis wissen wir wenig. Er lebte 1835, nach der grandiosen Uraufführung der *Puritani*, in Paris, wo er unter anderem mit Chopin freundschaftlich verkehrte. An Florimo schrieb Bellini um diese Zeit, daß ihn das Arbeitsfieber gepackt habe, und im September 1835 (wenige Tage vor seinem Tod) schreibt Bellini von einer neuen großen Oper so, als sei die Arbeit schon weit fortgeschritten. Wenn diese Nachricht stimmt, so ist die unvollendete letzte Oper Bellinis verloren, wir wissen nicht einmal Titel oder Sujet. Nur Carlo Pepoli – der Textdichter der *Puritani*, mit dem Bellini nach dem Zerwürfnis mit Romani zusammenarbeitete – erwähnt, daß Bellini damals an Chören für eine Oper geschrieben habe, deren Text er, Pepoli, verfaßt habe und die *Rienzi* hieß.

Die *Norma* wurde am 26. Dezember 1831 an der Scala in Mailand uraufgeführt Die Titelpartie sang die Primadonna Giulietta Pasta, die Adalgisa ein aufgehender Stern am Sängerhimmel: Giulia Grisi. Dennoch war die Uraufführung nur ein mäßiger Erfolg. Bellini und seine Freunde schrieben das der Clique um seinen Rivalen Pacini und dessen einflußreicher Freundin und Gönnerin, der Salonlöwin Gräfin Samayloff, zu. Unmittelbar nach der Aufführung und noch unter dem Eindruck des Fiaskos schrieb Bellini seinem Freund Florimo einen schmerzlichen Brief, in dem er aber schon die stolze Hoffnung anschließt, daß die Qualität seiner Musik sich gegen die außermusikalischen Stumpfsinnigkeiten durchsetzen werde. Bellini behielt recht. Nach der dritten Aufführung begann sich die unwägbare Gunst des verwöhnten und kapriziösen Scala-Publikums zu wandeln, und mit der vierten Aufführung begann der Triumphzug dieser Oper, der noch im Lauf der nächsten Jahre durch alle bedeutenden Opernhäuser führte. Der Erfolg dauerte an, als der Ruhm der anderen Werke Bellinis schon verblaßte. Auch die patriotischen Gefühle, die Romani und Bellini in dieses Werk investiert hatten, wurden verstanden. Der »Guerra, guerra!«-Chor des zweiten Aktes (e-Moll, allegro feroce [!]) wurde zu einer Art Marseillaise des italienischen Risorgimento, und Emilia Branca, eine der ersten Bellini-Biographinnen, beschreibt, wie sich 1847 bei einer Aufführung der *Norma* in der Scala an dieser Stelle das Publikum spontan erhob und – eine unzweifelhaft antiösterreichische Demonstration – laut mitsang.

Wagners Äußerungen über Bellini sind zwar wohlwollend, aber nicht immer richtig. Die Bekundung, seine, Bellinis, Musik sei »ganz Herz«, enthält den Keim dessen, aus dem das Mißverständnis (und die Mißachtung) der Bellinischen Arbeiten erwächst: die abwertende Ansicht, daß es sich hier um einen penetranten Melodiker und eine nur aus Sentimentalität gewobene Musik handle. Robert Schumann, dessen mit Recht im großen und ganzen geschätzte musikalische Schriften in vielen Teilen nicht ohne einen Zug von Grämlichkeit sind und dessen oft schablonenhafte Urteile (zum Beispiel über Papa Haydn) viel Unheil angerichtet haben, schreibt fast immer in leicht abfälligem Ton über Bellini; einmal stellt er »die deutsche Prosa« (in der Musik) »Bellinischer Weichlichkeit« gegenüber. Bellini war nicht nur der Erfinder von anspruchslos-süßen Belcanto-Melodien, wenn auch – wie in dem Duett Norma-Adalgisa im zweiten Akt (»Deh! conte, con te li prendi…« C-Dur, allegro moderato), in der Auftritts-Cavatina des Pollione (»Meco all' altar die Venere, C-Dur, Moderato) und natürlich in der unsterblichen »Casta diva«, der großen Arie der Norma (F-Dur, Andante sostenuto assai) – ein alles überströmender, alles niederzwingender Melodienstrom, der keinerlei Fragen nach woher und wohin mehr aufkommen läßt, sich über den Zuhörer und in sein Herz ergießt, sofern er auch nur einen Funken für die vorbehaltlose und naive Schönheit eines dionysischen Augenblicks hat. Bellinis Musik ist mehr. In der Partitur der *Norma*, die sich im übrigen durch eine so elegante wie unaufdringliche Instrumentation auszeichnet, findet sich eine sorgfältig ausgearbeitete, aufeinander bezogene, abgestufte und abwechslungsreiche Aufeinanderfolge von langsamen und schnellen Szenen und Tempi, von Soli und Ensembles, von dramatischen und lyrischen Momenten und eine sinnvolle Architektur der Tonarten.

Der feierliche und düstere Anfang der Ouvertüre in g-Moll geht in einen raschen Mittelteil mit einer markanten Melodie in der Paralleltonart über, dem sich eine aufgeregte Überleitung, wieder in g-Moll, anschließt; sie wird plötzlich von einer klaren und heiteren Passage in G-Dur abgelöst, die fast wie ein Reigen seliger Geister wirkt. Mit einigen strettaartigen Takten in G-Dur schließt die Ouvertüre; aber die Tonart nimmt die verhaltene, feierlich schreitende Introduktion auf, die eine Ansprache des Druiden Oroveso an den Chor ist, der mit einer einfachen, aber einprägsamen Melodie antwortet (dem berühmten *Druidenmarsch*). Es entwickelt sich ein Dialog zwischen Oroveso und dem Chor, der das Material des Marsches verarbeitet und nach einigen markanten Aufschwüngen ins dreifache Pianissimo versinkt. Die Tonart wendet sich in der kurzen, pulsierenden Szene zwischen Pollione und Flavio wieder nach g-Moll, die Aufregung der Szene verflüchtigt sich in der virtuosen Tenorarie des Römers in der subdominanten Tonart C-Dur. Eingeleitet von einem gewaltigen, tiefen Tam-Tam-Schlag (eher einem Gong) und dem Schmettern von sechs Trompeten in Es-Dur folgt das Duett Pollione-Flavio, dem sich bald der Chor zugesellt, und das nach arienartigen Einsprengseln in einer schnellen Stretta schließt. Die Römer treten ab, die Druiden treten wieder auf, aber das schnelle Tempo und auch die Tonart Es-Dur, ebenso Teile des musikalischen Materials der vorhergehenden Szene werden beibehalten. Es tritt erst eine verhaltene Beruhigung ein, als der Chor in getragenen Akkorden mit seinem »Norma viene« den Auftritt der Titelheldin vorbereitet. Der Gesang des Chores bleibt choralartig, nur das Orchester untermalt ihn mit den marschartigen Motiven der vorhergehenden Szene, bis nach feierlichen, klar abgesetzten Akkorden der großartige Auftritt der Norma folgt: »Sediziose voci«, immer noch Es-Dur, aber recht frei dramatisch-schwingend, ein Rezitativ, von Choreinwürfen begleitet, das zum Prunk- und Kernstück des ersten Aktes, der Norma-Arie »Casta diva«, überleitet, die in einem raffinierten Vorhalt so tut, als wäre sie in g-Moll, aber dann doch in F-Dur ihren Schmelz entfaltet, den seit der Uraufführung zahllose Sängerinnen zu ihrem Ruhme dargeboten haben.

Es folgt eine Andante-Arie, »Fine al rito« (stellenweise vom Chor begleitet), die durch erregte Koloraturen – ohne das Tempo zu brechen – eine quasi innere Beschleunigung erfährt und nach einer Pause (für den wohlverdienten Applaus) in eine zweite, schnelle Arie übergeht (wieder in Es-Dur), die die Motive von Anfang dieser Szene verwendet und ausführt, nach einigen atemberaubenden Läufen aus der Kehle der Norma wieder nach F-Dur geht und mit dem einmal rasch auffahrenden, aber bald ins Piano verdämmernden Marsch endet. Im Grunde genommen ist diese ganze Szene eine große Arie, gliedert in zwei Teile: langsam-schnell, in F-Dur beginnend und in derselben Tonart endend. Norma und die Druiden verlassen die Szene, der ungetreue Pollione und die nicht minder ungetreue Adalgisa, Normas falsche Freundin, treten auf. Über B-Dur, der Subdominante der vorhergehenden Szene, entwickelt sich das musikalische Geschehen in einem hastigen Zwiegespräch zu einem Duett in f-Moll, das sich in einer leidenschaftlichen Stretta in der Dur-Parallela (As-Dur) entlädt. Aber der düstere Unterton der schmerzlich-schönen Melodie läßt keinen Zweifel daran, daß dieses heimliche Glück nicht von langer Dauer ist.

Mit einer übergangslosen, scharfen, fast schrillen Rückung von As-Dur in die weit entfernte Tonart a-Moll symbolisiert Bellini, daß in der folgenden Szene Adalgisa nun ihrer Rivalin Norma gegenübersteht. Das sich im Tempo steigernde und von a-Moll um einen Halbton nach b-Moll anhebende Rezitativ mündet in das eine der beiden bemerkenswerten ausladenden Duette Norma-Adalgisa, die korrespondierend (trotz der »Casta diva«) die eigentlichen Höhepunkte der beiden Akte sind, und in denen Bellini nicht nur seine ganze Melodienphantasie verströmen läßt, sondern auch seine Kunst der Stimmenverschränkung und der so sparsamen wie effektiven Orchesterbegleitung ausbreitet. Wie eine Reminiszenz, ein versteckter Vorwurf für Adalgisa steht dieses Duett in demselben f-Moll wie das vorangegangene Duett mit Pollione, endet aber hier nicht in der schmerzlichen Parallele As-Dur, sondern in der strahlenden Dominante C-Dur, das von der folgenden Szene – dem Finale des 1. Aktes – aufgenommen wird, die im Grunde genommen ein großes Terzett Norma-Adalgisa-Pollione ist (zu dem zum Schluß der Chor tritt), das in einem wirkungsvollen Wechsel von geraden und ungeraden Taktarten durch verschiedene Tonarten zurück zum G-Dur des Anfangs des Aktes führt.

Der zweite Akt beginnt mit einer Szene der Norma in getragenem Tempo in d-Moll, der altehrwürdigen Tonart des Schreckens und der Trauer; Adalgisa tritt hinzu, über g-Moll und G-Dur führt ein rascher Wechsel der Stimmung zum schon erwähnten zweiten großen Duett in C-Dur, das hier allerdings nicht das strahlende C-Dur der Jupitersymphonie ist, sondern das eines harten, scharfkantigen, weißen Marmors. Das Duett, ein Stück von höchster Virtuosität (beide Soprane haben das hohe C zu erklimmen), besteht aus drei Teilen: schnell-langsam-schnell, vom Mittelteil an in der Subdominante F-Dur stehend, der Dur-Parallele des Duetts im ersten Akt. Das F-Dur wird in der folgenden Szene des Chores und des Druiden Oroveso aufgenommen, wieder im feierlichen Ton, der die schöne Arie »Ah del Tebro...« folgt, ein Glanzstück für jeden Baß. Die folgenden Szenen – eigentlich ein großes, vom Chor begleitetes Duett Norma-Oroveso – führen nach C-Dur zurück und bleiben hier, allerdings im raschen Wechsel der Tempi, und der Wechsel steigert sich: die Tragödie eilt ihrem Ende zu. Erst als Pollione auftritt, wendet sich das musikalische Geschehen wieder nach F-Dur. Ein Duett Norma-Pollione, die Abrechnung Normas mit dem ungetreuen Liebhaber, verdüstert sich in die Moll-Variante, in sein, Polliones, f-Moll des ersten Aktes, das zu Beginn des Finales kurz in die Parallele As-Dur wechselt, um nach einer Szene voll kühner und eigenwilliger Modulationen in das G-Dur der großen Finalarie Normas überzugehen: »Qual cor tradisti, qual cor perdesti...«, das schon Schopenhauer, wie oben zitiert, wegen seiner anrührenden Schönheit hervorhebt. Der Eintritt des Chores und der anderen Personen bringt eine Modulation mit sich: das musikalische Geschehen pendelt sich nach E-Dur ein, der Mediante von G-Dur, und nach dem letzten Aufbäumen der Melodien, in denen sich die stets führende Stimme der Norma mit den Stimmen Polliones, Orovesos und des Chores vereinigt, verdüstert und verlangsamt sich das Finale bis zu den letzten Akkorden in e-Moll, der Moll-Parallele des Anfangs, dem Schlußpunkt eines großen Bogens.

Man sieht: selbst eine vergleichsweise kursorische Analyse des musikalischen Geschehens zeigt hier Bellini durchaus nicht als penetranten Melodiker, sondern als musikalischen Dramatiker von hohem Talent, wahrscheinlich von Genie. Viele neigen beim Anhören stark melodiöser Stücke dazu, beim Anhören von Gesangsbögen, die die Seele, jeden intellektuellen Widerstand brechend, in die Tiefen unschuldiger

Schönheit hineinziehen, zu übersehen, was dahintersteckt, namentlich wenn der Komponist keine deklarierten Ideologien davorgestellt hat. Nicht zuletzt das Fehlen einer Ideologie, die Unschuld seiner Musik haben dem Ansehen Bellinis geschadet, haben seine Werke in den Schatten treten lassen. Wer aber gerade die *Norma* vorurteilslos anhört, wird sich der Erkenntnis nicht entziehen können, daß es sich lohnt, in diesen Schatten hineinzuleuchten.

Die Bedeutung Bellinis für seine Zeit – nicht nur in der Zeit seines kurzen Lebens, sondern in den Jahrzehnten der Herrschaft des Belcanto, abgelöst erst Ende des Jahrhunderts durch den Verismo – ging darüber hinaus. Erstens waren seine Opern zusammen mit den Werken Rossinis, Donizettis und des jungen Verdi (und anderer, heute fast vergessener Komponisten wie Mercadante) unerläßliche Kassenfüller für die weitgehend unsubventionierten Theater und für die auf Profit bedachten Impresarii, sie waren außerdem diejenigen Stücke, in denen die Primadonnen und Primonomini brillieren konnten. Das galt nicht nur für Italien, sondern für alle Städte, in denen italienische Oper gespielt wurde. In Italien selber waren Bellinis Opern (und alle Belcanto-Opern) patriotische Nahrung. Im Todesjahr Bellinis war Italien noch weit davon entfernt, politisch geeint zu sein. Es bestand aus drei mäßig großen Staaten: dem schon erwähnten Königreich Beider Sizilien unter bourbonischer Fremdherrschaft, dem Kirchenstaat unter dem krampfhaft mittelalterlichen Regiment des Papstes und dem Königreich Sardinien, das aus dieser Insel und Piemont mit Ligurien bestand, Hauptstadt war Turin. Daneben gab es eine Anzahl von Kleinstaaten wie Modena, Parma und Toscana, und große Teile des Landes waren österreichische Provinzen, darunter die Städte Mailand und Venedig. Die italienische Sehnsucht nach einem Einheitsstaat war stark, viel stärker als das vergleichbare deutsche Einheitsstreben damals. Die italienische Bewegung war pragmatischer als die der deutschen Polit-Romantiker, wobei nicht übersehen werden darf, daß das italienische Risorgimento zwei so gegensätzliche, aber doch einheitlich wirkende Gestalten wie Garibaldi und den Grafen Cavour hervorbrachte, während sich der deutsche Geist des 19. Jahrhunderts in Bismarck erschöpfte.

Es ist hier nicht der Ort, die verwickelte und spannende Geschichte des Risorgimento auszubreiten. Nur soviel davon, daß es zumindest zeitweilig eine wirkliche Volksbewegung war, die alles ergriff: den Bauern und den Dichter, die Damen im Salon und nicht zuletzt die Oper. Die Macht des Gesanges – des schönen Gesanges: Belcanto – betrachteten die Italiener als ihre spezielle Kraft, als ein Gebiet, auf dem sie unüberwindlich sind. Wenn eine Primadonna auf der Bühne stand und als Norma die personifizierte Italia darstellte und die »Casta diva« sang, so war das eine patriotische Tat – eine ungefährliche außerdem, wofür die pragmatische Geisteshaltung der Italiener auch immer Verständnis zeigt.

In fast allen Opern Bellinis, in vielen Opern Donizettis, in einigen späteren Werken Rossinis und in nahezu den gesamten Werken des jungen Verdi ist in den Libretti ein Aufschrei, ein Aufruf nach Einheit und Befreiung, ein politisches Bekenntnis eingearbeitet. Bellini hat damit angefangen, Verdi war darin sein Erbe. Das Belcanto ist von der Einigung Italiens nicht wegzudenken, und was die geheime, versteckte Wirkung betrifft, so war sie nicht geringer für den Sieg des Risorgimento als die Landung Garibaldis in Marsala. Mit der Beseitigung der weltlichen Herrschaft des Papstes und der Übersiedlung des neuen Königs von Italien und des Parlaments nach Rom im Januar 1871 war die Einigung Italiens abgeschlossen und auch die Herrschaft des Belcanto alten Stils auf der Opernbühne zu Ende. Die Zukunft der italienischen Oper lag in den Händen Leoncavallos, Mascagnis und Puccinis.

Für uns ist heute dieser geschichtliche Stellenwert der Meisterwerke der Risorgimento-Oper natürlich obsolet geworden, und eine Verteidigung von Kunstwerken mit historischen Motiven und unter Heranziehung des Verständnisses *aus der Zeit* hat immer den unguten Beigeschmack kleinlicher Apologie. Bellinis Werke sind auch heute noch mehr: ein Reservoir hinreißender Melodien aus einer Zeit hellerer musikalischer Naivität, dramatische Kunstwerke von ungebrochener Bühnentauglichkeit und immer noch die dankbarsten Perlenketten, die sich die Sänger umhängen können. Aber gerade die Melodienfreude hat Bellini mächtig geschadet.

Giuseppe Verdi
Macbeth
Inszenierung: Roberto De Simone
Bühne und Kostüme: Giacomo Manzù
München 1985

II

Allgemeine Beiträge

Helmut Heißenbüttel

Öffentliche Anhäufung musikalischen Kulturguts?
Anmerkungen zu einem Jubiläumsjahr

Das Jahr 1985 ist ein Jubiläumsjahr. Es ist aber nicht nur ein gewöhnliches Jubiläumsjahr wie ein Goethejahr oder ein Caspar-David-Friedrich-Jahr oder ein Berliozjahr. Das Jahr 1985 ist ein Jubiläumsjahr der Musik. Es ist nicht ein Jubiläumsjahr der Musik schlechthin, in dem die soundsovielte Wiederkehr eines bestimmten musikalischen Ereignisses gefeiert würde. 1985 ist ein Jubiläumsjahr der Musik, weil in ihm mindestens fünf runde Geburtstage von berühmten, ja außerordentlichen Komponisten gefeiert werden können: der vierhundertste Geburtstag von Heinrich Schütz, der dreihundertste von Georg Friedrich Händel, Johann Sebastian Bach und Domenico Scarlatti, der hundertste Geburtstag von Alban Berg. Diese Geburtstage sind es, die dem Jahr 1985 seine öffentliche und musikalisch praktische Berühmtheit sichern.

Dabei sind, was die Fakten betrifft, sofort ein paar Anmerkungen zu machen. Nicht in Erscheinung tritt der mögliche rundeste Geburtstag eines Komponisten, der fünfhundertste von Clément Janequin, dessen Geburtsdatum im Nachtragsband des *Riemann Musiklexikon* mit »um 1485« angegeben ist, weil diese Zeitangabe zwar neuesten Erkenntnissen entspricht, aber nicht auf das Jahr genau festzulegen ist. Vergessen sind offenbar zwei Altersgenossen von Alban Berg: Edgard Varèse und Wallingford Riegger, beide 1885 geboren, der erste offenbar als Außenseiter, der andere weder in seinen Kompositionen noch in seiner Rolle als unentwegter Vorkämpfer der Neuen Musik in den USA bei uns bekannt; beide jedoch Komponisten, denen ein Jubiläum zu ein wenig mehr berechtigter Aufmerksamkeit verhelfen könnte. Dazu kommen die eher »krummen« Geburtstage. Angefangen mit dem zweihundertfünfundsiebzigsten von Giovanni Battista Pergolesi, dem zweihundertfünfzigsten von Johann Christian Bach, dem hundertfünfundsiebzigsten von Frédéric Chopin, Robert Schumann und Otto Nicolai, dem hundertundfünfzigsten von Henri Wieniawski und Charles-Camille Saint-Saëns, dem hundertfünfundzwanzigsten von Gustav Mahler bis hin zu den *aktuellen* achtzigsten, siebzigsten, sechzigsten und fünfzigsten. Wenn ich bedenke, daß 1985 ihren achtzigsten Geburtstag haben: Karl Amadeus Hartmann, André Jolivet, Matyas Seiber, Giacinto Scelsi und Michael Tippet, von denen Scelsi und Tippet immerhin noch leben; ihren sechzigsten Lucio Berio, André Boucourechliev, Pierre Boulez und Giselher Klebe, so baut sich geradezu ein musikalischer Kosmos auf, der allein aufgrund dieser Jahrestage fast unübersehbare Dimensionen gewinnt.

Der erste Gedanke, der sich dabei einstellt, gilt natürlich der Berechtigung solcher Jahrestage und ihrer Rolle im kulturellen und musikalischen öffentlichen Leben. Runde Geburtstage errechnen sich aus dem Dezimalsystem nach vollen und halben Jahrhunderten, krumme nach den Vierteilungen von hundert. Aktuelle Geburtstage werden gefeiert nach vollen und halben Jahrzehnten, fünfzig, sechzig, siebzig, fünfundsiebzig usw. Das heißt aber, daß wir den Raster unserer abstrakten Zeitrechnung benutzen, um dem kulturellen und historischen Bewußtsein Akzente einzuprägen. Wenn ich, auf welchem Gebiet auch immer, den hundertsten Geburtstag oder Todestag (Todestage würden das Schema noch einmal komplizieren) feiere, auferlege ich einem nach Zahlen nicht zu messenden kulturellen Gebilde oder Ereignis eine Zäsur, die dem unangemessen ist.

Unangemessen? Muß ich hier nicht weiter ausholen und erklären, auf welche Weise unser von Jahreszahlen, Jahrhundertbegriffen, Jahrhundertwenden usw. geprägtes historisches Bewußtsein das Konkrete einer vergangenen und gegenwärtigen Gegenwart zusammen- und auseinanderhält, in Beziehung zueinan-

Giacinto Scelsi, geboren 1905.
Der Komponist lehnt Portraits ab und setzt seine Unterschrift unter dieses Symbol.

der setzt, aneinander differenziert? Ohne Berücksichtigung des Dezimalsystems der Zeitrechnung sprechen wir von Generationen und Epochen, die sich so oder so entfalten. Händel, Bach und Domenico Scarlatti gehören so einer Generation an, die noch im 17. Jahrhundert verwurzelt ist, aber doch entschieden ins 18. hineinreicht. Der Begriff einer Epoche des Barock, der vor allem bei Bach sehr gern verwendet wird, läßt doch Vergleiche mit dem Barockbegriff nur schwer zu, der in anderen Künsten ausgebildet worden ist: der Malerei, der Literatur. Weil sich ein Epochenbegriff wie der des Barock ursprünglich für die Entwicklung der europäischen Malerei aus dem des Manierismus entwickelt hat, kommt es, überträgt man ihn, um der abstrakten Jahrhunderteinteilung zu entgehen, auf andere Künste, so die Musik, zu bloßen Analogien, die eher Verwirrung stiften als zu Einsichten führen.

In gewisser Weise hat sich die Öffentlichkeit mindestens seit der Mitte des 20. Jahrhunderts daran gewöhnt, Johann Sebastian Bach mit seinem umfangreichen und in der Beurteilung höchstrangigen Werk selbst als Epoche zu verstehen. Aber gilt das gleiche auch für Händel und Sohn Scarlatti? Erhält so Bachs Werk nicht ein Gewicht, das manches andere in den Hintergrund schiebt: Zelenka, Weiss? Im Gegensatz zu den überschaubaren Cembalo-Zyklen von Bach bildet das Sonatenwerk von Domenico Scarlatti einen äußerlich nicht abgrenzbaren, aber innerlich unermeßlich differenzierten Kosmos. Aber lassen sich in der speziellen Form der Scarlattischen Sonate, die von der Spielbarkeit (oder Schwerspielbarkeit) ausgeht (im Gegensatz zur konstruierten Sonatenform der Wiener Klassik), nicht Ansätze erkennen, die bis zur h-Moll-Sonate von Franz Liszt reichen?

Vielleicht kann ich noch ein wenig weiter ins Detail gehen. Wenn man sagen kann, daß Domenico Scarlatti die Grundform der Toccata verwandelte in einen Typus von Cembalomusik, der von der Spielfigur ausgeht, so ist dieser Typus gekennzeichnet durch den folgerichtigen Fortgang der Intervallverhältnisse aus sich heraus. Es gibt dann weder den Charakter der Suite, die mit rhythmischen Modellen arbeitet, noch den der Variation, der ein Grundmodell umspielt. Dieser Typus der Scarlattischen ein- oder zweisätzigen Sonate folgert einen Spielfigurzug aus dem anderen etwa wie eine Handschrift. Die Variationsbreite liegt nicht im Wiederholen oder Wiederaufnehmen, sondern im Ausprobieren der Spielzüge, die den Händen möglich sind. Das Übergewicht der Spielfigur führt dabei bis an die Grenze der Tonalität.

Auf der anderen Seite folgt Bach in der Suite wie in der Kombination von Einleitung und Fuge einer strikten Intervallkonstruktion. Rückgreifend auf Formen, die vor Bach gebräuchlich waren, entwickelt sich das Prinzip der klassischen Sonate, in der feste Intervallmodelle als Bezugspunkte dienen, die zugleich wieder aufgenommen und verändert werden können. In beiden Fällen folgt die Komposition nicht einem ununterbrochenen Vorwärtsgang, sondern spielt mit den Möglichkeiten vielfältiger, durchschaubarer Intervallverflechtungen. Die Variationsbreite liegt hier in der Verbindung der Variationsform mit der konstruktiven Durcharbeitung, die Rationalisierung wie Emotionalisierung erlaubt. Die Analogie würde eher in eine grafische Zeichnung führen als in eine handschriftlich lineare Entwicklung.

Während nun die Weiterentwicklung der klassischen Sonatenform im 19. und bis ins 20. Jahrhundert hinein vielfach erforscht und beschrieben worden ist, scheint das Weiterleben des anderen Typus wenig beachtet worden zu sein. Dabei geht es nicht um kausale Abhängigkeiten, sondern um topologische, also das Weiterleben von Gestaltvorstellungen. Liszts h-Moll-Sonate stellt eben nicht nur eine Abweichung vom Haydnschen Sonatentypus dar, sondern zeigt das Überleben einer anderen Form. Der Fluß der Wagnerschen Dramenmusik neigt ebenfalls in diese Richtung, das Gliederungsprinzip des Leitmotivs ist nicht konstruktiv wirksam, sondern psychologisch. Am Ende kommt in der Klaviermusik Schönbergs und Anton Weberns mit allem, was davon ausgeht, der Scarlattische Typus unter vollkommen veränderten kompositorischen Umweltbedingungen gleichsam aus dem Untergrund zum Vorschein.

Die Skizze, die ich gezeichnet habe, erhebt keinen Anspruch auf Stimmigkeit. Sie bedient sich der äußersten Spekulation und will eine Möglichkeit aufzeigen, die ausgeht vom Werk zweier der Hauptgeburtstagskinder des Jahres 1985. Wenn ich aber so spekulativ Werke der Musik miteinander in Zusammenhang bringe, erkenne ich eine historische Landschaft, in der Hörbares auftaucht, verschwindet, miteinander korrespondiert, voneinander abhängt, sich aufeinander beruft, aber niemals auf meßbare Zeiträume zurückzuführen ist. Für eine solche Auffassung spielt der fünfhundertste Geburtstag überhaupt keine Rolle, sondern allenfalls die ungefähre Zeitgleichheit. Ich denke nicht in Epochen und Jahrhunderten, sondern in Einzelformen und in Querschnitten, die sich in ungleichmäßiger Ausuferung, im Auftönen und Wiederverstummen durch die Zeit auf eine immer weiter vorrückende Gegenwart zubewegen.

Alle die Geburtstage, die ich anfangs aufgezählt habe und die im Jahr 1985 gefeiert werden können (und natürlich gefeiert werden), sind für die spekulative Durchdringung der europäisch-amerikanischen Musikentwicklung völlig gleichgültig. Selbst wenn ich konkrete gesellschaftliche, und das heißt auch politisch-zeitgeschichtliche Bezüge herausarbeiten kann wie in der Geschichte der Oper und des Oratoriums, sind nur auf der Seite des Bezugs – etwa der Wandlung der spätfeudalen Gesellschaft in eine bürgerliche, der Revolutionen am Ende des 18., in der Mitte des 19. (Verdi) und am Anfang des 20. Jahrhunderts – Daten und Epochen wichtig, nicht auf seiten der Musik. Was heute Opernkomposition so schwer macht, ist nicht der Zustand der Musik, sondern das Fehlen des gesellschaftlichen Bezugs. Was dies betrifft, sind Alban Bergs Opern nur Zitate des Bezugs.

Ich möchte einen Augenblick bei dem Geburtstagskind Alban Berg bleiben. Trotz Hugo Wolf, Debussy und Massenet ist Berg der erste, der tatsächlich Literatur in ihrem wörtlich genommenen Text vertont, und nicht nur, wie Massenet, Figuren der Weltgeschichte opernhaft benutzt. Und zwar in einer Form, in der der Komponist das Sprachwerk für seine kompositorischen Zwecke einrichtet. Die Musik der Oper Bergs interpretiert Literatur, bedeutende Literatur wie früher nur das Lied. Der gesellschaftliche Bezug aber, der die Form der Oper auszeichnet, steckt nicht in der Musik, auch nicht in einem auf die Musik zugeschriebenen Libretto, sondern im literarischen Charakter des Textes, den die Musik interpretiert. Literatur hat also den gesellschaftlichen Bezug ersetzt. Die Oper wird zum höheren Kunstgebilde, das historisch gebunden bleibt nur in der Methode und im Stand ihrer Kompositionsweise. Eine der möglichen Folgerungen ist die Siebentageoper des musikalischen Mystikers Karlheinz Stockhausen.

Wenn aber in dieser wiederum spekulativen Betrachtungsweise die beiden Opern Alban Bergs eine so einschneidende Zäsur kennzeichnen, wenn sie Erfolg haben, geradezu, weil sie, überspitzt ausgedrückt, den politischen Bezug ins Bildungsgut abwenden, so ist das aufs neue etwas, das die Tatsache des hundertsten Geburtstages völlig nebensächlich erscheinen läßt. Nimmt man zu Berg die beiden anderen Hundertjährigen, Riegger und Varèse, so kann man sagen, daß der eine mit dem Versuch, am Rande des Schoenbergschen Idioms eine eigene Entwicklung durchzuführen und der andere mit dem Vorstoß ins Material des Geräuschs, nicht mit Berg vergleichbar sind wegen der Generationsähnlichkeit, sondern allein deswegen, weil ihre Positionen den äußersten Grad des Auseinanderstrebens, ja der Unvereinbarkeit in dieser Generation zeigen.

Divergenz und Diskontinuität der kompositorischen Methode, in der Alban Bergs Opern nur einen Sektor bilden, haben in der Generation, der die Hundertjährigen und ihre chronologischen Nachbarn angehören, ein fast explosives Potential. Ein Potential, das im Werk der Achtzigjährigen, Jolivet, Scelsi, Tippett, noch erkennbar ist, aber bereits auf beschreibbare Standpunkte eingegrenzt erscheint. Hört man die Fünfzigjährigen des Jahres 1985, Helmut Lachenmann, Gordon Mumma oder Terry Riley, hat man den Eindruck, der Sturm ist vorbei, zumindest hat die Windstärke nachgelassen. Zugleich wird im Sprung deutlicher, wie sich öffentliches historisches Bewußtsein von Musik immer stärker auf das eindeutig Vergangene richtet und die veränderte historische Situation der Gegenwart die gegenwärtige Musik von der historischen Verarbeitung und Vermarktung ausnimmt.

Wallingford Riegger, geboren 1885

Mit solchen Stichworten komme ich natürlich auf einen ganz anderen Aspekt des Jubiläumsjahrs. Runde Geburtstage dienen auch dazu, das Werk der Komponisten in stärkerem Maß als sonst unter die Hörer zu bringen. Und das hat am Ende des 20. Jahrhunderts ganz besondere Formen. Wie wurden musikalische Jubiläen im 19. Jahrhundert gefeiert? Beethovenfeste, Mozartfeste? Bachtage gehören heute in mehreren Veranstaltungen zum jährlichen Ritual. Richard Wagner erfand sein eigenes Festival (das damals noch nicht so hieß). Und sonst? Spielten Jahrestage überhaupt eine nennenswerte Rolle im öffentlichen Musikleben? Sie spielten deshalb nicht eine solche Rolle wie heute (oder wie im 20. Jahrhundert überhaupt), weil es eine breite und aktuelle Musikkultur, wenn auch noch so eklektisch, gab, die es heute so nicht mehr gibt.

Aber sind wir nicht überschwemmt von Musik und Musikkultur? Wie in früheren Jahren wird auch das Schütz-Händel-Bach-Scarlatti-Berg-Jahr, um es einmal dabei bewenden zu lassen, in viererlei Form seine Wirkung zeigen: im Konzert, in Publikationen, in Funk und Fernsehen und auf Schallplatten. Während bis zur Einführung des Rundfunks eine erhöhte Publikation von Werken des zu feiernden Komponisten nur möglich war im Konzert und als Notendruck, hat sich bis 1985 die Quantität der Möglichkeiten außerordentlich verstärkt. Das Fernsehen sendet Bachserien. Die schon vorhandenen Einspielungen auf Schallplatten werden um weitere gesteigert. Festivals konzentrieren sich und dehnen sich aus. Rundfunkprogramme bilden Knoten aus mit dem Werk der Gefeierten. Und so weiter, und so weiter.

Es gibt Vorteile. Als Hector Berlioz gefeiert wurde, erschien zum erstenmal eine vollständige oder fast vollständige Einspielung seines Werkes. Der Jahrestag schuf die Möglichkeit, Musik zu hören, die zu hören bis dahin dem Zufall oder dem Geldbeutel überlassen blieb. Im Brahmsjahr konnte das weithin bekannte Werk dennoch durch Hörfunk- und Schallplattenaufnahmen weiter differenziert werden. Wie steht es 1985? Für Bach gilt das alles kaum. Selbst das Kantatenwerk ist hörbar zu erfassen (Helmut Rilling im Fernsehen). Zahlreiche Paralleleinspielungen lassen die Hauptwerke in allen möglichen Varianten erscheinen. Schütz ist ein wenig in Vergessenheit geraten, aber es ist sehr viel vorhanden. Eine Belebung der öffentlichen und der Rundfunk-Aufführungen wäre wünschenswert. Bei Händel geht es um die Entdeckung der weniger bekannten Opern und Oratorien. Hier könnte das Jubiläumsjahr zur Verstärkung einer Entwicklung führen, die seit Jahren in Gang ist. Domenico Scarlatti bleibt immer noch der Komponist der Auswahlen und der Einzelstücke. Zwei fast vollständige Einspielungen, von Fernando Valenti und Luciano Sgrizzi, sind vorhanden, aber schwer erreichbar. Alban Bergs hundertster Geburtstag wird möglicherweise eher ein Nachklang, der Gipfel des Ruhms scheint überschritten.

Es ist schwer zu entscheiden, ob in alledem das Geschäft mit der Ware anerkannter, ja höchstgepriesener Musik das genuine Interesse an dieser Musik übersteigt oder ob das Geschäft nur die unangenehme Beigabe zur Möglichkeit eindringlichster Beschäftigung mit einem Werk bedeutet. Es ist zu erwarten, daß auch weniger Interessierte durch vermehrte Aufführungen und vermehrtes Plattenangebot an das Werk der Jubilare herangebracht werden. Es steht aber ebenso zu erwarten, daß durch Popularisierungen oder *Vermenschlichung* im Fernsehen der Zugang zum Werk versperrt wird. Das gilt für alle und auch für die mit den krummen Geburtstagen. Das Positive und das Negative wird sich ausgleichen. Was sonst?

Noch einmal die Frage nach der Art des Hörens in einer Zeit, in der solche Jahrhundertjubiläen gefeiert werden. Sie werden ja gefeiert, als sei das Werk unmittelbar verfügbar. Die Tatsache des historischen Abstandes der Entstehungszeit ist, obwohl Anlaß zur Feier, im Grunde äußerlich, ja dekorativ. Im Gegensatz zu einer organischen oder spekulativen historischen Erfahrung, in der Entwicklungen im Einzelwerk oder in der Relation von Komponist zu Komponist eine Rolle spielen, paßt das Jubiläumsdenken Historisches ein in den planen Raster gegenwärtigen Musikhörens. Schütz, Händel, Bach, Scarlatti, Berg usw., das steht alles unverbunden nebeneinander oder, wenn verbunden, dann durch die gleichen oder ähnlichen Namen der Interpreten. Selbst die Aufführungen mit originalen Instrumenten nach rekonstruierter Aufführungspraxis, die eine Weile die Illusion historisch vertieften Hörens zu vermitteln schien, haben sich dem angepaßt.

Muster dafür ist im Grunde immer noch das Denken und Hören im Repertoire der Konzertpraxis, die nicht von Einsicht ins Werk, sondern von der Variation des akustischen Genießens bestimmt wird. Das Panorama, das ein Schütz-Händel-Bach-Scarlatti-Berg-Jahr entfaltet, ist das eines überdimensionalen Konzert-Repertoires in allen musikvermittelnden Medien. Es gleicht in seiner Struktur dem Repertoire, das beim Tod eines sowjetischen Staatsoberhauptes abgespielt wird, wobei der Charakter des Getragenen im Repertoire der Totenmusik (bei der es gleichgültig ist, aus welcher Zeit oder Ecke die einzelnen Stücke stammen) dem der großen Namen im Jubiläumsjahr entspricht. Was dort die öffentliche Trauer, ist hier der vielhundertjährige Geburtstag. Daß aber die h-Moll-Messe von Johann Sebastian Bach nur im Zusammenhang mit den Messen von Dismas Zelenka gehört werden sollte oder im Kontrast zu Messen von Joseph Haydn oder zum *Requiem* von Hector Berlioz, gilt als intellektuelle Verstellung des Hörgenusses, nicht als Einsicht in eine Sache, die Musik heißt.

Das Öffentliche unseres Jubiläumshörens zeigt einen Aspekt der Kultur, in der wir leben. Diese Kultur rafft alles, was an kulturellen Erzeugnissen je hervorgebracht worden ist, immer erneut zusammen, fügt dem Vorhandenen immerzu Neuentdecktes hinzu, ohne daß es je zu einem inneren Zusammenhang kommt. Das Vorhandene wird addiert und addiert und, in wechselndem Zustand der Addition, ausgestellt. In der Ausstellung der addierten Kulturgüter repräsentiert sich etwas, das mit diesen Kulturgütern nichts zu tun hat, eine gesellschaftliche und politische Öffentlichkeit, die zutiefst kulturlos ist und ihr Verhalten mißt an einem Wechselspiel der Restauration vergangener Muster und Werte mit der Anpassung an den neuesten Stand der technischen Entwicklung. Musik aber, die dies zu spiegeln versucht, die den wahren Zustand in ihrer Methode zu Gehör zu bringen versucht, bleibt in der Regel ausgeschlossen vom Superrepertoire der Jubiläen.

Ich möchte aber nicht kritisch enden. Der öffentliche Aspekt der Kultur, in der wir leben, betrifft den einzelnen nur insoweit, als er sich in diesem öffentlichen Wesen erfährt. Sich einverstanden zu erklären mit dem Konsensus ist eine bittere Erfahrung eines jeden von uns. Man kommt nicht drum herum. Aber ebenso kann ich mich in dem angehäuften Vorrat der Kulturgüter benehmen, wie ich will. Ich kann Maulwurfsgänge graben, von Hit zu Hit springen oder, wie ich es angedeutet habe, spekulativ Teile des Vorrats zu durchdringen versuchen. Es entstehen so im einheitlichen (und oberflächlichen) Aspekt viele einzelne, differierende und sich ähnelnde (monadenähnliche) Aspekte. Ihre Tiefe löst niemals die kompakte Oberfläche der Öffentlichkeit auf, aber sie kann in diese hinein und auf sie einwirken. So entsteht ein komplexes Bild, das niemals unter einem Blickpunkt zu sehen ist, sondern immer nur unter zwei verschiedenen zugleich.

Auch im Schütz-Händel-Bach-Scarlatti-Berg-Jahr kann ich mich herumbewegen, wie ich will. Das Material der addierten Kulturgüter verliert den Materialcharakter in dem Moment, in dem ich Verbindungslinien ziehe, Ausblicke riskiere, Theorie knüpfe. Nicht im Sinne eines Hesseschen Glasperlenspiels, sondern im Versuch einer einsichtigen Unterscheidung, die doch nicht zu definitiven kanonischen Einrüstungen strebt, sondern immer bereit ist, sich selber in Frage zu stellen. Nur weil das so ist und auch, um ein solches Tun zu demonstrieren, habe ich das, was ich hier zu formulieren versucht habe, sagen können.

Horst Leuchtmann

Die Oper als Festspiel ihrer selbst

Da (auf dem Theater) ist Poesie, da ist Malerei,
da ist Gesang und Musik, da ist Schauspielkunst und was nicht noch alles!
Wenn alle diese Künste und Reize von Jugend und Schönheit
in einem einzigen Abend, und zwar auf bedeutender Stufe zusammenwirken,
so gibt es ein Fest, das mit keinem anderen zu vergleichen.
Goethe zu Eckermann am 22. März 1825

Das Wort scheint eindeutig: Opernfestspiele müssen festliche Opernaufführungen sein, Opernfeste, mit Glanz und Pracht und entsprechenden Eintrittspreisen. Und von besonderer Qualität, für die die Gäste garantieren. Gäste in diesem Zusammenhang sind allerdings nicht die zahlenden Teilnehmer an der Festivität, die unentbehrlich, aber hier nicht geladen sind, Besucher heißen und in langen Schlangen die begehrten Eintrittskarten erstehen müssen. Die geladenen Gäste sind vielmehr diejenigen, die das Fest bestreiten, also die Festausrichter, das künstlerische Personal, die von auswärts engagierten Virtuosen. Diese terminologische Verkehrung sollte vorsichtig machen: Stimmt etwas nicht mit der scheinbaren Eindeutigkeit des Wortes Opernfestspiele?

Es stimmt nicht. Opernfestspiele im eigentlichen Sinn sind keine bloß festlichen Spiele; auch sind sie keine Zutat zu einem Fest, die bereichert und erhöht, sondern sie sind ein Fest in sich, ein augenscheinlicher Selbstzweck, bei dem die Oper sich selbst feiert. Oder die Opernbühne, die das alles plant und durchführt. Oder die fahrenden Künstler, die eilig aus aller Welt herbeifliegen, um diese Selbstfeier zu ermöglichen?

So ist es auch nicht. Vor allem: Unsere Opernfestspiele haben nichts mit dem alten Fest zu tun, das wir nicht mehr zu feiern verstehen und über dessen Prunk und Glorie wir in Berichten aus dem 16., 17. und 18. Jahrhundert staunend und etwas neidisch nachlesen. Doch ein bloßes Musikfest sind die Spiele nun auch nicht.

Musikfeste gibt es sehr viel früher als Opernfestspiele. Vielleicht haben wirklich die Engländer schon Anfang des 18. Jahrhunderts mit solchen Veranstaltungen begonnen und uns, sogar den Franzosen, ein Wort dafür vermacht, das sie selbst aus dem Französischen entwendet hatten: festival. Jedenfalls feierten sie unter Verkennung kalendarischer Subtilitäten 1784 Händels hundertsten Geburtstag – als das erste Händelfest – nach ihrem Kalender hätte er 1684 geboren sein müssen.

Musikfeste oder Festivals – in Deutschland sind wohl die Niederrheinischen Musikfeste seit 1817 die frühesten Beispiele dieser Art – sind musikalische Festlichkeiten anderer Natur. Sie widmen sich dem Œuvre einzelner Komponisten oder der Aufführung von Werken, die aus verschiedenen Gründen sonst nicht zu hören sind. So gibt es Bachfeste, Beethovenfeste, Händelfeste, Mozartfeste und so weiter bis hin zu Sibelius-Wochen. Und es gibt stationäre Feste, die gewöhnlich Vielfaches feiern. Mit wenigen Ausnahmen stammen die bestehenden Musikfeste aus der Zeit nach 1945, sind also ohne lange Tradition und konkurrieren untereinander mit einem bunten Angebot von Konzert, Oper, Ballett, Schauspiel, Jazz, Folklore und Ausstellungen. Auszunehmen aus diesem üppig sprießenden Festbetrieb sind drei alte Einrichtungen aus dem vorigen Jahrhundert, die sich Festspiele oder Opernfestspiele nennen: die Veranstaltungen in München, Bayreuth und Salzburg.

Peter I. Tschaikowsky
Pique Dame
Inszenierung: Joakim Scharojew
Bühne: Georgi Alexi Meschischwili
Kostüme: Silvia Strahammer
München 1984

Diese Festspiele sind etwas völlig Verschiedenes von sonstigen festlichen Opernaufführungen oder üblichen Festspielen. Hier geht es nicht allein um Komponisten- oder Vereinsfeiern, auch nicht (eigentlich) um Touristen-Attraktion; es geht vielmehr um etwas Spezifisches: um sogenannte Muster-Aufführungen. Jedenfalls war dieser Gedanke anfangs bestimmend und sollte auch nicht aufgegeben werden, wenn man im heißen Kampf der Wagen und Gesänge, der allerorten in Europa und Amerika entbrannt ist, nicht unter die Räder kommen will.

Richard Wagner, der ja nach 1850 seine Bühnenwerke entweder gar nicht bezeichnete *(Tristan, Meistersinger)* oder nur mehr als Bühnenfestspiel *(Ring)* bzw., gesteigert, Bühnenweihfestspiel *(Parsifal)* deklarierte, um das Exemplarische ihrer Eigenart und ihres Aufführungsstils hervorzuheben, steht, wie zu erwarten, am Anfang des musikalischen Festspiel-Gedankens. Allerdings hatte er immer wieder geschwankt, ob er mit diesem Vorhaben der Kunst überhaupt oder nur seiner eigenen Kunst aufhelfen wollte, bis er sich mit Bayreuth energisch für letzteres entschied. Das Festspiel sollte nämlich prinzipiell das Musiktheater zu einer nationalen Bildungsstätte erheben, »frei von den Einwirkungen des Repertoireganges unserer stehenden Theater…des schlechtesten öffentlichen Kunstinstituts«, des »den Musiksinn der Deutschen so tief bloßstellenden und verderbenden Operntheaters« (Vorwort zu *Der Ring des Nibelungen*, 1863).

So recht hatte die Oper in Deutschland ja nie florieren wollen, und im ersten Drittel des 18. Jahrhunderts hatte es frohlockende Stimmen gegeben, die sich der Ursache freuten, daß »das Opern-Wesen in Deutschland mehr und mehr in Abnahme geräth. Das Leipziger Opern-Theater ist seit vielen Jahren eingegangen, und das Hamburgische liegt in den letzten Zügen. Das Braunschweigische hat gleichfalls unlängst aufgehöret; und es steht dahin ob es iemals wieder in Flor kömmt. Auch in Halle und Weissenfels hat es vormals Opern-Bühnen gegeben, andrer kleinen Fürstlichen Höfe zu geschweigen; die aber alle allmählig ein Ende genommen haben. Dieses zeiget den zunehmenden guten Geschmack unserer Landes-Leute an, worzu man ihnen Glück wünschet. Dann wären Liebhaber genung gewesen, die einer solchen Lustbarkeit hätten beywohnen wollen: so würde man das Ende dieser Schau-Bühne noch nicht gesehen haben. Dagegen sieht man, daß die Comödien und Tragödien täglich mehr und mehr Beyfall finden, und mit der Zeit allenthalben die Oberhand bekommen werden: wenn man nur erst grossen Herren die gar zu grosse Liebe ausländischer Sprachen aus dem Sinn bringen wird« (Zedler, 1732).

Hier werden zwei Punkte angesprochen, die der Begeisterung weiter Kreise in Deutschland für die Oper abträglich gewesen waren: die Ausländerei und der höfische Geschmack. Beides hatte auch die Aufführungsqualität beeinträchtigt, besonders dort, wo man aus Mangel an ausgebildeten italienischen Sängern zum deutschen Personal übergehen und mit deutschen Schauspielgesellschaften vorliebnehmen mußte, die, wie noch Wagner sich erinnert, das »spezifisch italienische Repertoire« nun zu bestreiten hatten. »Hier ging es dann ungefähr so her, wie ich es zu seiner Zeit bei der sonst so berühmten katholischen Kirchenmusik in Dresden erlebte, als dort die italienischen Kastraten entlassen wurden oder ausstarben, und nun die armen böhmischen Kapellknaben die für jene gräulichen Virtuosen-Kolosse berechneten Bravourstücke, von denen man nicht lassen zu können glaubte, in kläglicher Weise verarbeiten mußten… So sahen wir in der Oper ganz dasselbe Verderbniß wie im Schauspiele eintreten…« *(Über Schauspieler und Sänger.)*

Im 19. Jahrhundert war die künstlerische Situation an vielen deutschen Theatern immer noch kümmerlich genug, man vergleiche Wagners Reiseberichte in seiner Schrift *Ein Einblick in das heutige deutsche Opernwesen*. Trotzdem hatte die Oper bei uns ihren Tiefstand hinter sich gelassen und geriet allmählich, nicht zuletzt durch (vorerst noch zaghafte) Bemühungen um eine deutsche Oper, in den Aufwind. »National« und »für das Volk« war die Antwort auf die eben vorgetragenen Ausstellungen. Die Idee eines richtungsweisenden nationalen Festspiels lag damals – nicht erst seit den Befreiungskriegen – längst in der Luft. Es überrascht nicht, daß sie zuerst vom Schauspiel aufgegriffen wurde. Der nationale Gedanke – vorzugsweise einheimische dramatische Stücke von wesentlich nationalem Charakter zur nationalen Ausbildung von Kunst und Kunstgeschmack, der seit Lessings gescheitertem Versuch in Hamburg 1767 über Wien, Mannheim, Berlin, ja über ganz Europa von Portugal bis Kroatien und Ungarn, von Kristiana bis Athen alle Völker Europas erfaßte – führte zwar zum Bau prächtiger Kunsttempel, konnte sich aber nirgends rein erhalten, weil die Substanz nicht ausreichte. Lessings Forderung nach einem solchen nationalen Stück war eigentlich erst mit Webers *Freischütz* eingelöst worden, einem deutschen Werk mit durchschlagendem Erfolg bei der ganzen Nation.

Aber nachdem die Deutsche Nationalversammlung in Frankfurt 1848 den dringlichen Gesetzentwurf zur Befreiung des Deutschen Theaters aus der Gewerbe-Ordnung, zur Erhebung von der Hofbühne zum staatlich subventionierten Nationaltheater als Bildungs- und Kunst-Institut für das Volk und für die damit verbundenen Forderungen nach staatlichen Schauspielschulen, sozialer Förderung und Pensionskassen für die Theatermitglieder gänzlich unbeachtet gelassen hatte, nahm Dingelstedt in München auf, was vor ihm schon Immermann in Düsseldorf 1832 bis 1837 versucht hatte. Immermanns *Mustervorstellungen* wollte Dingelstedt mit *Gesamtgastspielen* fortsetzen, um die Schauspieler aus der Verwilderung des täglichen Spielbetriebs zu gelegentlichen *Festabenden* emporzuziehen – Versuche, die an unzureichenden finanziellen Mitteln scheitern mußten und auch an berechtigter Kritik. Zur Allgemeinen Industrie-Ausstellung in München im Jahre 1854 hatte Dingelstedt zwölf berühmte Schauspieler von auswärts gewonnen, um mit ihnen zwölf Schauspiele vorbildlich aufzuführen. Die Kritik warf dem Unterfangen vor, man habe die hiesigen Kräfte vernachlässigt und virtuose Einzelleistungen geboten unter Verzicht auf »gemeinsamen Spielstil«, d. h. auf Ensemblespiel. Ein Vorwurf, dem sich unsere gegenwärtige Gastspiel-Praxis immer wieder mit Recht ausgesetzt sieht.

Faßt man diese Tendenzen zusammen, ergibt sich eine ganz andere Genealogie der Opernfestspiele, als man hätte erwarten sollen. Nicht aus dem barocken Fest mit Musik- und Opern-Einlagen bestimmt sich dieser Gedanke, sondern aus dem Verlangen nach einem nationalen, alle Bevölkerungsschichten betreffenden und bildenden und deshalb allen Schichten zugänglichen Kunstwerk in optimaler Aufführung, vergleichbar der attischen Tragödie zur Zeit der Aischylos, Sophokles und Euripides. Die Oper hatte zu dieser Auffassung eine besondere Berechtigung, war sie doch um 1600 als vermeintliche Wiederbelebung einer antiken Aufführungspraxis entstanden. Das originale Nationaltheater in Musteraufführungen als völkisches Festspiel. Das hätte bedeutet – und so hat Wagner es ja auch, anfangs jedenfalls, verstanden –: deutsche (nicht fremdsprachige oder übersetzte) Werke in bester Besetzung und bester Inszenierung für ein nicht-kommerzielles Theater mit einem nicht-zahlenden Publikum aus allen Schichten. Die ersten beiden Punkte hat Wagner in Bayreuth nach seiner Anschauung mehr oder weniger durchsetzen können; den dritten bekanntlich nicht. Aus dem anvisierten Kunstfreund im Zuschauerraum war schon zu seiner Zeit der auserwählte Geldgeber geworden, auf den Nietzsches bissiges Wort vom »sehenswerten Publikum« anspielt.

Die Salzburger Musikfeste, wie sie ursprünglich hießen, unterscheiden sich von den Unternehmungen in Bayreuth und München. Schon 1877 von der Internationalen Mozart-Stiftung begründet, brachten sie es in unregelmäßigen Abständen bis 1910 zu acht Musikfesten, die sich von Anfang an der »Pflege der Tonkunst und des Mozart-Cultus« verschrieben hatten, Musterbühne sein und das klassische Opernrepertoire pflegen wollten. Dabei beabsichtigte man ganz unverblümt, den Fremdenverkehr zu beleben. Erst ab 1920 finden sie, nunmehr als *Festspiele* in eigenständiger Organisation, aber mit denselben Zielen und Aufgaben (zu den neben Konzerten auch das Schauspiel gehört) jährlich statt. Ein eigenes Festspielhaus wurde erst viel später in Angriff genommen. München dagegen hatte bereits ein Jahr vor der Eröffnung der Festspiele in Bayreuth, also 1875, unter Generalintendant Karl von Perfall in einem sommerlichen Opern-Festspiel Mozart und Wagner aufgeführt und damit die Münchner Festspiele initiiert. Wenn es in einer Verlautbarung dazu heißt, es ginge darum, »den vielen Fremden, welche während des Sommers

München zu besuchen pflegen, den künstlerischen Standpunkt, welche die königlichen Hofbühnen einnehmen, darzulegen sowie einen Einblick in deren künstlerische Leistungsfähigkeit zu gewähren«, so ist damit eben dieser Gedanke an Musteraufführungen angesprochen. Drei Jahre später bot Hermann Levi die erste geschlossene Aufführung des *Rings* und machte mit dem »neuen Mozart-Stil« bekannt. Seit 1901 sind die Münchner Opern-Festspiele eine (in Friedenszeiten) jährlich stattfindende Institution.

Ernst von Possart (1841-1921) baute 1900 bis 1902 in erbittertem Ringen mit der Herrin von Bayreuth ein eigenes Festspiel-Haus, das Prinzregenten-Theater, eine bauliche Kombination von Bayreuths Festspielhaus mit Münchens Hof- und National(!)-Theater, »um dort den weitesten Volkskreisen die großen dramatischen Meisterwerke zugänglich zu machen...außer dem großen klassischen Drama auch das Wagner'sche Musikdrama« – ein Volkstheater ohne Rangunterschiede mit verdecktem Orchester und amphitheatralisch ansteigendem Zuschauerraum. Allerdings mit 317 Sitzplätzen weniger als in Bayreuth, »denn die Begeisterung für den hohen Kunstgenuß kann nur bis zu einer gewissen Grenze über die Unbilden eines Martersitzes nach dem Bayreuther Muster hinwegtäuschen und die Durchschnittskorpulenz jener Gesellschaftsklassen, welche sich zur Ausgabe von M. 20 (einem Arbeiterwochenlohn) für eine Karte und M. 30 für ein Zimmer versteigen können, erfordert gewisse Rücksichtnahmen.« Diese Rücksichtnahmen sollte der Münchner Richard-Wagner-Festspiel-Verein wettmachen, der weniger korpulenten »Minderbemittelten den Zutritt zu den Festvorstellungen« ermöglichen sollte. Solange Possart, Schauspieler, seit 1893 Generaldirektor, seit 1895 Generalintendant der königlichen Hofbühnen und neben seinem Amtsvorgänger Perfall Vater dieses Festspielhauses, dort wirkte, wurde auch das Schauspiel gepflegt.

Mit dem Münchner Prinzregenten-Theater als Haus der Münchner Opern-Festspiele war in gewisser Weise Ludwigs II. »unsinniges Project« (so Wagner) eines »großen steinernen Theaters...damit die Aufführung des *Ringes der Nibelungen* eine vollkommene werde« (so der König 1864) doch noch – wenn auch weniger monumental – ausgeführt und Wagners Festspiel-Idee ein zweites Mal verwirklicht. Nur hatte Wagner keinen Steinbau am Gasteig gewollt und keine fremden Komponisten neben sich gewünscht. Immerhin wollten die Münchner Festspiele Wagners Werke in der Gestalt bieten, »wie sie den Intensionen des großen Tonschöpfers eigentlich gelegen hat«. Die Witwe des großen Tonschöpfers dagegen sah sich in ihren »Intensionen« empfindlich gestört. Sie plante »gesamtnationale Spiele« in einem massiven »Mammuttheater am Einfluß des Mains in den Rhein«. »Diesem behutsamen, schlichten Weg greifen affenartig Mime und Alberich vor und verwandeln den großen Gedanken, den ich auszuführen nie aufgab, in eine schnöde Spekulation...« (Brief an Fürst Hohenlohe-Langenberg vom 7. September 1893; die beiden Bösewichte sind natürlich Perfall und Possart). Letzterer Vorwurf ist nicht unberechtigt, da Possart sein sonst nicht finanzierbares Vorhaben nur mit Hilfe von spekulierenden Firmen durchführen konnte.

Interessanterweise nennt Perfall 1892 als Vorbilder eines zu errichtenden Festspiel-Theaters Salzburg (das damals ein eigenes Haus projektierte) und das 1888 eröffnete Volksschauspielhaus in Worms. Er glaubt auch, »im Gegensatz zu Bayreuth jedem aus dem Volk um ein im Verhältnis geringes Entgelt« die Pforten seines zukünftigen Theaters öffnen zu können. Bei der Hebe-Feier des Neubaues am 3. November 1900 brachte Possart einen gereimten, lustigen Toast aus auf den Architekten Littmann, in dem ein beziehungsreicher Vers vorkommt: »Ist es möglich...daß ich – ein Jahr nach der Passion / Von Oberammergau eröffne schon?« Das war natürlich ironisch gemeint; trotzdem: Im religiösen Gewande besaßen die deutschen oder wenigstens süddeutschen Katholiken seit der Pestzeit 1634 bereits ein alle zehn Jahre wiederkehrendes *Nationalspiel*, halb Andacht, halb Volksfest. Auch hier wurde die Bühne jeweils zur Spielzeit aufgeschlagen, war also Provisorium, und auch hier war allein die Bühne gegen das Wetter geschützt. Ähnliches hatte Wagner noch 1865 für den Einbau eines Wagner-Theaters in den Glas-Palast der Münchner Industrie-Ausstellung von 1854 vorgeschlagen. Das Passionsspiel als Brücke zwischen attischer Tragödie und völkischem Festspiel.

Man blieb in München zunächst bei der bestehenden Konzeption nationaler Muster-Aufführungen: Wagner, ab 1904 auch Mozart, ab 1913 dann auch Strauss. Überblicken wir das Festspiel-Repertoire bis 1984, macht diese Trias achtzig Prozent der aufgeführten Opern aus; mit deutlicher Verschiebung in der Vorrangigkeit seit der Wiederaufnahme der Festspiele im Jahre 1953 (was Erstaufführungen oder Neuinszenierungen angeht): an der Spitze mit fast 50 Prozent innerhalb dieser Dreiergruppe steht nun Strauss, dessen *Rosenkavalier* in der Aufführungsstatistik mit Mozarts *Figaro* gleichzieht, vor Mozart (31 Prozent) und weit vor Wagner (19 Prozent). Allerdings stehen in der Aufführungszahl gleich hinter *Figaro* und *Rosenkavalier* Wagners *Meistersinger*. Rechnen wir jedoch nach der Anzahl der Festspieljahre, in denen bestimmte Bühnenwerke immer wieder aufgeführt wurden, steht der *Rosenkavalier* an der Spitze, noch vor dem *Figaro*, dem dann *Capriccio* folgt, und erst an vierter Stelle *Die Meistersinger*.

Wie aus den Festspiel-Programmen ersichtlich, hat man seit dem Wiederbeginn nach dem letzten Kriege auch das internationale Repertoire immer stärker berücksichtigt, so daß in München vom alten Festspiel-Gedanken nur mehr das Bestreben nach musterhaften Aufführungen geblieben ist. Das Zeitalter einer auch musikalischen Welt-Literatur läßt neben der Pflege der nationalen Kultur die Pflege von Meisterwerken anderer Völker unseres Kulturkreises als eine notwendige Bereicherung erkennen. Zu fragen wäre: Kann es solche Muster-Aufführungen heute noch geben und sind sie sinnvoll? Und: Wieweit sollen sich Repertoire und Stil dem Experiment öffnen?

Die ärgste Konkurrenz bei der Frage nach vorbildlichen, vorbildhaften Aufführungen, die Schallplatte, können wir in diesem Zusammenhang gleich übergehen, weil sie auf ein wesentliches Element des Theaters, auf das Optische, verzichten muß und die Oper, sei sie musikalisch noch so hervorragend und mustergültig interpretiert, nur als konserviertes Konzert im Dunklen anbietet. Ähnliches gilt aber auch für Film, Fernsehen, Videoband und Bildplatte; allen zusammen fehlt mit der optischen Dimension das Raum-Erlebnis und ebenso das erregende Fluidum des aktuell Geschehenden, das sogar akustische Mängel der wirklichen Aufführung ausgleichen kann – nicht alle Theaterplätze sind akustisch optimal – und die Vorstellungskraft aufs äußerste anregt. Also bleiben Muster-Aufführungen nach wie vor sinnvoll und notwendig. Gewiß sind die künstlerischen Bedingungen bei Festspielen bessere als im normalen Spielbetrieb; sie sind besondere, aber keine künstlichen, wie bei Dokumentarproduktionen für Tonträger.

Aber *Muster* klingt nach einem ästhetischen Konsens, den willentlich und leichtfertig aufgegeben zu haben wir uns rühmen. Wie sieht es also mit der Frage nach der Experimentierfreudigkeit aus?

Gemeint ist im Grunde die Experimentierfreudigkeit der Regisseure. Denn dem heute so experimentierfrohen Regisseur steht ein fundamentalistischer Dirigent diametral gegenüber, der keine Note preisgibt und jedes Vortragszeichen zählt, daß am Ende ihm auch keines fehlt. Diese mögliche Mésalliance von »neuerungssüchtigem« Regisseur und »werktreuem« Dirigenten kann zu Brüchigkeiten führen, die nur noch ein gesunder Schizophrener als doppelbödiges Gesamtkunstwerk zu genießen vermag. Beim Musiktheater jedenfalls muß die Musik und ihre Glaubwürdigkeit eindeutig Vorrang haben und die Regie bestimmen.

Im Punkte möglicher Neuerungen müßte allerdings eigentlich das Festspiel die größte Handlungsfreiheit besitzen; hat es doch nicht mit einem zu umwerbenden Stammpublikum zu tun, das die übrige Spielzeit trägt und auch trotz staatlicher Subventionen unerläßlich ist, sondern mit einem Exklusiv-Publikum, das sich um niemals ausreichende Karten-Kontingente reißt und unbesehen kauft, was nicht gerade nach Langeweile, modernem Schrecknis oder regielicher Unkenntlichmachung aussieht (solange alles dieses nicht zu solchem Format aufläuft, daß es durchgestanden zu haben die höheren Weihen des Kunst-Martyriums bedeutet). Hier lauern Schwierigkeiten. Die Interpretation von Festspielen als Muster-Aufführungen ist vorrangig eine Theater-Angelegenheit. Das Publikum kommt und zahlt nicht für das Authentischste vom Authentischen und auch nicht für alle aufgemachten Striche; es zahlt für die weiblichen und männlichen Diven, den großen Dirigenten, die Ausstattung und den festlichen Genuß des Bekannten, zu dem es sich herausputzt. Für das Kulinarische mit einem Wort, wie man eine Weile verächtlich sagte, als man Kunst mit Erziehungsstrafen gleichsetzen wollte. (Goethe zu Eckermann nach dem Brand des Weimarer Theaters: »Was wollt Ihr nun mit Euren Abenden anfangen!«)

Die Frage nun, wie einerseits Stillstand vermeiden und andererseits publikumverscheuchende Einseitigkeiten verhindern, hat man, so das *Jahrbuch der Bayerischen Staatsoper 1982*, im Hause diskutiert. Es gelte, heißt es, »bei der Aktualisierung das rechte Maß zu finden«*. Fest steht, daß Festspiele sich heute mehrfacher Verantwortung gegenübersehen, wenn sie nicht Touristen-Fängerei oder Elitär-Befriedigung dienen wollen. Sie müssen Vergangenes bewahren und gegenwärtig machen, in einer Weise, die den Lebenden gerecht wird, ihnen etwas sagt und ihnen verständlich ist. Das schließt Tages-Experimente aus, die andernorts gemacht werden können, wenn sie gemacht werden müssen. Sie sollen andererseits Auskunft darüber geben, was die Vergangenheit an Schätzen zu bieten hat und wie Vergangenes heute zu verstehen sei; denn noch ist der Anspruch des alten Nationaltheaters als nationale Bildungsstätte nicht aufgegeben. Und sie sollen aus demselben Grund dem gegenwärtigen Schaffen Raum und Wirkung geben, wenn es nach heutiger Meinung (die nicht unfehlbar ist) dem Niveau solcher Festspiele entspricht. Anders als der tägliche Repertoire-Betrieb, der gewiß moderner und auf jeden Fall realistischer ist, weil in den Mitteln knapper und in den Angebots-Möglichkeiten reicher, wären so verstandene Festspiele eigentlich das, was seit alters her Museen im richtigen Sinn waren und sein wollten, ehe sie vielerorts zu archivalischen Sammelstätten jedwedes Geschehenen und Geschehenden gerieten: verantwortliche Pflegestätten für Kunstwerke der Vergangenheit und Gegenwart, die dieser Pflege würdig sind.

* Carl Wagenhöfer »Zur Geschichte der Münchner Opern-Festspiele«.

Richard Strauss
Ariadne auf Naxos
Inszenierung: Günter Roth
Bühne: Ulrich Franz
Kostüme: Silvia Strahammer
München 1984

Aloys Greither

Aus der Instrumentengeschichte des Bayerischen Staatsorchesters

Der Stolz eines jeden namhaften Orchesters ist sein Instrumentenbestand. Er wird um so bedeutungsvoller, je vielseitiger die Obligationen seiner Migleider sind; wenn also, wie hier beim Bayerischen Staatstheater, zum Operndienst (Musikgattung III) regelmäßige Orchesterkonzerte als Akademien (Gattung II), und schließlich traditionelle und in exemplarischen Programmen dargebotene Kammermusikveranstaltungen (Gattung I) hinzukommen. Jede dieser Gattungen hat ihre spieltechnischen Schwierigkeiten und ihre besonderen musikalischen Anforderungen; aber erst im Verein aller erwirbt jeder einzelne sein vielseitiges, in allen Bereichen sattelfestes Können. Gerade in der mehrfachen Bewährungsprobe kommt nicht nur der technischen und musikalischen Erfahrung der einzelnen Spieler, sondern ebenso dem verfügbaren Klangmaterial, d. h. der Güte der benutzten Instrumente, ein besonderer Stellenwert zu. Es versteht sich von selbst, daß einerseits die Solisten – und in der Kammermusik gibt es nur Solisten – auf tragfähige und tonschöne Instrumente angewiesen sind; andererseits wird der Wohlklang und die Strahlkraft eines Orchesters auch durch die Summe seiner guten und besten Instrumente bestimmt.

Das Mannheimer Erbe

In der Geschichte der frühen Instrumentenerwerbungen mit ihren z. T. Jahrhunderte alten Beständen ist im heutigen Archivmaterial eine systematische Registrierung erst seit dem Ende des 18. Jahrhunderts nachweisbar. Die älteste Aufstellung ist eine Negativ-Liste, die im Jahr 1778 – oder kurz darauf, das Datum fehlt – erstellt wurde.

Die Vorgeschichte ist ein wenig umständlich, aber nicht ohne Reiz.

Als Kurfürst Maximilian III. Joseph von Bayern (1745–1777) kinderlos starb, wurde von seinem Erben »das seit 1329 nutzgeteilte Pfalzbayern« wieder vereinigt. Sein Nachfolger und Erbe, Kurfürst Karl IV. Philipp Theodor von Pfalz-Sulzbach, mußte indessen seine Residenz von Mannheim nach München verlegen.

Dieser Residenzwechsel hatte für das Mannheimer Hoftheater weitreichende Folgen. Die Einladung nach München erhielten nur ausgesuchte Kräfte. Darunter war etwa die frisch engagierte Sopranistin Aloysia Weber, die Mozarts Gesangsunterricht zwar akzeptiert, ihn als Liebhaber aber verschmäht hatte. Von 33 Streichern wurden achtzehn für München würdig befunden. Da gerade die Streichergruppe des Mannheimer Orchesters wegen ihres einheitlichen Strichs und ihrer kraftvollen Dynamik berühmt war, bedeutete der Verlust ihrer achtzehn Besten zweifellos einen Aderlaß. Um ihn zu überleben, gründeten die verbleibenden aktiven und pensionierten Musiker zusammen mit vielen Liebhabern, unterstützt durch eine Bürgerinitiative und durch den tatkräftigen neuen Intendanten Freiherrn von Dalberg eine *Musikalische Akademie des Nationaltheater-Orchesters Mannheim e. V.* und wurden damit einer der ersten eingetragenen Orchestervereine. Am Münchner Hoftheater erfolgte die Gründung einer solchen *Musikalischen Akademie* für Orchesterdienste, unter Aussparung des Operndienstes, erst im Jahr 1811.

Mozart, der in den Jahren 1777 und 1778 auf seiner Reise nach und von Paris länger in Mannheim weilte, berichtete im November 1778 über die »Aufrichtung« einer »accademie des amateurs«, die übrigens von einem Violinisten dirigiert wurde; »und da schreibe ich just an einem Concert für Clavier und Violin« (12. Nov. 1778). Leider blieb es nur beim Vorsatz.

Auch in München wurden vor der Vereinigung beider Orchester diejenigen Musiker sorgfältig ausgewählt, die in den durch Verordnung vom 23. Juli 1778 gegründeten *Churfürstlichen Hofmusik-Stab zu München* aufgenommen werden sollten. Es waren insgesamt 32, die Mannheimer 33 Musiker. Das ausgeglichene Zahlenverhältnis läßt auf große Bemühungen um Gerechtigkeit schließen.

Am 1. Oktober 1778 erfolgte die offizielle Vereinigung beider Orchester; trotz des guten Willens ging es, man wird es verstehen, die ersten Jahre nicht ohne gewisse Reibungen ab (auch der Briefwechsel der beiden Mozart widmet sich wiederholt diesem Thema). Aber zunächst einmal mußte, unabhängig von allen Schwierigkeiten der Gewöhnung und Anpassung, festgestellt werden, wie viele der nach München berufenen Mannheimer, sei es in der Eile, sei es in der Hoffnung auf Besseres, ihre Instrumente zurückgelassen hatten. Es mußte also erst einmal der Fehlbestand ermittelt werden.

Die Negativliste von 1778

Diese Aufstellung von – wohl entgegen Order – zurückgelassenem Instrumentenmaterial ist zwar einigermaßen umfangreich, dennoch scheinen nicht die besten, sondern nur weniger gute Instrumente in Mannheim zurückgeblieben zu sein; fast alle Relikte sind nämlich als *Chor*-Instrumente bezeichnet.

An Klavieren und Streichinstrumenten wurden als in Mannheim zurückgelassen registriert:
    7 Klaviere
    1 (offenbare) Solovioline
    14 »ordinäre Violinen auf dem Chor«
    1 Viol d'amour
    4 Bratschen auf dem Chor
    4 Violoncells auf dem Chor
    3 Violons (= Contrabässe) auf dem Chor
    1 Violone von Marconi

Bei diesem letzteren scheint es sich um ein bedeutendes Instrument gehandelt zu haben. Luigi Marconi, der in der Mitte des 18. Jahrhunderts in Ferrara arbeitete, hat nur Baßgeigen gebaut, die indessen einen ganz hervorragenden Ruf hatten. Es scheint, daß er mit Marconcini identisch ist, der sogar noch behauptete, Schüler des Omobono Stradivari in Cremona gewesen zu sein. Von diesem Luigi Marconcini gibt es auch Violinen und Violen. Der Verlust dieses Contrabasses ist also sicher schmerzlich gewesen.

Bei den zurückgebliebenen Blasinstrumenten scheint es sich in der Hauptsache auch um solche »auf dem Chor« gehandelt zu haben:
    3 Flöten
    3 Flöten auf dem Chor
    3 Oboen auf dem Chor
    1 Fagott
    6 Waldhörner
    keine Klarinetten (ausdrücklich betont)
    1 Trompete
    nebst vielerlei Zubehör, auch für Streichinstrumente.

Domenico Montagnana,
Violoncello, Venedig 1727,
Reg. Nr. 12 der
Bayerischen Staatsoper München (Abb. 1)

Offenbar war also der Verlust (und der damit möglicherweise verbundene Verstoß gegen entsprechende Anweisungen) nicht gerade schwerwiegend; zurückgeblieben waren wohl nur mindere Instrumente. Die *schlauen Mannheimer*, wie sie gelegentlich in den Münchner Akten glossiert werden, haben einmal ganz gut gewußt, daß sie an spielerischem Potential ein erheblicher Gewinn waren; und sie haben zum anderen wohl ebenso gewußt, welcher reiche Instrumentenschatz sie beim Münchner Hoftheater erwartete. Die erste erhaltene, rund 30 Jahre später angefertigte *Positivliste* läßt den Schluß zu, daß das Vorgefundene und inzwischen in München Dazugekaufte wesentlich umfangreicher und wertvoller gewesen sein muß als das vom Kurpfälzischen Hof nach München Verbrachte.

Die Verstreuung der Münchner Hofinstrumente

Um den unerwartet großen Bestand an Musikinstrumenten, der denjenigen auch eines großen Orchesters weit überschritt, zu verstehen, muß man wissen, daß außer im königlichen Hoftheater auch an vielen anderen Orten auf Instrumenten der Hoftheaterintendanz musiziert wurde. Das Hoforchester selbst hatte in zwei Theatern zu spielen: dem sogenannten großen und sogenannten kleinen Haus (dem heutigen National- und Residenztheater entsprechend). Um die offenbar mitunter schwierige Einteilung der Musiker je nach Programm und Ort ein für alle Mal zu regeln, wurden im Jahr 1821 zwei Orchester installiert. Zu diesen beiden Opernorchestern kam die königliche Hofkapelle in Nymphenburg, also in der Residenz des Königs. Wahrscheinlich ist diese Hofkapelle mit dem *Privatorchester* identisch, das mitunter erwähnt wird und an das beste Instrumente aus dem Besitz des Königs verliehen waren, die zum Inventar der Hoftheater-Intendanz gehörend registriert waren.

Außer diesen drei Orchestern benutzten vom Hoftheater ausgeliehene Instrumente noch folgende Einrichtungen:
>Die königliche Pagerie
>Kirche und Erziehungsinstitut der Englischen Fräulein
>Die königliche Herzog-Spitalkirche
>Das königliche Max-Gymnasium.

Insgesamt verteilten sich die Instrumente des Hoftheaters also auf sieben Institutionen mit den vier Pflichtbereichen Kirche, Tafel, Kammer und Theater, ohne die privat ausgeliehenen (nicht an Musiker) zu zählen. Wie schwierig es war, bei dieser Ausstreuung dem Hoftheater gehörender Instrumente die Übersicht über Standort und Vollzähligkeit zu behalten, geht aus vielen Anordnungen, *Circularen* und mahnenden Bekanntmachungen hervor. Vor allem nach dem unerwarteten Tod von König Maximilian Joseph im Jahr 1825 scheint der Überblick über das Vorhandene für einige Zeit vollends verloren gegangen zu sein. Dieser Regent, selbst mehr dem Schauspiel zugeneigt, wurde durch seine hochmusikalische Frau, die Kurfürstin Karoline, derjenige bayerische Herrscher, der wohl mehr für den Instrumentenbestand und die Belange seiner Musiker getan hat als jeder andere. Von den vielen wertvollsten Violinen, die sicher nicht alle registriert waren, sind nur wenige übrig geblieben; einige hat er wahrscheinlich verschenkt, andere möglicherweise vergessen.

Doch wir haben der Chronologie unseres Berichtes vorgegriffen.

Das Instrumentenregister von 1809

Infolge der vielen Funktionen und Standorte mag es nun nicht mehr verwundern, daß die Bestandsaufnahme vom 30. September 1809 reiche, ja reichste Schätze ausweist.

Joseph Guarnerius, Kontrabaß, Cremona um 1700, Reg. Nr. 1
der Bayerischen Staatsoper (Abb. 2)

Der umfangreiche und in schönster, leserlicher Schrift abgefaßte Faszikel bietet nur insofern der Entzifferung Schwierigkeiten, als zahlreiche der durchnumerierten Eintragungen durch spätere Ergänzungen (meistens in den Jahren bis 1812) korrigiert sind, womit eine verläßliche Zählung des Ausgangsbestandes in Frage gestellt ist.

Betrachten wir das vorhandene Instrumentarium summarisch. Es wurden registriert (an Klavieren und Streichinstrumenten):

    Claviers 3, ausgeliehen 3
    Violinen 54, ausgeliehen weitere 24
    Violen 6, ausgeliehen weitere 7
    Violoncelli 6, ausgeliehen weitere 7
    Contrabässe 9, ausgeliehen weitere 4

Der Bestand an Blas- und Schlaginstrumenten war folgender:

    Oboen 11
    Flöten 2, ausgeliehen 8
    Flöten picc. 4, ausgeliehen 2
    Clarinetti 10
    Clarinetto d'amore 1
    Bassetthörner 3
    Hörner 12, ausgeliehen 7
    Tromboni 7
    Clarini 15
    Inventionstrompeten 4
    Timpani 2
    Taillen 4
    Verschiedenes 6

Streichinstrumente großer Meister

Wenden wir uns den Streichinstrumenten im einzelnen zu, finden wir berühmte Hersteller, vor allem bei den Geigen. Zehn Violinen tragen Zettel von Jacobus Stainer, zwei von Marcus (oder Matthias) Stainer, nicht weniger als fünf von Antonio Stradivari, und vier stammen von verschiedenen Mitgliedern der Familie Amati.

Hier wird man sicher Abstriche machen müssen. So ist ein Stradivari-Zettel vom Jahr 1765 datiert; zu dieser Zeit lebte keiner der drei Stradivari mehr. Fragwürdig wird es auch bei den Instrumenten, die Marcus oder Matthias Stainer zugeschrieben werden; diese beiden Stainer hat es (zumindest als Bruder oder Sohn des Jacobus Stainer) wohl gar nicht gegeben. Andererseits kann nicht bezweifelt werden, daß im Jahr 1809 der überwiegende Teil der Zettel noch original war und im allgemeinen, trotz Fehler im einzelnen, eine meist richtige Zuschreibung ausdrückte. Auch wenn der Hersteller mitunter ein anderer war, als im Zettel bekundet ist, war er mitunter kein geringerer Meister. So war z. B. Francesco Gobetti der beste und erfolgreichste Kopist von Stainer-Geigen; er wurde dabei sogar ertappt und vor Gericht geladen. Aber inzwischen ist eine Stainer-Kopie von Francesco Gobetti, da er als der größere Meister gilt, viel wertvoller als eine – übrigens recht seltene und mitunter in ihrer Echtheit schwer zu beweisende – Violine von Jacobus Stainer.

Unter den Violen beherrschen diejenigen bajuwarischer Provenienz das Feld; allein vier stammen von Jacob Rauch. Das gleiche gilt für die Violoncelli. Unter ihnen fällt freilich ein hochbedeutsames, nicht-

König Max Joseph-Stradivari-Violine, Cremona 1785, 1806–1826
im Besitz des Kgl. Hoftheaters in München (nach H. K. Goodkind) (Abb. 3)

süddeutsches Instrument von Domenico Montagnana in Venedig auf. Das Violoncello und sein Aufenthaltsort sprach sich in Geigerkreisen herum. Leo W. Freiherr von Lütgendorff, der erste Verfasser eines maßgeblichen deutschsprachigen Buches über Streichinstrumente, erwähnt dieses Violoncello zwar nicht in seiner 1. Auflage von 1904, aber in seiner 3. vom Jahr 1922 folgendermaßen: »Ein prachtvolles Violoncello von ihm [D. Montagnana] aus dem Jahr 1727 (von Engleder 1845 repariert und wahrscheinlich verkleinert, ohne im Ton Einbuße zu erleiden) besaß das ehemalige Hoforchester in München« (l.c. S. 341). Im Inventar von 1809 ist es als Nr. 6 der Violoncelli aufgeführt (Abb. 1). Es ist heute noch vorhanden und wird von einem Solocellisten gespielt.

Bei den Contrabässen überwiegen wiederum die bayerischen Meister (Jacob Rauch, Paul Alletsee, Sebastian Klotz, Andreas Jaiss). Es ist sicher berechtigt, wenn man die im süddeutschen Raum seit dem 17. Jahrhundert gebauten Bässe an Tonqualität den aus Italien stammenden weitgehend gleichstellt.

Dieser reichhaltige Bestand blieb in seiner Fülle nicht lange erhalten. Schon in den nächsten drei Jahren erfolgte, wie bereits gesagt wurde, mancher Austausch und mancher Verkauf, so daß schon etwa im Jahr 1812 der eigentliche Umfang der Sammlung nicht mehr deutlich zu erkennen ist. Einschneidend war ein Ereignis, das in die allerletzte Regierungszeit von Maximilian I. Joseph fällt: Das in den Jahren 1812 bis 1818 von dem jungen Architekten Karl von Fischer erbaute und 2600 Plätze umfassende Hof- und Nationaltheater brannte am 14. Januar 1823 »durch die Entzündung eines Gazevorhangs auf der Bühne« nach dem Opernfinale vollständig ab. Kasseneinnahme und Rechnungspapiere kann Hauptkassier Bomhard gerade noch aus seinem Amtszimmer retten, mit Gefahr seines Lebens bringt Kalkant (Orchesterwart) Anton Moralt sen. »vermittelst Einschlagens der Thüren die ganze Theatermusik-Bibliothek und die musikalischen Instrumente im Werte von vielen tausen Gulden« glücklich in Sicherheit (Nössen S. 132). Schon im Februar 1823 erhielt Leo von Klenze den Auftrag zum Wiederaufbau nach den Plänen des im Jahr 1820 verstorbenen Karl von Fischer, und am 2. Januar 1825 fand bereits die festliche Wiedereröffnung statt.

Eine genaue Nachprüfung vom 29. Januar 1823 stellte indessen doch folgende Verluste an Instrumenten fest:
    3 Violinen
    1 Viola
    1 Violoncello
    1 Kontrabaß

nebst vielen Bögen, Futteralen und Kästen. Wesentlich größere Verluste waren bei den Blasinstrumenten, vor allem beim Blech, zu beklagen.

Wahrscheinlich waren die tatsächlichen Verluste doch größer, als der vielleicht zu eifrig erstattete Rapport vermeldet. Oder aber die Bedürfnisse waren erneut sprunghaft angewachsen. Denn nach diesem Brand, im Verlauf des Jahres 1823, ordnete König Maximilian I. Joseph Neuanschaffungen in einem Umfang an, der durch die Verluste des Theaterbrandes überhaupt nicht erklärt werden kann. Es handelte sich insgesamt um mehrere Dutzend Streichinstrumente (die genaue Zahl geht aus den verbliebenen Akten leider nicht hervor). Sicher ist nur, daß die mit der Beschaffung beauftragten Münchner Geigenbauer und Instrumentenmacher, die auch Hoflieferanten waren, so viele Instrumente, als benötigt wurden, nicht auf Lager hatten. So mußten also die beiden Thumhardt (der eine war Hersteller von Streich-, der andere von Blasinstrumenten), Paul Alletsee und Andreas Engleder sich zusätzliche besorgen, die gar nicht aus ihrer Produktion stammten. Bei der Inventarisierung mag sich dann manche unzutreffende Etikettierung eingeschlichen haben; es wäre nur allzu verständlich, wenn bei der Vielzahl der angelieferten Instrumente gelegentlich einmal der Name des Lieferanten, der ja auch Instrumentenbauer war, mit dem durchaus

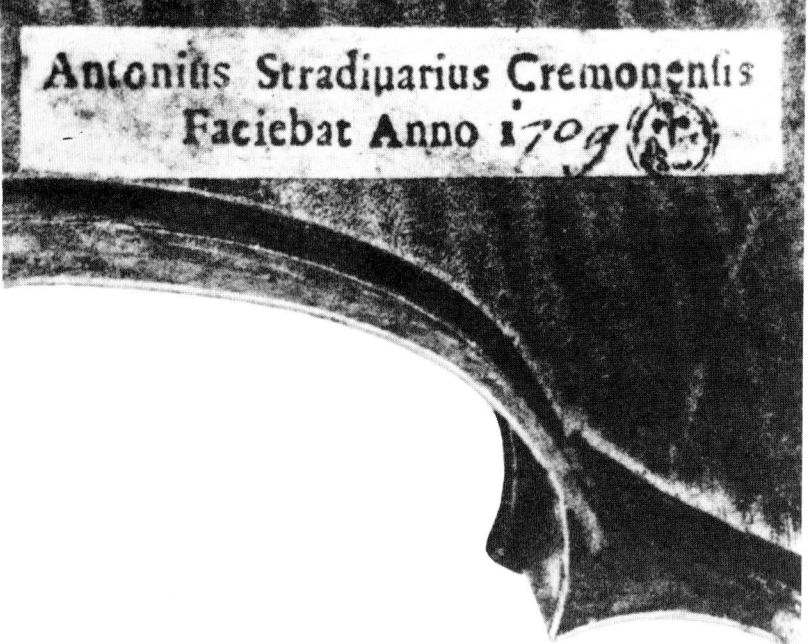

Antonius Stradiuarius Cremonensis
Faciebat Anno 1709

Antonio Stradivari, Violine »Tartini«, Cremona 1705, Reg. Nr. 56
der Bayerischen Staatsoper (Abb. 5)

König Maximilian Joseph-Stradivari-Violine, Cremona 1709,
1806–1826 in Besitz des Kgl. Hoftheaters München
Violine, Brandstempel MJ und Krone (?) im Bodenplättchen der Violine,
Originalzettel (nach H. K. Goodkind) (Abb. 4)

nicht immer identischen Hersteller verwechselt worden wäre. Für eine solche Vermutung gibt es immerhin einige, wenn auch nicht mehr beweisbare Anhaltspunkte.

Wie bereitwillig und reich die Mittel des Königs flossen, zeigt sich in folgendem Umstand: es wurden im Jahr 1823 nicht nur Instrumente in cumulo für das Hoftheater bestellt und angekauft, sondern teilweise auch auf den persönlichen Antrag eines einzelnen hin erworben. Ein dafür heute noch vorhandener Beweis ist der Contrabaß von Joseph Guarnerius, Filius Andreae (der zwar nicht, wie ihn ein späteres Verzeichnis führt, vom Jahr 1625 stammen kann, sondern etwa um 1700 gebaut wurde). Am 6. August 1823 beantragte der königliche Hofmusikus Philipp Moralt, diesen Contrabaß aus Privatbesitz für 40 Louis d'or (= 440 f [Gulden]) anzukaufen. Er erhielt – sehr prompt – die Genehmigung der Intendanz und einen Zuschuß aus der königlichen Kabinettskasse in Höhe von 200 f, so daß er das Instrument kaufen und am 20. August 1823 seiner Dienstbehörde bescheinigen konnte, die restlichen »zweyhundert und vierzig gulden« von der Kasse der Intendanz erhalten zu haben.

Dieser großartige, auf seine Weise unübertreffliche Baß ist rund 120 Jahre später, bei einer Taxierung aller im Bayerischen Staatstheater vorhandenen Streichinstrumente durch einen Wiener Geigenbauer, im Jahr 1941, sehr schlecht weggekommen. Da er inzwischen (zu Recht) seines unstimmigen Zettels beraubt worden war, wurde er in seiner wahren Provenienz gar nicht erkannt, nur als »alter italienischer Baß« geführt und wegen seiner »schlechten Erhaltung« auf nur 100 Mark geschätzt. Eine in den letzten Jahren erfolgte gründliche Revision und Reparatur durch Horst Grünert in Penzberg hat dem Instrument seinen vollen Klang und seine ganze Schönheit wiedergegeben (Abb. 2). Der heutige Wert dieses Contrabasses von Joseph Guarneri dürfte (trotz seiner Übergröße und der merklichen Altersspuren) bei rund einer Viertelmillion Deutscher Mark liegen. Damit scheint heute auch der damals geradezu horrend hohe Kaufpreis von 440 f (eine um das Jahr 1830 versteigerte Stradivari-Violine brachte nur 33 f ein) gerechtfertigt zu sein. Bewundernswert bleibt die großzügige Bereitschaft des Königs Maximilian I. Joseph, der für gute Streichinstrumente offenbar keine Ausgabe gescheut hat. Das soll im folgenden noch weiter bewiesen werden.

Die Stradivari-Violinen von König Maximilian I. Joseph

Die im Inventar von 1809 aufgeführten fünf Stradivari-Violinen (die möglicherweise nicht alle authentisch waren, von denen aber seit spätestens 1826 jede Spur fehlt) waren nicht die einzigen, die der hochsinnige Fürst erworben hat. Bereits im Jahr 1806 hatte er zwei Violinen von Antonio Stradivari, die sich im Verlauf ihres weiteren Schicksals als echt erweisen sollten, erworben und sie leihweise zwei Musikern seiner Privatkapelle zum Spielen gegeben. Beide Violinen sind im Inventar von 1809 nicht verzeichnet, gehörten indessen einstmals, wie ihre Brandstempel beweisen, zum Besitz der Hofkapelle. Im Inventar von 1809 finden sich folgende Stradivari-Violinen:

    von 1690 als Inventar-Nummer 51,
    von 1709 als Inventar-Nummer 5 (ausgeliehen),
    von 1730 als Inventar-Nummer 7,
    von 1740 als Inventar-Nummer 8.

Letztere konnte nur ein Instrument des Francesco oder Omobono Stradivari darstellen, denn der Vater Antonio war im Jahr 1737 gestorben.

Die beiden im Inventar von 1809 nicht aufgeführten Stradivari-Violinen, die König Maximilian Joseph im Jahr 1806 gekauft hat, stammen indessen aus den Jahren 1685 und 1709. Beide sind, auch wenn der König und das Hoftheater ihrer verlustig gingen, im einschlägigen Schrifttum bestens bekannt und befinden sich heute, nach vielen Umwegen, in amerikanischen Sammlungen (Abb. 3 und 4). Beide tragen sie den Namen »Maximilian Joseph« oder »König Max Joseph-Stradivarius«.

Schon als Kurfürst hatte Maximilian I. Joseph angeordnet, seine Erwerbungen und damit die im Besitz des Hoftheaters befindlichen Streichinstrumente mit dem Brandstempel seiner Initialen MJ, die ineinander verschlungen waren, zu versehen. Auf dem Bodenplättchen findet sich in der Frühzeit ein Brandstempel, der wohl eine Krone darstellen könnte (Abb. 5) und danach nicht wiederkehrt. Am Schluß seiner Amtszeit findet sich unter den Initialen MJ das bayerische Rautenwappen und die Nummer der Inventarisierung. Abb. 6 zeigt ein solches im Jahr 1823 gekennzeichnetes Instrument.

Von den im Jahr 1809 registrierten fünf Stradivari-Violinen hat sich in den Akten nach 1825 keine Spur erhalten. Dagegen gab es jüngere Neuerwerbungen von Stradivari-Instrumenten oder zumindestens von solchen, die sich mit seinem Zettel auswiesen.

Das gegenwärtige, auf 1965 zurückgehende Register weist folgende Instrumente unter dem Namen Antonio Stradivari aus: eine Violine von 1684 (Nr. 4), die nicht mehr vorhanden ist; die sogenannte Tartini-Stradivari 1705 (Nr. 56) und eine Viola mit Zettel von 1692 (Nr. 11), die indessen kein Instrument von Stradivari ist. Die einzige noch vorhandene und gespielte Stradivari-Violine vom Jahr 1705 ist nach dem berühmten Geigenvirtuosen und Komponisten Giuseppe Tartini (1692–1770) benannt, der sie lange gespielt und rund zweihundert Konzerte für die Violine geschrieben hat, von denen bislang ca. 125 aufgefunden wurden. Diese Violine ist eine neuere Erwerbung, sie wurde im Jahr 1941 für das Bayerische Staatstheater angekauft. Durch diese Erwerbung blieb sie im neueren Schrifttum unbekannt; sie findet sich weder bei Doring (1945), noch bei Henley (1961), noch bei Goodkind (1970). Sie stellt wohl das kostbarste Instrument des Bayerischen Staatstheaters dar (Abb. 6).

Bemerkenswert ist, daß die Stradivari-Violine vom Jahr 1709, die Maximilian I. Joseph im Jahr 1806 gekauft hatte und die – ohne Aktennachweis – im Jahr 1826 im Handel auftauchte, auch noch in den späteren Akten ihre Spuren hinterließ. Der Käufer des Jahres 1827, Bernhard Hausmann, der Großonkel des berühmten Violoncellisten Robert Hausmann vom Joachim-Quartett, meldete sich nämlich im April 1854 und berichtete ausführlich über seinen damaligen Kauf (bei Schott & Söhne in Mainz) und über das weitere Schicksal der inzwischen restaurierten Violine. Er fügte auch eine genaue Beschreibung in Art eines Gutachtens hinzu. Damit sind aber die Akten über die Maximilian Joseph-Stradivari 1709 noch nicht geschlossen.

73 Jahre später, am 6. September 1927, traf bei der Intendanz des Bayerischen Staatstheaters ein Brief des Regierungsdirektors Rath aus Minden ein. Darin teilte er mit, daß diese Stradivari 1709 ganze hundert Jahre im Familienbesitz der Hausmanns gewesen sei; den augenblicklichen Besitzer nannte er nicht, fügte aber noch einmal Aufzeichnungen Bernhard Hausmanns über die Violine sowie eine ausführliche Expertise bei und bot die Violine zum Verkauf an, nicht ohne um die Überlassung der früheren diesbezüglichen Akten im Besitz des Hoftheaters zu bitten.

Am 24. September 1927 wird ihm geantwortet, er möge den Preis nennen; da indessen hier bis 1844 Inventare und Aufzeichnungen fehlten, könnten über frühere Unterlagen keine Mitteilungen gemacht werden (die Akten von 1854 waren offenbar nicht mehr in Erinnerung). Rath zog es vor, kein weiteres Angebot zu machen. So wurde denn dieser Briefwechsel (und die Angelegenheit der Max Joseph-Stradivarius-Violine vom Jahr 1709) mit dem Vermerk abgeschlossen: »Bislang keine Antwort eingetroffen, vorläufig zum Akt« (29. November 1927).

Die Anschaffungen unter den Königen Ludwig I., Maximilian II. und Ludwig II. (1825–1886), Prinzregent Luitpold und König Ludwig III. (1886–1918)

Unter Maximilian Joseph waren sowohl die Stellungen und Gehälter der Hofmusiker verbessert als auch neue und gute Instrumente in großer Zahl zum bisherigen Bestand dazu erworben worden. Aber nicht

Giovanni Battista Guardagnini, Violine, Mailand 1754, Reg. Nr. 54
der Bayerischen Staatsoper (Abb. 6)

nur bei Neubeschaffungen zeigte sich der König entgegenkommend und großzügig, sondern auch Anträge auf Konzertreisen, Studienaufenthalte, Ausbildungshilfen usw. genehmigte er nahezu ausnahmslos in freigebigster Weise.

Unter seinen Nachfolgern begann ein kälterer Wind zu wehen. Bei Anträgen, die gar nicht um große Beträge gingen, wurde reduziert und beschnitten; der Enthusiasmus und das musikalische Engagement weichen dem bürokratischen Kalkül.

Am 9. April 1832 wurde eine neue Pedalharfe beantragt. Da man die Sparsamkeit der Verwaltung kannte, wagte man nicht, eine fabrikneue, die etwa 700 f kosten würde, zu beantragen, sondern drückte die Hoffnung aus, eine gebrauchte ausfindig zu machen und dann mit dem Betrag von 30 bis 32 Louis d'or (ca. 350 f) auszukommen. König Ludwig I. läßt das Gesuch mit dem Vermerk versehen, daß die anzuschaffende Harfe »höchstens dreyßig« Karolin (= Gulden) kosten dürfe, und versieht diese Anweisung mit seiner Unterschrift.

25 Jahre später ging es wieder um eine Harfe; dieses Mal dauerte der Antrag von 1858 bis 1862, ehe eine Genehmigung erteilt wurde.

König Ludwig II. dagegen zeigte sich immer großzügig, wenn Anschaffungen mit der Musik Richard Wagners zusammenhingen. So genehmigte er im Jahr 1877 anstandslos eine zweite Harfe, die vor allem für die Opern Wagners Verwendung finden sollte. Im Jahr 1883 stellte er für eine dritte Harfe ohne Zögern den Betrag von 2500 Mark zur Verfügung.

Im Jahr 1893 wurde eine weitere Harfe für notwendig befunden und beantragt (die von 1832 und wohl schon die nächste waren überholt und ersatzbedürftig). Richard Wagner und seine Musik hatten nun aber keinen großzügigen Gönner mehr: die Intendanz zögerte nicht, eigenmächtig für den unvermeidlichen Ankauf einer neuen Harfe ein wertvolles (wahrscheinlich viel wertvolleres) Instrument des Bestandes zu opfern. Eine diesbezügliche Aktennotiz lautet: »Am 22. Mai 1894 wurde eine neue Harfe von der Firma Erard in London angekauft, mit dem Erlös eines um 1300 Mk veräußerten Violoncells von H. Amati.« Dieses Violoncello von Hieronymus Amati ist in dem Inventarverzeichnis von 1809 noch nicht enthalten; es gehört also ebenfalls zu den vielen Neuerwerbungen von Maximilian I. Joseph in seinen letzten Regierungsjahren. In den Akten findet sich keine Notiz darüber, ob die Streicher bzw. der Orchesterwart über diesen unvorteilhaften Handel informiert waren; einverstanden können sie mit ihm ja kaum gewesen sein.

Verkäufe und Versteigerungen

Immer wieder sammelte sich also im Lauf der Zeit ein gewisser Überbestand an Instrumenten an; andere wurden nach langer Nutzung als nicht mehr zum Dienste tauglich oder gar als unbrauchbar befunden. Schon unter König Ludwig I. erfolgte die Order, nicht mehr verwendbare Instrumente öffentlich zu versteigern.

Der dabei zu erzielende Erlös war aber weit unter Wert, und somit war auf keine Einnahmen zu hoffen, die das sehr knapp bemessene Anschaffungsbudget des Königs aufgebessert hätten. Deshalb reichte der damalige Intendant von Spengel am 15. September 1845 beim König ein ausführliches Ersuchen ein, »Instrumente, die nicht mehr reparirt werden könnten und verbraucht seien, verkaufen zu dürfen«. Wobei nicht an einen »Spottpreis« oder an eine Versteigerung gedacht sei, sondern an Verkäufe, die durch Zeitungen öffentlich bekannt gemacht worden seien. Dabei sei vor allem an Liebhaber von Instrumenten gedacht.

Ludwig I. gab diesem Gesuch nicht statt und blieb bei der Auflage von Versteigerungen. Das ist weitgehend unverständlich, da schon Versteigerungen in den ersten Jahren nach seinem Amtsantritt völlig unergiebig waren; im Jahr 1832 hatte, wie bereits erwähnt, eine Stradivari-Violine nur 33 f erbracht.

Der Usus der Versteigerungen hielt sich ebenso hartnäckig wie der immer wieder eintretende Überbestand an Instrumenten. Warum – außer in ganz kargen Zeiten – immer mehr Instrumente zusammenkamen als benötigt wurden, ist schwer erklärbar. Aber diese Dinge haben, wie die letzten Jahrhunderte zeigen, ihre eigenen Gesetzmäßigkeiten.

Die vorletzte Schätzung und Versteigerung untauglicher Streichinstrumente erfolgte im Jahr 1941, die letzte – es handelte sich dabei nur um Violinen – im Frühjahr 1963.

Die Schlag- und Blasinstrumente

Viele der bei Streichinstrumenten auftretenden Schäden oder Abnutzungserscheinungen sind reparabel, so etwa erschöpfte Baßbalken, nicht passende oder verbrauchte Stege, Stimmstöcke usw. Die Alterung durch intensive Benutzung kann ein Streichinstrument im Lauf der Zeit sogar viel wertvoller machen, vorausgesetzt, daß alle für den Klang verantwortlichen Teile unverändert und zusammengehörig sind.

Was also bei einem Streichinstrument als Ausnahme zu gelten hat, darf bei Schlag- und Blasinstrumenten als eine unvermeidliche und häufig eintretende Regel angesehen werden. Im Gegensatz zu Streichinstrumenten werden sie durch das Altern nicht unbedingt kostbarer. Defekte sind wegen ihres komplizierten Bedienungsmechanismus weitaus häufiger. Aber auch unbeschädigt ist ihre Verwendungsdauer auf Grund der noch immer anhaltenden technischen Weiterentwicklung auf diesem Sektor erheblich begrenzter. Material, Form und Bauprinzipien der Streichinstrumente dürfen als definitiv festgelegt angesehen werden; sogenannte Erfindungen oder gar *Verbesserungen* erweisen sich meist als trügerisch. Bei den Blasinstrumenten ist einmal das Material erschöpfbar, Benutzung über Jahrhunderte hinweg ist undenkbar (*alte Blasinstrumente werden ja auch nachgebaut*); zum anderen ist vieles, was Material und technische Apparatur betrifft, noch im Fluß. Die Weiterentwicklung hat stürmisch im vorigen Jahrhundert eingesetzt. Seitdem sind entscheidende spieltechnische Verbesserungen erbracht worden, die eine nahezu unbeschränkte virtuose Geläufigkeit auf Blasinstrumenten ermöglichen. Deshalb sind regelmäßige und weitgehende Erneuerungen des Bestandes an Blasinstrumenten seit dem letzten Jahrhundert verständlich und angezeigt.

In diesem Zusammenhang soll indessen nicht so sehr auf diese Verjüngungen hingewiesen werden als darauf, daß einzelne epochemachende Neuerungen und Verbesserungen an Schlag- und Blasinstrumenten von Musikern des Münchner Hoftheaters *erfunden* wurden.

Allen voran geht der Paukist Gerhard Cremer II (1798–1829 im Dienst des Königlichen Hoftheaters). Er erfand bereits um 1815, jedenfalls vor Schneller in Wien, dem die Erfindung heute im allgemeinen zugeschrieben wird, eine Mechanik, die ein überaus schnelles Umstimmen der Pauke erlaubte. An dem Metallreifen der Pauke befestigte er acht Stimmschrauben, die – durch eine sehr ausgetiftelte Mechanik – gleichzeitig reagierten; das Prinzip war, daß sich an einer Schraube ausgeführte Windungen sofort auf alle acht in gleicher Stärke übertrugen.

Die Spieltechnik der Flöte wurde im Laufe des letzten Jahrhunderts besonders stark verändert, um nicht zu sagen revolutioniert. An dieser Entwicklung waren zwei Mitglieder des K. Hoftheaters, der zweite erheblich stärker als der erste, beteiligt.

Zuerst erfand der Flötist Johann Nepomuk Capeller (1801–1831 im Dienst) ein durch einen Silberring erhöhtes Mundloch, das vermittels einer Schraube nach oben oder unten versetzt, also verschoben werden konnte. Damit war es möglich, besser und genauer einzustimmen, wobei auch zu bedenken ist, daß vor allem Flöten, nach längerem Spiel warm geworden, sich leicht höher stimmen. Diese Erfindung hat sich nicht bewährt (es muß nicht das Mundloch versetzbar, sondern es kann auch ein Zwischenstück ausziehbar sein); indessen war die Erfindung des genialen Flötisten Theobald Böhm (heute meist Boehm geschrieben, 1818–1848 im Dienst) epochemachend. Boehm ersetzte die Kombination von meist ungenau geschnittenen Löchern und Klappen durch ein universelles Klappensystem, das nicht nur die Intonation, sondern auch die spieltechnischen Möglichkeiten der Flöte steigerte und nahezu ausschöpfte. Denn man darf wohl sagen, daß das spieltechnische System *Boehm* kaum mehr verbessert wurde; jetzt geht es mehr um die Legierungen zwischen Silber, Gold und anderen Metallen, die Umfang, Schärfe, Beschaffenheit des Flötentones betreffen. Vom bloßen Holz ist man – im allgemeinen – schon lange zu Metallen in verschiedener Legierung übergegangen; immerhin hat auch Capeller bereits ein silbernes Mundloch benutzt.

Aber nicht nur Abnutzung und neue technische Fortschritte konnten den Austausch von Blasinstrumenten nahelegen, sondern auch Veränderungen in den allgemeinen musikalischen Usancen im Orchester.

Am 19. Februar 1868 suchte der Hofmusikintendant Karl Freiherr von Perfall beim König darum an, »daß die durch die Einführung einer tieferen Orchesterstimmung bei der K. Hofkapelle unbrauchbar gewordenen Blasinstrumente nicht auf dem Wege der öffentlichen Versteigerung, sondern unter der Hand gegen annehmbare Gebote veräußert werden dürfen, da z.B. der K. Obersthofmeister-Stab für die Hofkirche in Fürstenfeldbruck, ferner die K. Pagerie mehrere Instrumente acquiriren möchten, und im Versteigerungsfalle voraussichtlich ein weniger günstiges Resultat erzielt würde«.

Ehe Versteigerungen anberaumt wurden, mußte sich erst einiges nicht mehr zum Gebrauch Taugliche im Depot ansammeln. Solche Lagerbestände sprachen sich schnell herum, und mancher arme Musikus hätte sich mit solch einem abgelegten Instrument zufriedengegeben. Freilich war die Hoffnung fehl am Platze, solche deponierten und aus dem Gebrauch gezogenen Instrumente würden verschenkt werden.

Einer solchen trügerischen Hoffnung erlag auch der Stadtmusiker (nicht Hofmusiker!) Wilhelm Seiling, als er am 22. August 1861 bei der Intendanz des Hoftheaters folgendes Gesuch einreichte: »Dem Vernehmen nach soll für den Kgl. Hofmusikus Strauß ein neues Waldhorn angeschafft, und dessen früheres Instrument als nunmehr zum Orchesterdienst unverwendbar ad Requisitorium genommen worden sein. In dieser Voraussetzung wage ich es, Einer Königlichen Hofintendanz die unterthänigste Bitte vorzulegen:

mir dieses bei dem Kgl. Hoforchester nicht mehr verwendbare Horn gnädigst zukommen zu lassen. Meine Verhältnisse sind nicht von der Art, daß ich mir ein neues Instrument anzuschaffen vermöchte /: und mein Horn gar nicht mehr zu gebrauchen ist:/ meine Musikverdienste reichen nur sperlich dahin, meine und meiner Familie Lebensbedingungen zu befriedigen, so wie ich früher auch durch eine langdauernde Krankheit in die dürftigste Lage versetzt und mir aller Verdienst hierdurch entzogen wurde.

Da nun dieses Horn zu meinen Musikdiensten noch hinlängliche Qualität besitzt, ja, sogar mir entsprechende Verwendung bieten würde, so getröste ich mich einer gütigen Berücksichtigung voranstehender Motive und verharre in schuldigster Ehrfurcht

Einer
K. Hofmusik Intendanz
unterthänigst
gehorsamster
Wilhelm Seiling
wohnt Müllerstraße N. 14/4«

Carlo Ferdinando Landolfi, Viola, Mailand 1757, Reg. Nr. 44
der Bayerischen Staatsoper (Abb. 7)

Das Gesuch wurde, was er eigentlich hätte wissen und voraussehen müssen, »ad acta« gelegt.

Der Waldhornist Franz Joseph Strauss war der Vater des späteren Komponisten Richard Strauss. Im Jahr 1847 war er ins Hoftheater eingetreten und blieb bis 1889 – ab 1871 Professor – Hofmusiker. Richard Strauss schrieb seinem Vater ein Hornkonzert (op. 8), das über dessen technische und musikalische Fähigkeiten hinreichend Aufschluß gibt.

Die Instrumentenangelegenheiten nach dem Ersten Weltkrieg

Wohl nie war die Not größer als nach dem Ersten Weltkrieg. Die Folgen der Niederlage, Hunger und Erschöpfung, Revolution und Inflation, der einige Jahre später die Weltwirtschaftskrise folgte, ließen keine kühnen Vorhaben aufkommen. Man bewahrte, so gut es ging, den Bestand. Die laufenden Mittel waren so knapp, daß auch günstige Angebote von privater Seite (die Not zwang viele Menschen zu ungewollten Verkäufen) ausgeschlagen werden mußten.

So bot Dr. Johann Graf Clary und Aldringen am 11. April 1927 eine Violine mit Zettel von Antonio Stradivari für 4000 Mark an, Gustav Grützmacher am 20. Dezember 1930 acht hochwertige italienische Violinen für 26 600 Mark. Auf beide Offerten konnte vor allem deshalb nicht eingegangen werden, weil im Jahr 1927 der Kauf einer sehr schönen Violine von G. B. Guadagnini, Mailand 1754 (Abb. 7), zu dem günstigen Preis von 12 000 RM gewagt worden war. Die Bezahlung (die Violine kam von dem Geigenbauer und Experten Gustav Graseck, der auch bestellter Reparateur des Staatstheaters war) mußte in Raten über zwei Jahre erfolgen, und zuletzt war die Restschuld nur durch die Überlassung einer Bankvollmacht zu tilgen.

Unseriöse Offerten

In solchen Zeiten, in denen es die ordentlichen Planer schwer haben, treten die Hasardeure auf den Plan. Ein heute völlig vergessener Geigenbauer (nicht einmal Karel Jalovec erwähnt ihn), L. Sölch aus Olching, bot im Herbst 1928 dem Bayerischen Staatstheater sein *Geigenveredelungsverfahren* an. Er gab vor, das angebliche Geheimnis des italienischen Lackes gefunden zu haben und imstande zu sein, schlechte oder unbefriedigend klingende alte Geigen durch seinen Lack zu hervorragenden Tonkörpern zu machen.

Dieses Angebot wurde dem 1. Konzertmeister Hugo Birkigt, der ein hervorragender Kenner von Streichinstrumenten war und selbst u. a. ein ganzes Quartett der Familie Amati besaß, zur Stellungnahme vorgelegt. Er formulierte am 22. September 1928 ein umfassendes und absolut sachverständiges Gutachten, aus dem die wichtigsten Passagen auch heute noch reizvoll zu lesen sind.

Sölchs Behauptung, daß man durch seinen wiederentdeckten *italienischen* Lack auch schlechte alte Geigen zu gut klingenden machen könne, kommentiert Hugo Birkigt: »Herr Sölch befindet sich da aber in einem sehr großen Irrtum und beweist nur, daß er vom Wesen einer Geige und ihrer ganzen Bauart nichts versteht. Er wird damit nur das Schicksal vieler anderer vor ihm teilen, deren marktschreierische Anpreisungen ihrer Erfindungen längst in nichts zerflossen. Nach meinen langjährigen Erfahrungen gibt es für den, der sich in den alten Meistern und insbesondere im Geigenhandel einigermaßen auskennt, überhaupt kein Geheimnis. Jeder Kenner weiß, daß für die Güte einer Geige alle Faktoren zusammen übereinstimmen müssen. Diese sind: das Modell, Stärke von Boden und Decke, das Holz, der Lack, das Alter und last not least, die Persönlichkeit des Meisters. Der wichtigste aber all' dieser Faktoren ist das Holz. Darin liegt der große Vorzug der alten Italiener allen anderen Nationen, den Deutschen, Franzosen, Holländern usw. gegenüber, daß sie das beste und feinste Holz hatten und z. T. auch heute noch haben.«

Birkigt zitiert dann einiges aus der Schrift »Über Geigenbau« des großen Kenners und Geigenhändlers August Herrmann, der erst in Berlin, dann in den zwanziger Jahren in Mannheim sein Geschäft hatte. Birkigt hat von ihm seine Amati-Instrumente erworben, und beide schätzten einander hinsichtlich ihrer Kenntnisse und Erfahrungen in gleicher Weise.

Birkigt beendet sein Gutachten folgendermaßen: »Es hat somit gar keinen Wert, daß Herr Sölch bei ausrangierten Instrumenten unseres Staatstheaterorchesters Versuche mit seinem Lack macht. Aus einer zu dünn im Holz gebauten, oder einer durch schlechte oder falsche Behandlung zu dünn gewordenen, sog. ausgeschachtelten Geige, die klingt, als sei sie aus Pappendeckel verfertigt, kann er durch seinen Lack nie und nimmer eine erstklassige Tongeige machen. Ebensowenig aus einer, die in den Maßen nicht stimmt oder zu klein ist. Eine alte Erfahrung ist außerdem noch die, daß eine neue Geige, ehe sie lackiert wird, schon schön klingen und leicht ansprechen muß. Tut sie das nicht, dann hilft weder ein jahrelanges Spielen noch die Lackierung etwas. Der Lack ist lediglich ein Verschönerungsfaktor und für das Holz und die Geige ein Konservierungsmittel.«

Die angebotenen Veredelungsversuche des Herrn Sölch unterblieben also.

Unerfüllte Wünsche

Die angespannten und in der Planung bis 1930 vollständig erschöpften Mittel der letzten zwanziger Jahre bekamen auch gewichtige und hochangesehene Orchestermitglieder zu spüren. Der Kammervirtuose und Professor Ludwig Jaeger, Solobassist und ebenso berühmt als Solist wie als Lehrer (u. a. ist Georg Hörtnagel sein Schüler), beantragte am 30. März 1928 einen 5saitigen Kontrabaß. Das Gesuch lautete: »Die Ausdehnung des modernen Opern-Repertoire hat einen Mangel an 5-saitigen Kontrabässen gezeigt. Um für die Zukunft den gestellten Anforderungen Genüge zu leisten, ist die Anschaffung eines weiteren Kontrabasses unumgänglich notwendig. Ich stelle deshalb an die hochverehrliche Generaldirektion den Antrag, die Anschaffung eines 5-saitigen Kontrabasses günstig veranlassen zu wollen.«

Daraufhin wurde der Bestand geprüft und mit den Usancen verglichen. Es wurde festgestellt, daß drei fünfsaitige Kontrabässe vorhanden und üblich seien. Ferner wurde eruiert, daß ein weiterer alter Baß sich zum Umbau zu einem Fünfsaiter eignen würde, aber der Spieler das Instrument nicht freigebe; außerdem müßte, falls dieser Umbau durchgeführt würde, ein weiterer Spieler auf den 5saitigen Kontrabaß umlernen (Akt vom 27. April 1928).

In diesem Status ruhte die Angelegenheit einige Zeit; dann kam, wie es bei Verwaltungsdingen zu gehen pflegt, am 13. September 1930 eine Erinnerung von seiten der Generaldirektion; sie wurde dann von der Materialverwaltung nahezu umgehend (nämlich am 15. 9. 1930) lakonisch beantwortet: »Es wurde von Herrn Jaeger kein weiterer Antrag gestellt und geht es jetzt auch ohne neuen Baß.«

Die Aufwärtsentwicklung der letzten vierzig Jahre

Erfreulicherweise besserten sich noch während des Zweiten Weltkrieges die lange trostlos gewesenen finanziellen Verhältnisse. Für das Jahr 1941/42 bewilligte Sondermittel in Höhe von 150 000 RM benutzten Clemens Krauss und sein bewährter Ratgeber Hugo Birkigt, um aus diesem Betrag ein heute kaum mehr vorstellbares Volumen an guten und kostbaren Instrumenten herauszuholen. Gekauft wurde nach

Vincenzo Postiglione, Violoncello, Neapel 1867 (1887), Reg. Nr. 14
der Bayerischen Staatsoper (Abb. 8)

sorgfältiger Planung und Erkundigung. Der Briefwechsel, der zu diesem Behufe zwischen Herbst 1941 und Frühjahr 1942 von der Intendanz geführt wurde, umfaßt rund 50 Schreiben; sie sind – außer an Behörden – an Geigenexperten in München, Stuttgart, Berlin, Breslau und an viele Sammler und private Verkäufer vielerorts gerichtet. Das stattliche Ergebnis bestand im Ankauf von neuen Violinen namhafter Meister zu folgenden Preisen:

Antonio-Stradivari-Violine, 1705 (sog. Tartini-Strad)	60 000 M (Abb. 6)
Goffredo-Cappa-Violine, Saluzzo 1709	9 000
Nicolas-Lupot-Violine, Paris 1789	8 000
Violine der Cappa-Schule (nicht im Register 1965)	7 500
Violine von Nicola Gagliano, Neapel (o.J.)	7 000
Violine von Carlo (Ant.) Tononi, Venedig 1738	7 000
Violine von David Tecchler, Rom 1704	6 200
Violine von Carlo Giuseppe Testore, Mailand 1723	6 000
Violine von Ferdinando Alberti, Rom 1846	4 300
Violine von Ferdinando Leoni, Parma (nach 1800)	4 000
Violine von J. B. Vuillaume, Paris (o.J.)	4 000
Violine von Camillus Camilli, Mantua (o.J., 1704–1854)	7 000

Dazu kamen 3 Violen folgender Meister zu folgenden Preisen:

Viola von Enrico Ceruti, Cremona (o.J., 1808–1884)	4 900 M
Viola von Leopold Widhalm, Nürnberg (o.J., 1722–1772)	2 500
Viola von François Gaviniès, Paris (o.J.)	1 500

und zwei Violoncelli folgender Meister zu folgenden Ankaufspreisen:

Violoncello von Carlo Antonio Testore, Mailand (o.J., ca. 1720–1750)	12 000
Violoncello von David Tecchler, Rom (ca. 1710–1720)	8 000

Der heutige Wert dieser überaus günstig gekauften Instrumente beträgt ein Vielfaches. Nösselt schätzte (1980) das Zehnfache, heute dürfte das Zwanzigfache – mindestens in einigen Fällen – noch zu niedrig gegriffen sein. Um ein exemplarisches Beispiel anzuführen, sei auf die Ende 1984 erzielten Preise für Violinen von Antonio Stradivari verwiesen. Im Dezember 1984 wurde im Auktionshaus von Sotheby in New York die ehemalige Stradivari-Violine (1690) des als Pädagogen noch berühmteren Virtuosen Leopold Auer (unter vielen andren zählt Jascha Heifetz zu seinen Schülern) trotz ihres beschädigten, ja reduzierten Zustandes für über DM 900 000, die wohlerhaltene Stradivari-Violine *La Cathédrale* vom Jahr 1707 bei Sotheby in London für rund DM 1 400 000 versteigert. Das ist der höchste Preis, der bislang für ein Stradivari-Instrument bezahlt wurde. Vor kurzem wurde die Jules-Frank-Stradivari-Violine (1723) bei Sotheby London für DM 1 050 000, den bisher zweithöchsten Preis für ein Streichinstrument, versteigert. Die Tendenz des Handels geht z.Z. also nach Instrumenten der Spitzenklasse, wobei – und das scheint neu zu sein – auch ein reduzierter Erhaltungszustand noch Höchstpreise erzielt.

Die jüngsten Erwerbungen

Die Bestände werden laufend ergänzt. Im Jahr 1976 gelang es, das Konzertinstrument des verstorbenen Solobratschers Ludwig Ackermann aus dessen Nachlaß zu kaufen: eine sehr schöne, wenn auch im Corpus nicht allzu große Viola von Carlo Ferdinando Landolfi, Mailand 1737 (Abb. 8). Zu den letzten Errungenschaften zählen zwei italienische Violoncelli: ein sehr frühes von Giovanni Grancino in Mailand (ca. 1690–1700) und ein jüngeres des Neapolitaners Vincenzo Postiglione, mit Zettel 1869 oder 1889 (Abb. 9); die dritte Zahl ist nicht genau zu lesen. Gerade die italienischen Streichinstrumente des

Horst Grünert, fünfsaitiger Kontrabaß, Penzberg 1980, Reg. Nr. 23 der Bayerischen Staatsoper (Abb. 9)

19. Jahrhunderts gehören zum wesentlichen Bestand des Inventars; sie verkörpern noch beste italienische Tradition mit gesunden und tragfähigen Klangkörpern.

Ebenso ist auf die wichtige Rolle alter Streichinstrumente norddeutscher, bayerischer und österreichischer Provenienz hinzuweisen. Sie sind für das Timbre eines namhaften Orchesters unentbehrlich, sowohl in den hohen als vielleicht noch mehr in den tiefen Stimmlagen. Was die italienischen Instrumente an Glanz, Klarheit und Leuchtkraft besitzen, ergänzen die deutschen durch eine mehr dunkle, aber warme Patina.

Die Münchner Geigenbaumeister des vorigen Jahrhunderts, die zugleich Hoflieferanten waren, haben für einen großen Bestand an Instrumenten dieser vorwiegend süddeutschen Provenienz gesorgt. Es gibt Violinen, Violen und Violoncelli von Paul Alletsee, Gabriel Buchstetter, Andreas Engleder, Matthias Kolditz, Franz Ramftler, Johann, Johann Georg, Johann Stephan und anderer Mitglieder der Familie Thumhardt in München, aber auch solche von August Ritschers in Berlin, Leopold Widhalm in Nürnberg, Zacharias Fischer in Würzburg, Josef Hamberger und Franz Geisenhof in Wien, der Dynastien Klotz und Wörle in Mittenwald und noch vieler anderer.

Besonders das Kontrabaß-Register ist hervorragend gut mit Instrumenten süddeutscher Provenienz bestückt. Es finden sich Bässe von Paul Alletsee, Andreas Engleder, aber auch drei neue Fünfsaiter von Horst Grünert in Penzberg. Seine Instrumente sind nach Modellen von Gaspar da Salò, Giovanni Paolo Maggini, John Lott oder nach eigenem Modell mit breitem Unter- und wesentlich schmalerem Oberteil gebaut (Abb. 10).

Unter den zeitgenössischen Violen ragen diejenigen von Joseph Kantuscher in Mittenwald (geb. 1923) heraus. Im Münchner Staatstheater werden von ihm 4 Violen, eine Violine und ein Violoncello gespielt.

So zeigt sich in der Mischung von alten und neuen, italienischen und nicht-italienischen Instrumenten eine schöne Ausgewogenheit im Register der Streicher. Sie konnte hier freilich nur an Hand einiger maßgeblicher Beispiele, nicht aber im Hinblick auf den vollständigen Bestand aufgezeigt werden. Bemerkenswert ist schließlich, daß kaum Instrumente aus eigenem Besitz von den Streichern gespielt werden: Hinweis genug, daß sie mit ihren *Dienst*-Instrumenten höchst zufrieden sind.

Literatur (Auswahl)

Doring, Ernest N.: How many Strads? Our heritage from the master. William Lewis & Son, Chicago (Ill.) 1945

Goodkind, Herbert K.: Violin Iconography of Antonio Stradivari. Published by the author. Larchmont, New York 1972

Greither, Aloys: Italienische Streichinstrumente. Die klassischen Geigenbauschulen: Brescia – Absam – Cremona. Leverkusen 1973–1975

Hamma, Fridolin: Meisterwerke italienischer Geigenbaukunst. Ihre Beschreibung und bisher erzielte Preise. Hamma & Co Stuttgart (1930)

Hamma, Walter: Meister italienischer Geigenbaukunst. Schuler Verlagsgesellschaft mbH, Stuttgart 1964

Hill, Henry W., Arthur F. Hill, and Alfred E. Hill: Antonio Stradivari, his life and work (1644–1737). Dover Publ. Inc. New York 1965 (Neudruck der Erstauflage 1902)

Jalovec, Karel: Italienische Geigenbauer, Artia-Verlag, Prag 1957

Enzyklopädie des Geigenbaus. Artia Praha 1965. Verlag Werner Dausien, Hanau (Main)

Lütgendorff, Willibald Leo Frh. v.: Die Geigen- und Lautenmacher vom Mittelalter bis zur Gegenwart. Verlag von Heinrich Keller, Frankfurt a. M. 1904. 3. Auflage Frankfurt 1922

Nösselt, Hans-Joachim: Ein ältest Orchester 1530–1980. 450 Jahre Bayerisches Hof- und Staatstheater, München, F. Bruckmann 1980

Kaiserpalast von Peking

Mathilde Berghofer-Weichner

Erfahrungen mit China aus westeuropäischer Sicht
Mit der Bayerischen Staatsoper im Reich der Mitte

Der große Erfolg, den das Gastspiel der Bayerischen Staatsoper in der Volksrepublik China hatte, gibt Anlaß, sich eingehender mit einigen grundlegenden Problemen und Ereignissen in diesem riesigen, seit der Öffnung des *Bambusvorhangs* für die Entwicklung der Weltpolitik immer wichtiger werdenden Land zu befassen.

Jeder an dem Gastspiel teilnehmende Mitarbeiter der Oper war beeindruckt von der persönlichen Freundlichkeit und Hilfsbereitschaft, mit der uns die chinesischen Gastgeber von den führenden Persönlichkeiten der *Aufführungsgesellschaft* bis zum Bühnenarbeiter und Hotelpersonal – das zu für Chinesen höchst ungewohnten Zeiten Mahlzeiten produzierte – entgegenkamen. Wohl jeder mußte auch viele Vorstellungen über China, die er sich zur Zeit der Kulturrevolution gebildet hatte, als überholt revidieren.

Das große Interesse für europäische Musik, die Tatsache, daß die Übertragung einer Aufführung im Fernsehen durch eine einstündige Sendung über die europäische Oper Wochen vorher schon beim Publikum vorbereitet worden war, der Andrang auf die Karten und die bei einem chinesischen Publikum, wie man uns sagte, ungewöhnliche Ruhe während der Aufführungen, aber auch die einfachen Verhältnisse, in denen im dortigen Theater gearbeitet wird, waren überraschend und regen ebenso zum Nachdenken an wie die Begegnung mit Zeugnissen einer jahrtausendealten Kultur, die neuerdings wieder gepflegt und mit Stolz gezeigt werden.

Noch heute leben achtzig Prozent der 1,1 Milliarden Chinesen in und von der Landwirtschaft. Das Land befand sich früher zum größten Teil in den Händen von Großgrundbesitzern. Diese verpachteten es in kleinen Parzellen und erhielten dafür einen Teil des Ertrages, oft die Hälfte und mehr. Die Bauern erreichten selten mehr als den dürftigsten Lebensunterhalt, und wenn die Ernte schlecht war, nicht einmal diesen. Regelmäßige blutige Bauernaufstände waren geradezu Kennzeichen der Geschichte Chinas.

Mao erkannte, daß in China das Revolutionspotential nicht bei den Industriearbeitern lag – es gab deren nicht viele –, sondern bei den recht- und besitzlosen Bauern. Seine Revolution wurde von den Bauern getragen. Dafür befreite sie Mao von den Großgrundbesitzern und übergab ihnen zunächst ihr Pachtland als Eigentum. Nach einer kurzen Übergangszeit erfolgte die Zusammenlegung des Grundbesitzes zu *Volkskommunen* mit je 30 000 bis 50 000 Menschen in zehn bis zwölf Dörfern. Diese waren eine Art von Genossenschaften mit gemeinsamer Bewirtschaftung des Bodens. Die Kollektivierung lähmte den Fleiß und die Initiative des zum Lohnarbeiter gewordenen Bauern. Die Erträge gingen zurück, China war zum Einfuhrland für Lebensmittel geworden. Darum hat die gegenwärtige Führung mit ihrer Reformpolitik wieder bei den Bauern angesetzt. Sie hat das Land den Bauern als *Verantwortungsland* zurückgegeben. Jede Familie trägt wieder selbst die Verantwortung für ihren Anteil. Sie muß von dem Ertrag Steuern bezahlen und darf den Rest als privates Einkommen behalten. Durch diese Reprivatisierung sind die Erträge der Landwirtschaft in wenigen Jahren so gestiegen, daß China 1984 erstmals in seiner Geschichte Getreide in größeren Mengen ausführen kann. Lebensstandard und Einkommen der Bauern sind sprunghaft angestiegen. Tausende von neuen Häusern oder zumindest die zur Aufstockung schon bereitliegenden Ziegelsteinstapel sind überall zu sehen. Farbfernseher, Mofas, Kühlschränke findet man vor allem in Bauernhäusern. Dörfer, deren Bewohner früher Analphabeten waren, fordern heute die Errichtung von Mittel- und Oberschulen auf dem Dorfe. Auf privaten, freien Märkten verkaufen die Bauern selbst ihre Produkte und erzielen durch gefällige Aufmachung höhere Preise als die Staatsläden. Selbst Blumenstöcke und Käfigvögel – bisher streng geächteter *Luxus* – sind zur offensichtlichen Freude der Menschen wieder erlaubt und zu kaufen. In kürzester Zeit sind neue private Formen der Vermarktung entstanden. Der weltberühmte chinesische Geschäftssinn kann sich wieder voll entfalten. Die Führung hat die Parole ausgegeben: »Werdet reich, laßt es euch besser gehen, zieht euch besser an, genießt das Leben!« Dies lassen sich die Bauern nicht zweimal sagen. Für sie hat ein neues Zeitalter begonnen. Erstmals in der chinesischen Geschichte stehen sie an der Spitze der Gesellschaft beim Marsch in eine bessere Zukunft.

»Laßt hundert Blumen blühen!«, so lautete eine ebenso kurzlebige wie verführerische Parole Mao Tsetungs. An dieses Wort möchte man denken, wenn man am Morgen und am Abend das Heer der graugekleideten Radfahrer durch die Städte Chinas ziehen sieht und wenn aus dieser Masse immer mehr bunte Sommerkleider oder in der kälteren Jahreszeit wenigstens farbenfrohe Jacken chinesischer Mädchen hervorleuchten. Vor den Friseurgeschäften stehen sie in großen Trauben und begutachten das Neueste aus Hollywood.

Für die jungen Frauen im Reich der Mitte hat sich viel geändert in den letzten Jahren. Wie vieles, das läßt sich gut ablesen an der Liste der Güter, die zur Aussteuer einer Braut gehören. 1978 sah diese Liste so aus: Fahrrad, Thermosflasche, Wecker, Kugelschreiber, Ventilator. 1985 erwartet die Familie des Bräutigams, daß die junge Frau folgende Güter ins Haus bringt: Fotoapparat, Radio, Nähmaschine, Armbanduhr, Kühlschrank, Fernsehapparat. Dabei kosten diese Geräte in China nicht viel weniger als in Deutschland. Mehr als statistische Wirtschaftsanalysen zeigt ein Vergleich dieser beiden Listen den Anstieg des Lebensstandards in seiner ganzen Breite.

Das Los der Frauen im vorrevolutionären China war rund 3000 Jahre lang erniedrigend und unwürdig. Schon bei der Geburt wurden viele Mädchen getötet, weil die Eltern sich nur Söhne wünschten. Mädchen wurden als wirtschaftlicher Schaden für die Familie angesehen. Sie brachten nur für die Familie des zukünftigen Ehemannes mit einer stattlichen Mitgift und mit ihrer Arbeitskraft eine Mehrung des Besitzes. Für die Familie der Eltern bedeutete die Geburt eines Mädchens die Aufnahme von Schulden für eine standesgemäße Mitgift und eine festliche Hochzeit, an denen die Eltern ihr Leben lang zu tragen hatten. Die Ehen wurden zwischen den Familienoberhäuptern des Bräutigams und der Braut mit Hilfe eines Heiratsvermittlers ausgehandelt und vereinbart. Die Betroffenen, Braut und Bräutigam, wurden nicht gefragt. Der junge Mann sah seine Frau zum ersten Mal nach der Hochzeit. Die Ehe war eine wirtschaftliche und gesellschaftliche Einrichtung, mit Liebe wurde sie nicht in Zusammenhang gebracht. Das junge Paar trat in die Gemeinschaft der Großfamilie des Mannes ein, in dieser führte die Hauptfrau des Familienoberhaupts das Regiment, unter dem die junge Schwiegertochter oft ein wahres Martyrium zu erdulden hatte, bis sie selbst in die Rolle der Schwiegermutter aufstieg und es ihrer Schwiegertochter dann genauso machte. Gefiel eine Frau ihrem Manne nicht oder nicht mehr, dann konnte er eine oder mehrere Nebenfrauen ins Haus nehmen. Deren Kinder galten vor dem Gesetz als Kinder der Hausfrau. Auf dem Lande ersetzte die Frau oft das Zugtier vor dem Pflug und Sklaven in Haus und Feld. Daneben hatte sie vielen Söhnen das Leben zu schenken, nur danach bemaß sich ihr Ansehen und ihr Einfluß. Die Revolution hat der Sklaverei der chinesischen Frau ein Ende bereitet, wenigstens dem Grundsatz nach. Dabei ist zu bedenken, daß in einem so riesigen Lande die Beseitigung uralter Vorurteile einen langen Zeitraum und viele Übergänge beansprucht. Die Verfassung der Volksrepublik legt die Gleichberechtigung von Mann und Frau auf allen Gebieten des »wirtschaftlichen, kulturellen, sozialen und familiären Lebens« ausdrücklich fest. Als neuester Schritt ist den chinesischen Frauen im Zusammenhang mit der generellen Einführung eines Erbrechts erstmals in der chinesischen Geschichte ein eigener Erbanspruch eingeräumt worden.

Staatsoperndirektor Wolfgang Sawallisch im Gespräch mit Zhu-Muzhi,
Kulturminister der Volksrepublik China

Die Verfassung bestimmt auch, daß die Heirat für Männer und Frauen eine Angelegenheit ihres eigenen freien Willens sein soll. Heute stehen junge Männer und Frauen gemeinsam am Arbeitsplatz. Sie lernen sich kennen ohne Beteiligung der Eltern. Der Heiratsvermittler ist wenigstens in den Städten ein aussterbender Beruf. Allerdings wird kaum eine Ehe ohne die Einwilligung der Eltern, vor allem der künftigen Schwiegermutter, geschlossen. Sie bleibt nach wie vor die Herrin der gemeinsamen Wohnung (4,5 Quadratmeter Wohnfläche pro Person stehen den Chinesen derzeit zu). Sie verwaltet die Haushaltskasse, verteilt das Taschengeld und entscheidet über größere Anschaffungen. Aber heute ist die Türe des früheren Familiengefängnisses geöffnet. Wenn das Zusammenleben mit der Schwiegermutter unerträglich ist, dann besteht die rechtliche und wirtschaftliche Möglichkeit, aus dem gemeinsamen Haushalt auszuscheiden und eine eigene *Kernfamilie* zu gründen. Die Kernfamilie besteht nur aus den Eltern und ihren minderjährigen Kindern. Viele Haushalte in den Städten sind heute nur Kernfamilien. Die *erweiterte Familie* umfaßt die Großeltern des Mannes, die eigene Frau und die Kinder und dazu noch verwitwete oder unverheiratete Onkel und Tanten. Diese frühere Normalfamilie ist in den Städten auf etwa 20 Prozent zurückgegangen. Die echte altchinesische *Großfamilie* umfaßte die Familien der Großvätergeneration, die Familien aller erwachsenen Söhne und deren Kinder, dazu noch alle alleinstehenden Verwandten des Familienoberhaupts. In den weitläufigen Höfen eines chinesischen Hauses wohnten oft mehr als hundert Personen in Familiengemeinschaft zusammen. Daß es hier auch viel Streit und Zank, Herrschaft und Unterdrückung gab, ist selbstverständlich; allerdings auch viel Gemeinschaft, gegenseitige Hilfe, Geselligkeit, Freundschaft und Nestwärme.

Diese chinesische Großfamilie ist heute so gut wie ausgestorben durch den Verlust der Vermögen, der Häuser, durch die wirtschaftliche Unabhängigkeit der einzelnen Familienmitglieder. Die Familie als gesellschaftliche Grundeinrichtung hat durch diese Veränderungen an Stärke nicht verloren, sondern eher gewonnen. Nach erfolglosen Versuchen, sie durch andere Gemeinschaftsformen des marxistischen Staates zu ersetzen, mußte Mao seinen Mißerfolg eingestehen, und die heutige Führung stellt lapidar fest: »Die Familie ist die Basiseinheit der chinesischen Gesellschaft.« Diese Feststellung ist nicht ein bloßes politisches Bekenntnis, sondern eine Tatsache. Die chinesische Familie ist das starke Rückgrat der Gesellschaft. Dies zeigt auch die Tatsache, daß die Volksrepublik von allen Ländern der Erde die niedrigste Ehescheidungsrate hat. In stadtfernen und dünn besiedelten Regionen herrscht allerdings noch weithin das überkommene Patriarchat, während die Großstädte wie Shanghai, Peking, Kanton usw. durch die gesellschaftliche und wirtschaftliche Gleichstellung der Frau ein Familienkonzept westlicher Prägung bevorzugen. Beeindruckend bleiben dabei der Respekt, die Ehrfurcht, mit denen überall mit alten Menschen umgegangen und von der Familie für sie gesorgt wird.

Nahezu vollkommen realisiert ist die Gleichberechtigung der Frau – wenigstens äußerlich – im öffentlichen, gesellschaftlichen und wirtschaftlichen Leben. So steht an der Spitze des wichtigen Ministeriums für Außenwirtschaft und Außenhandel eine Frau. Nicht nur die Frau von Mao Tse-tung hat eine große und unheilvolle politische Rolle gespielt. Zu den einflußreichsten Damen der politischen Führung gehört die Witwe des früheren Ministerpräsidenten Tschu En-lai. Im Zentralkomitee der Partei besteht zwar noch lange kein Proporz, aber die Zahl der Frauen nimmt mit jeder Neuwahl seiner Mitglieder zu.

Frauen spielen eine gleichberechtigte, teilweise sogar dominierende Rolle im Gesundheitswesen, aber auch die Polizistin bei der Paßkontrolle und im Straßenverkehr gehört zu den alltäglichen und selbstverständlichen Erscheinungen. In den Ministerien gibt es tüchtige, ebenso wie ihre männlichen Kollegen durch Studienaufenthalte im Ausland auf ihre Tätigkeit vorbereitete Beamtinnen.

Allerdings hat sich die Gleichberechtigung auch und besonders auf die schwere und schwerste körperliche Arbeit erstreckt. Frauen in Stahlwerken und Gießereien, Frauen in Steinbrüchen und beim Straßenbau, Frauen als Traktorführerinnen und bei der Müllabfuhr; überall wo es schmutzig, schwer und heiß hergeht, steht die chinesische Frau. Im letzten Jahr erschienen in der Parteizeitung wiederholt Artikel gegen diese körperliche Überlastung der Frau am Arbeitsplatz. »Frauen sollen von schweren körperlichen Arbeiten befreit werden«, hieß eine Überschrift. Gleichberechtigung, Gleichbehandlung besteht ja nicht darin, die körperlichen Unterschiede zu ignorieren. Manche Arbeiten werden besser, schneller, präziser von Frauen geleistet, andere, vor allem schwere körperliche Arbeiten, besser von Männern. Es spricht für die Besonnenheit und Klugheit der politischen Führung, daß sie nach dem revolutionären Pendelausschlag der Frauenbefreiung nunmehr Extreme bereinigt und Auswüchse beschneidet. Die chinesische Frau hat mit den Binden, mit denen ihre Füße früher verkrüppelt wurden, gleichzeitig die Fesseln der jahrtausendealten Sklaverei abgelegt. Allerdings können wir nicht die Augen davor verschließen, daß die schematische Handhabung der staatlich verordneten Geburtenkontrolle für viele Frauen eine neue und tiefe Verletzung ihrer Würde mit sich bringt. Der rigorose Versuch, das Ein-Kind-System durchzusetzen, fördert zudem wieder den traditionellen Wunsch nach einem Sohn als Stammhalter zu Lasten der Mädchen.

Das Gegenstück zu den beiden gesellschaftlichen Gruppen, den Frauen und den Bauern, denen die Revolution in der jetzigen Phase eine gewaltige Verbesserung ihrer Lage gebracht hat, sind die Angehörigen der geistigen Berufe, die Intellektuellen. Symbolfiguren des Kaiserreichs waren die Mandarine. Von jedem Ausgangspunkt der Gesellschaft her war es möglich, durch die Teilnahme an den staatlichen Prüfungen zum Mandarin aufzusteigen. In verschiedenen Stufen und Schwierigkeitsgraden wurden die Besten des Reiches ermittelt. Mit ihrem Zeugnis war die Garantie für eine leitende Stellung im Staat verbunden. Zwischen diesen Mandarinen und dem arbeitenden Volk bestand eine tiefe soziale Kluft. Die Verachtung

Toast auf ein erfolgreiches Gastspiel der Bayerischen Staatsoper in der Volksrepublik China: im Bild Wolfgang Sawallisch, der chinesische Kulturminister Zhu-Muzhi und sein Erster Stellvertreter Zhou-Weizhi

der Handarbeit war geradezu ein Kennzeichen der chinesischen Beamtenhierarchie. Daher sah die von den Bauern getragene Revolution Maos in ihnen die Hauptfeinde und die Repräsentanten des bekämpften Systems. Dementsprechend schlecht war das Los der Intellektuellen nach dem Sieg der Revolution. Aber auch die neuen Machthaber mußten mit der Zeit erkennen, daß sich ein moderner Staat ohne leistungsfähige Beamtenschaft nicht führen läßt.

Allmählich entstand eine neue Kaste von Mandarinen, die sich von der alten nur durch die Farbe, die Titel und ihren Wortschatz unterschieden, nicht aber durch die Verachtung der Handarbeit und durch ihr elitäres Standesbewußtsein. Dagegen richtete sich die Kulturrevolution (1966–1976). Professoren mußten aufs Land zum Reispflanzen oder in den *Kuhstall*, ein besonders erniedrigendes Gefängnis. Viele wurden erschlagen oder zum Selbstmord getrieben. Schriftsteller wurden gezwungen, Loblieder auf alles zu singen, was sie verachten. Die Bezahlung der geistigen Berufe lag unter der eines ungelernten Hilfsarbeiters. Schließlich wurden die Intellektuellen in der gesellschaftlichen Rangordnung ganz offiziell als die »stinkende Nummer neun« eingereiht, hinter die Kapitalisten, Ausbeuter und Landesverräter. Erst allmählich setzte sich nach dem Ende der Kulturrevolution die Erkenntnis durch, daß die *Modernisierung* des Landes ohne leistungsfähige Forschungseinrichtungen, Hochschulen, Schulen und ohne eine gut ausgebildete Beamtenschaft nicht zu schaffen ist. Ein Prozeß des Umdenkens und der Umwertung der Rolle der

Intellektuellen setzte ein. Er fand seinen Abschluß in der ausdrücklichen Einreihung als die Nummer vier im gesellschaftlichen Aufbau nach den Bauern, Arbeitern und Soldaten.

Was immer noch nachhinkt, das ist die Konsequenz aus dieser Einstufung in der Besoldung. Ein Facharbeiter verdient noch immer mehr als ein Universitätsprofessor; Ärzte sind miserabel bezahlt. Ein Grundschullehrer vertritt meist die allerunterste Lohnstufe in einem Dorf oder in einem Betrieb; erst in den letzten Monaten wurde seine soziale Stellung angehoben. Forschungsleistungen werden heute mit erheblichen Prämien bedacht, und eine neue Besoldungsordnung für Hochschullehrer ist in Vorbereitung. Akademische Titel sind wieder eingeführt. Die Zahl der Professoren übersteigt schon heute die einer viel größeren deutschen Universität. Die Erlangung eines Magister- oder eines Doktorgrades ist wieder das höchste Ziel eines Studenten. Ein Stipendium für ein Studium im Ausland ist eine Auszeichnung für hervorragende Leistungen. Die zurückkehrenden Wissenschaftler beklagen sich über bürokratische Hemmnisse und fehlende Einrichtungen, sie leisten aber hervorragende Forschungsarbeit, so daß der wissenschaftliche und technologische Abstand zu den Industrienationen mit Riesenschritten abgebaut wird.

Die Zeit, als die Alternative »rot oder fachlich« auf allen Ebenen der Wissenschaft, der Wirtschaft und der Gesellschaft zugunsten der Führung durch die Partei entschieden wurde, ist vorbei, und heute rücken Fachleute, Technokraten in die führenden Stellungen ein. Manchmal hat man allerdings den Eindruck, daß sich auch die alte chinesische Kluft zwischen der Welt der Handarbeit und der Welt der Geistesarbeit wieder auftut, die Mandarine sind wieder im Kommen. Dies gilt auch für die Parteikader. Die alten Revolutionäre, die Helden des *Langen Marsches*, sind im Aussterben. An ihre Stelle treten intelligente, jüngere, gut ausgebildete Funktionäre, die das Vokabular der Partei beherrschen und gebrauchen, ihre Entscheidungen aber pragmatisch nach den Erfordernissen der Realität treffen – nach der Parole von Deng Xiaoping: »aus der Praxis lernen« und »ob eine Katze schwarz oder rot ist, ist nicht wichtig, Hauptsache, sie fängt Mäuse«.

China befindet sich auf einem schwierigen, steilen und engen Weg in seine Zukunft. Hoffentlich gelingt es, die Mitte zu halten zwischen einem Rückfall in doktrinäre marxistische Utopien und in die vorrevolutionäre Gesellschaft der wenigen Superreichen und der verelendeten Massen.

Der vorherrschende Eindruck für den Westeuropäer, den Bundesbürger, ist die positive Grundstimmung des gesamten gesellschaftlichen, wirtschaftlichen und politischen Lebens. Die Menschen sehen und anerkennen, daß es ihnen heute besser geht als gestern, und sie hoffen, daß es ihnen noch besser gehen wird. Sie freuen sich dessen, was sie erreicht haben, und sie zeigen und äußern diese Freude. Nachrichten über besondere Leistungen, über gelungene Experimente, abgestellte Mißbräuche, über Fortschritte in der Forschung werden mit Interesse und Freude vom ganzen Volk aufgenommen. Selbstbewußtsein und Genugtuung über das Erreichte und die Bereitschaft, für die Zukunft Opfer zu bringen, werden dadurch gefestigt. Der Abendländer mit seiner modischen Weltuntergangsstimmung steht diesen Erscheinungen zunächst etwas ratlos, dann aber staunend und schließlich auch ein wenig neidisch gegenüber. Wenn bei uns das Verhältnis von negativen und positiven Nachrichten vier zu eins ist, dann ist es in China genau umgekehrt. Dies bleibt nicht ohne Wirkung auf das Lebensgefühl des Volkes, auf sein Selbstvertrauen und seine Bereitschaft, die Schwierigkeiten, die zweifellos noch vor ihm liegen, zu meistern.

Peter Breuer und Pet Halmen
Der Gottgeliebte – Gerüchte um Mozart
Choreographie: Peter Breuer
Bühne und Kostüme: Pet Halmen
München 1985

Siegfried Janzen

Der vielseitige Dietrich Fischer-Dieskau

Zum 60. Geburtstag des Sängers am 28. Mai 1985

> *Nun sang er, wie er mußt;*
> *und wie er mußt, so konnt er's;*
> *das merkt ich ganz besonders.*
> (Richard Wagner)

Wie es Hans Sachs mit dem Ritter Stolzing, so erging es uns allen, als der junge Fischer-Dieskau nach dem Zweiten Weltkrieg auf dem Konzertpodium seine Stimme erklingen und uns aufhorchen ließ. Noch nicht zwanzigjährig hatte er seine unter Anleitung des Tenors Georg A. Walter und in einem Semester der Berliner Musikhochschule bei Prof. Hermann Weissenborn ausgebildeten Fähigkeiten zunächst in zweijähriger amerikanischer Gefangenschaft zur Unterhaltung und seelischen Stärkung der Kameraden eingesetzt und erprobt. Sie erstreckten sich nicht nur auf den Gesang, sondern auch auf Regie und Bühnenbild. Hier war Erfindungsgabe Trumpf: Mit Erde gefüllte Pappkartons ersetzten (zunächst) das Podium, die fehlende Begleitung mußte die Phantasie der aufmerksamen Landser ergänzen. Auch wurden in gemeinsamer Kulturarbeit ganze Theaterstücke aufgeführt, eine Art Provinzzeit für den späteren Opernsänger der Großstadtbühne.

Eine glückliche Kindheit im musikalischen Elternhaus bildete die Grundlage dieser vielseitigen künstlerischen Begabungen. Der Vater, Oberstudiendirektor in Berlin und Wagner-Liebhaber, dichtete und komponierte, die Mutter spielte gut auf dem Klavier und lehrte ihre Kinder schon frühzeitig das Spiel auf den Tasten. Die Großmutter väterlicherseits stammte von dem »trefflichen, lieben« Kammerherrn Carl Heinrich von Dieskau ab, dem Johann Sebastian Bach seine Huldigungskantate *Mer han en neue Oberkeet* gewidmet hat. Kein Wunder, daß der Vater Fischer gern den Namen Dieskau dem seinen hinzufügte. Schon Friedrich der Große verdankte jenem erfindungsreichen Artilleriegeneral von Dieskau neue Kalibergrößen und Ballistikerkenntnisse, die zu Schlachtenerfolgen führten.

Mit dem Vater, der Haupt-Initiator des *Theater der Jugend* gewesen war, spielte der junge Dietrich schon als Kind zu Hause mit einem Puppentheater, in dem ganze Opernvorstellungen mit Schallplattenbegleitung und selbstgefertigten Papierpuppen stattfanden. Die Theaterleidenschaft hat Dietrichs ältester Sohn Mathias, Jahrgang 1951, geerbt, und erfreut sich schöner Erfolge als Bühnenbildner. Auch die beiden anderen Söhne haben die künstlerische Laufbahn erwählt: Martin, Jahrgang 1954, als Dirigent, und Manuel, Jahrgang 1963, als Cellist. Ihre Mutter war die Cellistin Irmgard Poppen aus Freiburg, die gleichzeitig mit dem Sänger Fischer-Dieskau an der Berliner Hochschule studierte und zu der es ihn gleich nach seiner Entlassung aus der Gefangenschaft zog. Sie heirateten 1949.

Das junge Paar zog nach Berlin, trotz des Angebots einer Lehrstelle an der Freiburger Hochschule. Berlin bot mancherlei Chancen: gute Weiterbildung durch einen der besten Lehrer, Hermann Weissenborn, Rundfunkaufnahmen, die zum ersten Engagement beim RIAS führten, sowie Mitwirkung bei Oratorienaufführungen und nicht zuletzt den Kontakt zur Oper. Das Streben zum Erfolg wurde belohnt.

Eigentlich wollte der noch nicht 25jährige, dem das Publikum bereits im Konzertsaal zujubelte, gar nicht so gern auf der Opernbühne singen. Aber da wurde er plötzlich von dem allgewaltigen Intendanten der Städtischen Oper Berlin, Heinz Tietjen, nach einem Vorsingen zur Mitwirkung in der Premiere des *Don Carlos* verpflichtet. Widerspruch war aussichtslos, die Bühnenerfahrung gleich Null, und der rührende

Beistand des älteren und erfahrenen Bassisten Josef Greindl und seine ihm angeborene rasche Einfügung in die Szene ermöglichten dem jungen Posa mit der mächtigen Figur und Stimme einen durchschlagenden Erfolg. Ihm folgte der erste Bühnenvertrag als lyrischer Bariton, dem auch kleinere Rollen, wie der 1. Gefangene im *Fidelio* übertragen wurden.

Nun begann in der Saison 1948/49 die große Bühnenlaufbahn des heute berühmten Dietrich Fischer-Dieskau, die ihn zu allen großen Partien seines Fachs und an die großen Opernhäuser des Kontinents führen sollte. Circa 50 Rollen sang er auf der Bühne, viele weitere im Rundfunk und für die Schallplatte. Die bedeutungsvollsten und liebsten wurden ihm nach eigener Aussage: Don Giovanni, Graf Almaviva und Don Alfonso von Mozart; Amfortas, Hans Sachs und Wolfram in Wagners Musikdramen; Falstaff, Macbeth und Posa bei Verdi; Barak, Jochanaan und Mandryka von Richard Strauss. Dazu kamen die modernen Werke wie *Wozzeck* von Alban Berg, Busonis *Doktor Faust*, Hindemiths *Mathis* und schließlich die Titelpartie in Aribert Reimanns *Lear*, dessen Darstellung in der Münchener Uraufführung zusammen mit seiner Frau Julia Varady als Cordelia zu einem durchschlagenden und ergreifenden Erfolg wurde. Erwähnenswert ist auch *Der Mantel* von Puccini, dessen Neueinstudierung im Münchener Nationaltheater die Sängerin Varady Ende 1973 zum ersten Mal mit ihrem späteren Gatten zusammenführte. Der im Anschluß daran aufgeführte *Gianni Schicchi* zeigte genau wie der Falstaff Fischer-Dieskaus mitreißende vis comica, die Carl Ebert in ihm schon in Berlin geweckt hatte. Unserem Fi-Di, wie die Freunde ihn nennen, gelang es immer, im Zusammenspiel mit künstlerisch-menschlichen Partnern schnell zu reagieren und sein Bestes zu geben. Das gilt für die Dirigenten, für die Regisseure wie die Liedbegleiter.

Der unvergessene große Inszenator Günther Rennert hat den *Falstaff* und *Gianni Schicchi* neben Rossinis *Barbier* als die größten musikalischen Komödien bezeichnet und unserem Jubilar für den gleichen Abend nach der Melancholie des eifersüchtigen Marcel die bissige Karikatur des Eulenspiegels Gianni Schicchi nahegebracht. Diese Aufführung war unter der musikalischen Leitung von Wolfgang Sawallisch eine Sternstunde für unseren Jubilar und alle, die sie miterlebt haben.

Es blieb nicht aus, daß der Klangfetischist seit früher Kindheit nun selbst Klangregie treiben wollte, nicht nur als Sänger, sondern auch als Dirigent im großen Raum. Er begann damit 1972 in London, als Klemperer eine Plattenaufnahme mit Schubert-Symphonien absagen mußte. Mit den Komponisten seiner Lieder engstens vertraut, war der Kontakt mit den englischen, später israelischen, tschechischen und deutschen Orchestern nicht schwer, und er widmete sich sechs Jahre intensiv den Dirigieraufgaben. Leider stellte sich heraus, daß der Sänger Fischer-Dieskau diese zusätzliche physische Belastung auf die Dauer nicht vertrug.

Er mußte vorläufig verzichten. Viel Zeit und Kraft verwandte er auf die Beschäftigungen mit Schreiben und Malen. Wir wollen ihm dabei etwas über die Schulter schauen, ehe wir wieder zum Singen zurückkommen.

Die Zahl der von unserem vielseitigen Jubilar herausgegebenen Bücher ist beachtlich. 1968 erschien ein vom Deutschen Taschenbuchverlag in Auftrag gegebenes Handbuch *Texte deutscher Lieder*, das mehrere Auflagen erlebte. Ihm folgte 1971 das Ergebnis seiner Forschung *Auf den Spuren der Schubert-Lieder*, die zugunsten der einmaligen Gesamtaufnahme sämtlicher Schubert-Lieder – es sind ihrer über 500 – auf Schallplatten betrieben wurde. Unbekannte Schätze wurden gehoben, Schuberts von frühem Tod gezeichnetes Leben anhand der Texte nachgezeichnet und die Lieder musikalisch beschrieben.

Drei Jahre später wurde ein Werk mit dem Titel *Wagner und Nietzsche, der Mystagoge und sein Abtrünniger* veröffentlicht, das tieferen Problemen nachging, die schon im Elternhaus den jungen Dietrich beschäftigt hatten. Auch hier geht er der Musik und Musikalität der beiden Rivalen nach. Nietzsche hielt sich für einen großen Komponisten, aber seine Kompositionen sind vergessen; auch die große Gesangskunst Fischer-Dieskaus konnte seine Lieder nicht retten. An dem Buch hat der Autor wie ein Wissenschaftler gearbeitet, hat auf Reisen öffentliche Büchereien aufgesucht und sich in die Gedankengänge der beiden Großen des 19. Jahrhunderts tief eingearbeitet. Hans Heinz Stuckenschmidt lobte »die genaue und immer literarisch hochstehende Sprache« des Autors eindringlich.

Das mit Bildern und Notenbeispielen ausgestattete Buch über Robert Schumann von 1981 ist seinem Begleiter Jörg Demus gewidmet und zeigt das Vokalwerk, dem Fischer-Dieskau schon lange vor der ebenfalls vollständigen Plattenaufnahme auf der Spur war. Der Autor weist nach, daß der Komponist entgegen mancher irrigen Auffassung bis in seine letzten Lebensjahre zu großer Aussagekraft fähig war. Sein bislang letztes Buch hat Fischer-Dieskau *Töne sprechen – Worte klingen* genannt. Es soll seine erlebten Erkenntnisse über das Verhältnis des Gesangs zur Sprache zusammenfassen. Diese bestehende enge

Verbindung ist wohl das Geheimnis der nachhaltigen Wirkung der Fischer-Dieskau-Abende. Er ist ja ein Meister der erregenden Zwischentöne, die im Leben und in der Kunst von so ausschlaggebender Bedeutung sind.

Dies gilt auch für die Malerei, mit der sich schon der junge Dietrich beschäftigte. Als die großen Botticelli-Kopien während seines Klavierunterrichts bei Friedrich Seyer auf ihn herabschauten, war er so fasziniert, daß sie ihn zur Nachahmung lockten. Er hat auch in reifen Jahren gern gemalt, und die Bilder an den Wänden seiner beiden schönen Häuser in Berlin und Oberbayern zeugen von dem tiefen Eindringen des Vielbegabten in die Aussagekraft der bildenden Kunst. Die Bayerische Akademie der Schönen Künste, deren Mitglied Fischer-Dieskau ist, ehrt ihn zu seinem Geburtstag durch eine überblickartige Ausstellung seiner Bilder in ihren Räumen.

Doch sein Hauptanliegen war, ist und bleibt der Gesang. Seit nun schon mehr als einem halben Jahrhundert singt es aus ihm heraus, und er hat diesen natürlichen Strom so gebändigt und stets klug überwacht, daß er vom Volk, wie das Publikum in den *Meistersingern* dargestellt wird, mit Recht zum Meister gewählt und seit Jahrzehnten geliebt wird. Der Zustrom zu seinen Auftritten in aller Welt beweist es. Für die erlebnisreiche private Begegnung zu Hause hat unser Fi-Di in fleißigem Bemühen einen so reichhaltigen Plattensegen eingesungen, daß fast das gesamte Lied- und Ariengut seines Fachs von den alten Passionen über die Romantik bis zur Moderne – auch in zahlreichen Gesamtausgaben – vorliegt. Er vergleicht während der enormen Arbeit in strenger Selbstkontrolle immer wieder die eigenen Aufnahmen mit denen anderer Sänger und Dirigenten, so daß einer seiner Söhne, als er am ersten Schultag nach dem Beruf seines Vaters gefragt wurde, antwortete: »Plattenspieler.«

Diese wertvollen Dokumente allein sind aber noch lange nicht ausreichend, wenn man seine große Gesangskunst an den Sängernachwuchs weiterreichen will. Der ordentliche Professor an der Berliner Hochschule der Künste hält Interpretationskurse in Form einer Meisterklasse ab, die in den nächsten Jahren noch umfangreicher gestaltet werden soll. Man muß miterlebt haben, wie Fischer-Dieskau mit jungen Menschen zusammenarbeitet und auf dem Podium musiziert. Nicht nur die Freude über das Mitwirken des eigenen Sohnes, sondern seine überlegene, ganz väterlich-natürliche Art ergeben ein Ensemblegefühl, das für jedes Studium fördernd und wegweisend ist.

Für diese angesprochenen Leistungen des großen Künstlers, die natürlich in diesem Rahmen keinesfalls erschöpfend behandelt werden können, blieben die Ehrungen nicht aus. Auf die drei Ehrendoktoren der Universitäten Oxford, Yale und der Sorbonne ist er besonders stolz in der Erkenntnis, daß Musiker dort selten ausgezeichnet werden. Die Ehrenmitgliedschaften im mehreren ausländischen Akademien haben sein Engagement in England, Schweden und Italien gesteigert. Der Titel *Kammersänger* in Berlin und München ist ein Ausdruck seiner Zugehörigkeit zu den »geliebten Häusern«, und der Ernst-von-Siemens-Musikpreis ermöglicht ihm sinngemäß die ausgedehnte Förderung des jungen Begabten-Nachwuchses. Neben weiteren Preisen, Verdienstkreuzen und Medaillen ist natürlich die Verleihung des Maximilianordens und Pour le mérite eine beglückende Würdigung der überragenden Gesangskunst unseres Jubilars.

Dem Spitzensänger hat sich nun ein neuer Begleiter für die nächsten zehn Jahre zugesellt: die Zahl 6. Gemeinsam wollen auch wir ihn im neuen Jahrzehnt mit der gleichen Dankbarkeit für seine beglückenden Darbietungen und mit den besten Wünschen für Glück, Gesundheit und Erfolg begleiten und immer wieder mit dem Volk auf der Meistersinger-Festwiese fühlen: »Keiner wie Du so hold zu singen weiß!« So bannen wir die guten Geister der holden Kunst.

Herbert Rosendorfer

Bachs ernstes Spiel mit der Einstimmigkeit

Einige Gedanken über unbegleitete Instrumental-Soli

Unter den vielen, außer der Oper alle musikalischen Gattungen umfassenden Kompositionen Bachs finden sich dreizehn zyklische Werke für jeweils ein Instrument ohne Begleitung: drei Sonaten und drei Partiten für Violine solo BWV 1001 bis 1006, die sechs Suiten für Violoncello-Solo BWV 1007 bis 1012 (von denen die letzte allerdings für die von Bach angeblich selber erfundene fünfsaitige Viola Pomposa gedacht ist) und die Partita für Flöte allein in a-Moll BWV 1013. Diese Werke gehören zu den schwierigsten, die Bach geschrieben hat, und das gilt nicht nur in spieltechnischer Hinsicht.

Was die etwas verwickelte, aber interessante Quellenlage betrifft, so ist man sich heute einig darüber, daß die erhaltenen Autographen nicht von der Hand Bachs stammen, sondern von seiner zweiten Frau Anna Magdalena (mit Ausnahme des Flöten-Solo, von dem es keine sozusagen authentische Abschrift gibt), daß die Autographen selber verloren sind, daß die dreizehn Opera alle im Jahr 1720 geschrieben wurden oder jedenfalls in einem der Jahre um dieses Datum in der letzten Zeit Bachs als Köthener Hofkapellmeister. Man ist sich heute auch fast sicher, daß es sich bei den Violin- und Violoncello-Soli um einen Zyklus von zusammenhängend erfundenen, zusammengehörigen Werken handelt. (Einen Zyklus aus sechs Werken gleicher Besetzung unter einer Opusnummer zusammenzufassen, hat sich bis ins 19. Jahrhundert erhalten, zwölf Werke unter einer Klammer finden sich im 17. und 18. Jahrhundert gelegentlich wie bei Händel und Vivaldi, Dreier- und Neunergruppen sind seltener.) Für wen Bach die Soli geschrieben hat, ist unbekannt, lediglich bei den Violoncello-Suiten vermutet schon Spitta wohl mit Recht, daß sie für den damals mit Bach gleichzeitig am Köthener Hof tätigen Cellovirtuosen Ferdinand Christian Abel bestimmt waren. Die Wege der Musikerfamilien Bach und Abel kreuzten sich mehrfach. Ferdinand Christians jüngerer Sohn Karl Friedrich Abel, der als der letzte große Gamben-Virtuose des 18. Jahrhunderts galt, gründete 1764 in London zusammen mit Bachs Sohn Johann Christian die *Bach-Abel-Konzerte,* die für London etwa die Bedeutung hatten wie für Paris die gleichzeitigen Concerts spirituels.

Die Flöten-Partita a-Moll BWV 1013 hat dagegen ihre eigene, durchaus dunkle Geschichte. Daß Bach auch hier sechs Stücke geschrieben hat und fünf davon verlorengegangen sind, ist nicht sehr wahrscheinlich. Für eher denkbar hält man es, daß dieses Werk eine Gelegenheitsarbeit war, die auf einer (verlorengegangenen) Vorlage einer Partita für ein Tasteninstrument beruht. Alle Fakten, Vermutungen und Indizien zur Quellen- und Überlieferungslage finden sich in: Philipp Spitta: Johann Sebastian Bach, Darmstadt 1962 (= Neudruck) Band I; Hans Vogt: Johann Sebastian Bachs Kammermusik, Stuttgart 1981; Ernst Kurth: Grundlagen des linearen Kontrapunkts, Bern 1927; weitere bibliographische Hinweise in Schmieders Bach-Werkverzeichnis unter den jeweiligen Nummern 1001 bis 1013.

Die Wertschätzung, die Bach selber dieser Werkserie zumaß, geht daraus hervor, daß, wie erwähnt, viele Jahre nach dem Entstehen Anna Magdalena Bach – ohne Zweifel auf Anweisung Bachs – eine ausgesprochen kalligraphische Abschrift des ganzen, schon äußerlich als Einheit verstandenen Zyklus fertigte. Aus den Überschriften und Titelblättern geht auch zweifellos hervor, daß die Soli tatsächlich Soli im engsten Sinne sind, daß (»senza Basso accompagnata« heißt es ausdrücklich auf dem Titelblatt) Bach an keine Begleitung durch ein Tasteninstrument gedacht hat. Diese Art der Kammermusik für ein Instrument, das nicht – wie etwa Cembalo, Spinett und Orgel, auch im gewissen Sinn die Laute – quasi sich selber beglei-

Reinhold Hanisch: Schattenriß J. S. Bachs (Glasbild),
vielleicht 1760–1780

ten kann, war zu Bachs Zeiten ohne Vorbild, jedenfalls ist kein anderes Beispiel eines unbegleiteten *Gesanges* eines von der ursprünglichen Bauart her nicht-akkordischen Instrumentes vor Bach bekannt. Bach hat diese Musizierform erfunden und in der Erfindung – falls es dessen noch bedürfte: ein Beweis für die überragende Größe seines musikalischen Genies – zur nicht wieder übertroffenen, klassischen Vollendung gebracht.

Es ist seltsam, daß *einstimmige* Musik, also unbegleitete Monophonie, für unsere abendländischen Ohren unbefriedigend und sogar unerträglich (monoton) erscheint, schon zu Bachs Zeiten erschien. Dieses Phänomen, das sowohl musikästhetische wie auch gehörpsychologische Wurzeln haben dürfte, ist meines Wissens detailliert und für sich noch nicht untersucht worden. Exotische Musikkulturen (indische, arabische Musik, selbst noch die frühe Volksmusik der Balkanvölker) kennen die unbegleitete Monophonie, kennen zum Teil überhaupt nichts anderes. Nach unserem Musikverständnis bedarf selbst das einfachste Straßenlied, das Rezitativ in Oper und Oratorium, zumindest der stützenden Akkorde des Klaviers, soll auf die Dauer nicht eine langweilende Wirkung entstehen. Einstimmige Stellen (als so großartiges wie schlagendes Beispiel hierfür: die Einleitung der Celli und Bässe unisono im vierten Satz von Beethovens 9. Symphonie) empfindet unser Ohr (und erträgt es) in Erwartung des endlichen mehrstimmigen Einsatzes. Nachdenklich machen müßte, daß selbst die radikalste moderne Musik sich zwar aller möglichen Gehörprovokationen bedient, nur nicht (oder jedenfalls in seltenen Ausnahmefällen) der strikten Monophonie.

Im rein gehörpsychologischen Bereich kann diese so auffallende Einhelligkeit der Empfindung der nackten Einstimmigkeit als monoton nicht begründet liegen, denn wie andere Musikkulturen war auch unsere abendländische Musik ursprünglich einstimmig. Aus vielen Indizien geht hervor, daß die alt-griechische Musik streng monophon war. In Chören wurde allenfalls in Oktaven gesungen, eine Begleitung oder gar eine Mehrstimmigkeit gab es nicht, obwohl sie auch den alten Griechen bereits denkbar erschien. Aristoteles lehnt eine – nur theoretisch vorhandene – Mehrstimmigkeit mit der Begründung ab, daß man ja auch nicht zwei Leuten zuhören könne, die gleichzeitig reden. Seltsamerweise hat sich hier unsere akustische Gewohnheit nicht geändert: zwei Leuten oder gar mehreren, die gleichzeitig reden, können wir immer noch nicht zuhören, selbst tausendstimmige Sprechchöre schreien wort-monophon. Aber wir haben gelernt, selbst vierundsechzigstimmige Chöre oder eine *Symphonie der Tausend* schön zu finden. Das Phänomen ist, wie schon erwähnt, meines Wissens nie gesondert untersucht worden, nur Helmholtz, dessen *Lehre von den Tonempfindungen* aus dem Jahr 1862 für jeden Musikfreund auch heute noch ein aufregend zu lesendes Buch ist, hat in der Einleitung zur *Dritten Abteilung: Die Verwandtschaft der Klänge. Tonleitern und Tonalität* der Entwicklung der abendländischen Hörgewohnheit von der Einstimmigkeit zur (wie immer gearteten) Mehrstimmigkeit ein Kapitel gewidmet. Helmholtz erklärt dies im Grunde genommen auch nicht, kommt aber zu dem Schluß, daß mit der etwa im 9. Jahrhundert nicht einsetzenden, sondern plötzlich ausbrechenden Mehrstimmigkeit (den Anfang machte das immer noch geheimnisumwitterte *Organum*) eine förmliche Revolution in der Hörgewohnheit und im musikästhetischen Empfinden eingetreten sein muß, das dann kraft Gewöhnung und Tradition in uns und für uns bis heute wirksam geblieben ist. Helmholtz meint wohl zurecht, daß musikästhetische Anschauung »nicht nur auf unveränderlichen Naturgesetzen beruht, sondern daß es zum Teil auch die Konsequenz ästhetischer Prinzipien ist, die mit fortschreitender Entwicklung der Menschheit einem Wechsel unterworfen gewesen sind und ferner noch sein werden«. Wahrscheinlich käme man der Sache näher, wenn man noch weiter in die Tiefe stiege und zu ergründen versuchte, mit welchem gehörpsychologischen Rüstzeug der Mensch überhaupt aus der Welt der Geräusche die Welt der Musik herausdestillierte und welche Grundsätze hier angewendet wurden. (Walter Wiora hat im Zusammenhang mit seinen Arbeiten über *absolute Musik* Ansätze zur Lösung dieser Frage aufgezeigt.)

Festzuhalten ist, daß der noch – ganz im antiken Sinn – monophone Gregorianische Gesang und die wahrscheinlich ebensolche außerkirchliche Musik des frühen Mittelalters in die Mehrstimmigkeit, die ein wechselvolles Schicksal erlitt, das hier nicht nachgezeichnet werden kann, aufgingen. In die strikte Monophonie ist die Musik danach nie mehr zurückgesunken. Übrigens scheint – so vermuten jedenfalls musikästhetische Theoretiker, etwa Albert Wellek – die Mehrstimmigkeit ein Erbteil gewesen zu sein, das germanische Tradition (sicher mit primitiver Ausformung) in die Monophonie des Mittelmeerraumes eingebracht hat. Aus der – wie nicht anders zu sagen: glücklichen – Vermischung, wohl auch aus einer Prädisposition des abendländischen Menschen für die Polyphonie (als Begriff im weitesten Sinn verstanden) ist unsere Musiktradition entstanden, in der Mozart und Schubert ihre Werke schaffen konnten.

Zu Bachs Zeiten war selbstverständlich das mehrstimmige Musikverständnis längst gefestigt. Bachs Soli für unbegleitete Violine, Flöte und Violoncello sind auch keine einstimmigen Stücke, sondern der (in höchstem Maß gelungene) Versuch Bachs, in Kenntnis der musikästhetischen und gehörpsychologischen Ablehnung der Monophonie Stücke zu schreiben, deren musikalisches Material künstlich (durch Verzicht auf jedes stützende Accompagnato) aufs äußerste beschränkt ist und das dennoch für den Hörer nicht monoton klingt. Bach hat sich in den dreizehn Stücken verschiedener Mittel bedient, um die selbstverordnete Monophonie zu unterlaufen. Bei Geige und Cello ist das der Doppelgriff, der Akkord über mehrere Saiten (namentlich mittels des neuerdings wieder eingeführten Bach-Bogens), was den Schein einer zumindest zeitweiligen Mehrstimmigkeit oder zumindest Akkordstützung hervorruft. Diese Schreibart konnte Bach aus spieltechnischen Gründen bei der Flötenpartita nicht anwenden, denn selbst der virtuoseste Flötist kann keine zwei Töne gleichzeitig blasen. Hier und über weite Strecken der Violin- und Violoncello-Soli hat sich dann Bach mit der Akkordzerlegung beholfen, die das Ohr – musikästhetisch an der Mehrstimmigkeit festhaltend – als sozusagen fortdauernd und die nachfolgende melodische Phrase als auf diesem Fundament ruhend empfindet.

Sehr häufig bedient sich Bach des *Registerwechsels*. Als Beispiel sei hier eine Stelle aus der Courante der G-Dur-Suite für Cello angeführt.

oder (aus dem gleichen Satz)

Hier hat der Hörer das (sein mehrstimmig ausgerichtetes Musikempfinden befriedigende) Gefühl, daß die Stelle von zwei verschiedenen Spielern A und B gespielt wird, wobei (im ersten Beispiel) durch die längeren Noten der abwärtsführenden Akkordzerlegung (in der Kadenzfolge I–IV–I–IV–V) sogar ein gewisser Schein der Gleichzeitigkeit erweckt wird. Im zweiten Beispiel ist interessant, daß (an der Stelle, die durch »!« gekennzeichnet ist) dadurch der scharfe Septimenschritt G-Fis entsteht, den Bach in harmonischer Führung sonst vermieden hätte. Solche Stellen finden sich viele. Bemerkenswert ist das sich zu äußerster Kunstfertigkeit erhebende Präludium der Cello-Suite No. 5 in c-Moll, das in Form einer Französischen Ouvertüre gehalten ist. Diese Form hat Bach (unter anderem in den vier Orchester-Suiten) vielfach angewandt: auf eine feierliche, langsame Einleitung folgt eine schnelle Fuge. Auch bei der Cello-Suite in c-Moll findet sich der getragene, etwas pompöse erste Teil, der – wie üblich – auf der Dominante endet,

Lithographie J. S. Bachs, anonym,
vielleicht 1825

und nach einer Fermate folgt im raschen, kurzen ⅜-Takt ein unverkennbares Bachsches Fugenthema, das aber – da nur ein Cello spielt – nicht zur Fuge ausgearbeitet werden kann. Mit allerlei Kniffen (Wiederholung des Themas in der fünften Stufe, wie beim *Comes* der Fuge vorgeschrieben, mit scheinbaren Engführungen) gaukelt hier Bach dem Hörer die Illusion einer einstimmigen Fuge vor.

Wenn Bachs unbegleitete Instrumental-Soli, wie ich zwar nicht gerade nachzuweisen, aber doch aufzuzeigen versucht habe, ein kunstvolles Unterlaufen der musikästhetischen und gehörpsychologischen Ansicht von der notwendigen Mehrstimmigkeit waren, so waren sie damit auch eine Bekräftigung dieser Ansicht. Bach mußte dabei natürlich davon ausgehen, daß sich der Zuhörer, der ja sieht und weiß, daß da nur einer spielt, der bloßen Illusion der Mehrstimmigkeit bewußt ist und das *Spiel* mitmacht. Ein großes Kunstwerk als *Spiel* zu bezeichnen ist gefährlich, weil man damit in den Verdacht gerät, die Kunst nicht *ernst* genug zu nehmen. Aber gerade im Zusammenhang mit diesen Solo-Werken Bachs (und in anderer Weise mit der *Kunst der Fuge*) wage ich den Satz, daß in der Kunst nichts so ernst ist wie das Spiel. Die wohl aus dem Erbe des verhängnisvollen Idealismus stammende Diffamierung des *Spiels* wirkt heute noch nach, wie man jeden Tag in den Feuilletons der Zeitungen lesen kann. Spiel ist Bewegung des Geistes um seiner selbst willen. Spiel bewahrt den Menschen vor dem Abgrund der Ideologien. Ein Kunstwerk ein *Spiel* (ein Glasperlen-Spiel!) zu nennen, heißt: es für im höchsten Sinn menschlich zu halten. Die Solo-Suiten, -Partiten und -Sonaten Bachs sind, so gesehen, auch ein barockes Werk, vielleicht die Vollendung des musikalischen Barocks, der ja die Welt als Theater und als Spiel betrachtet hat.

In Bachs Werk und überhaupt in der Musik des ganzen folgenden Jahrhunderts ist dieses Experiment eines musikintellektuellen Divertissements ohne Nachfolger geblieben. Mit Ausnahmen natürlich, die aber nicht stark ins Gewicht fallen. Der oben erwähnte jüngere Abel hat unbegleitete Gamben-Sonaten geschrieben. Das beruhte nicht so sehr auf dem abschreckend hohen Anspruch, den Bach als Marke gesetzt hatte, als darauf, daß sich die Musik dem ausschließlich melodisch definierten Musizieren zuwandte, das unbegleitetes *Singen* völlig ausschloß. Erst hundert Jahre nach Bach griff – ohne Zweifel in Kenntnis der Bachschen Violin-Soli – Paganini als erster die Form des unbegleiteten Solos in seinen *Caprices* op. 1 wieder auf. Aber das unbegleitete Solo-Stück für Streich- oder Blasinstrumente blieb ein Stiefkind der Formengeschichte: Die Ästhetik der Mehrstimmigkeit ist immer noch stärker, trotz der Solo-Suiten Regers, Benjamin Brittens und Paul Hindemiths, der in diesem Sinn zum ersten Mal die Bratsche bedacht hat. Das alles sind entweder virtuose oder etüdenartige Glanzstücke, Zimelien für Kenner oder musikalische Kuriositäten. Nur Bachs Instrumental-Soli stehen da als unsterbliche Kunstwerke wie ein rätselhafter Chimborazo in der wechselnden Silhouette der Musikgeschichte, solange Menschen auf der Welt Flöte, Cello oder Violine spielen.

J. S. Bach
anonyme Silberstiftzeichnung, um 1730–1740 (oben) ▷

als Weimarer Konzertmeister,
Ölbild um 1715 (links) ▷

Radierung von W. Pech (rechts) ▷

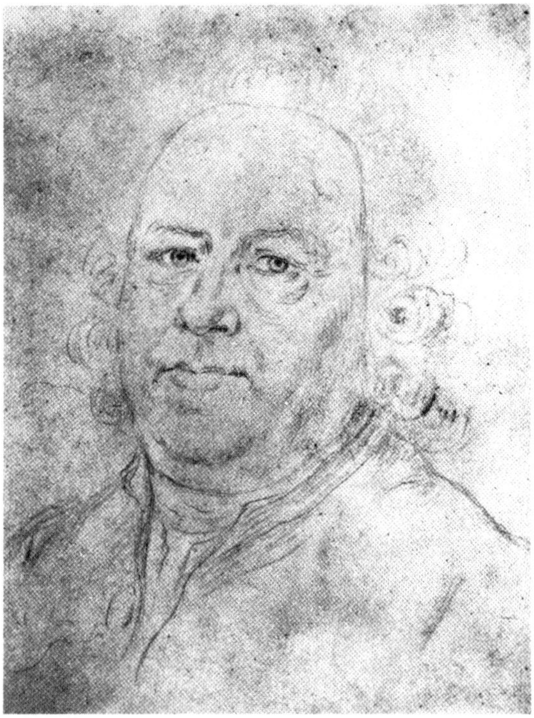

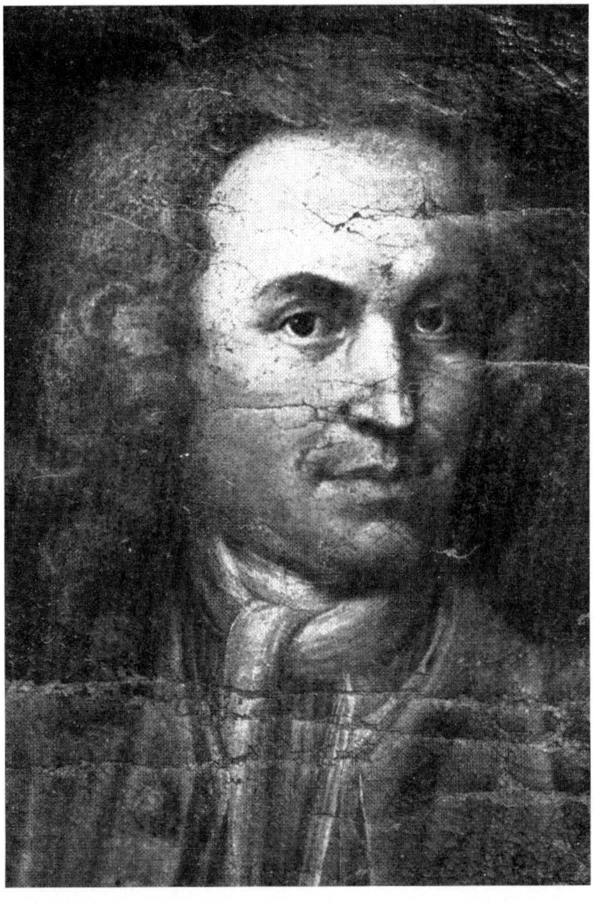

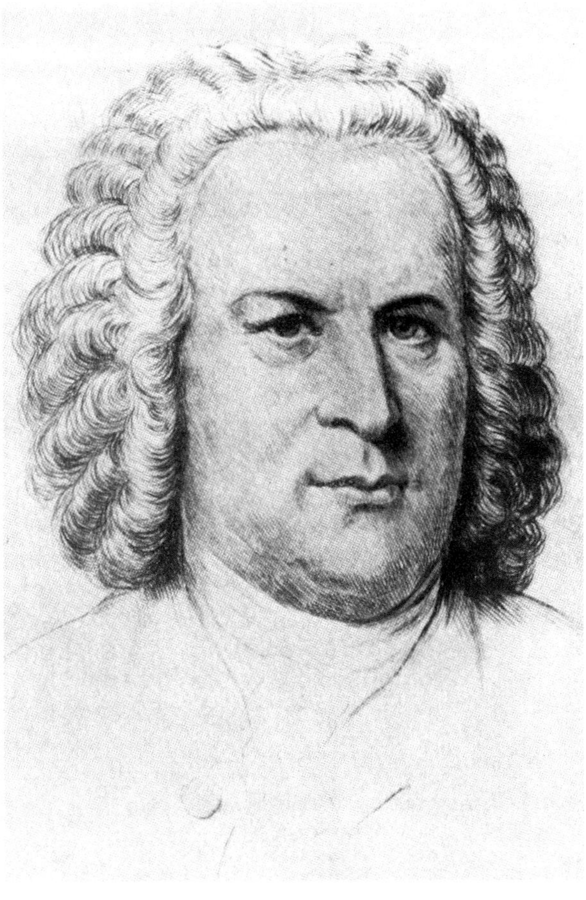

Helmut Schneider

Bildende Künstler und die Kunst der Bühnenbildnerei
Ein Rückblick mit Anmerkungen zur Gegenwartssituation

Oskar Kokoschka hat einmal unvorsichtigerweise Entwürfe zu den Bühnenbildern einer *Oberon*-Aufführung gezeichnet, ohne sich vorher mit dem Regisseur zu unterhalten, wie der sich die Inszenierung vorstellte. Als die beiden sich dann zusammensetzten, um Einzelheiten der geplanten Produktion zu besprechen, stellte sich heraus, daß der Maler, der wie Ernst Barlach auch selbst Stücke geschrieben hatte, von ganz anderen Überlegungen ausgegangen war als der Regisseur. Dieser sah keine Möglichkeit, die Sänger in Kokoschkas Räumen so zu bewegen, wie er das auf Grund seiner Interpretation der Handlung für notwendig hielt. Man war sich rasch einig, daß der Versuch, die gegensätzlichen Auffassungen einander anzunähern, wohl keine Aussicht auf Erfolg hatte – und so sind Kokoschkas Bühnenbilder Entwurf geblieben.

Es kommt natürlich immer wieder vor, daß Regisseur und Bühnenbildner unterschiedliche Vorstellungen von einem Stück haben (und es gibt auch den Fall, daß Regisseur und Dirigent sich in die Haare geraten), meistens findet sich dann doch eine Lösung. Man kann schließlich miteinander reden. Ein Opernhaus, das bei einem Kokoschka Bühnenbilder bestellt, müßte aber eigentlich wissen, was es sich damit einhandelt. Denn es war klar, daß der Künstler, der gerade eben (1954) in seinem Triptychon *Thermopylae* eine große Oper mit affektgeladenen Situationen inszeniert hatte, die Dekorationen für eine Aufführung liefern würde, die sich nicht auf dem Theater, sondern zunächst und vor allem in seinem Kopf abspielte. Herbert Graf, der bei den Salzburger Festspielen des Jahres 1955 die *Zauberflöte* in der Felsenreitschule in Kokoschkas Ausstattung auf die Bühne brachte, blieb letztlich keine andere Wahl, als die Idee des Künstlers, der sich einen von farbig bewegtem Licht aktivierten Bühnenraum vorstellte, zu akzeptieren und seine Regie daran auszurichten. Graf habe ihm, so erinnerte sich Kokoschka später, »besondere Freiheiten« eingeräumt, und die hat ihm der für *Oberon* vorgesehene Regisseur eben verweigert...

Mit der Inanspruchnahme besonderer Freiheiten durch den Maler oder Bildhauer, der sein angestammtes Medium verläßt und sich auf das Abenteuer mit einem anderen, der Bühne, einläßt, ist das Problem, mit dem der Künstler-Bühnenbildner sich konfrontiert sieht, ganz gut umschrieben. Er muß sich den Bedingungen des Theaters anpassen, darf dabei jedoch erwarten, daß das Theater ihm, dem Technikunerfahrenen, entgegenkommt. Man holt sich schließlich nicht einen Künstler, weil der etatmäßige Ausstatter im Moment keine Lust hat, sondern erhofft sich von ihm eine Bühnengestaltung, die in die Annalen des betreffenden Hauses eingeht.

Als die Berliner Kroll-Oper 1930 Ernst Kreneks *Das Leben des Orest* herausbringen wollte, wandte man sich an Giorgio de Chirico, dessen metaphysische Malerei am ehesten geeignet erschien, das Werk szenisch auszudeuten. De Chirico sagte zu und schickte nach einiger Zeit eine Reihe von Gouachen, die zeigten, daß ihm die Umsetzung von Handlung und Musik in seine eigene Bildsprache durchaus gelungen war, die aber auch klarmachten, daß er von der Praxis der Opernbühne wenig Ahnung hatte; er unterschied offensichtlich nicht zwischen Oper und Ballett, für das er gelegentlich schon Ausstattungen entworfen hatte und bei dem man mit gemalten Prospekten auskam. So mußte also Teo Otto, der Ausstattungschef der Kroll-Oper, de Chiricos Bilder in bespielbare Räume umwandeln, was ihn sicher einige Mühe gekostet hat, denn im Gegensatz zu den geheimnisvollen und leeren Plätzen, die der Maler

Marc Chagall: Entwurf zu Mozarts *Zauberflöte*,
New York 1967

früher mit topographischer Genauigkeit beschrieben hatte, waren die räumlichen Beziehungen in den Gouachen keineswegs so deutlich angegeben.

Das ist nur ein Beispiel dafür, daß der Künstler auf die Unterstützung durch den Theaterpraktiker angewiesen ist – auch Günther Rennert mußte Marc Chagall, mit dem er 1967 an der Metropolitan Opera in New York die *Zauberflöte* machte, erst behutsam beibringen, daß der szenische Raum in der Oper andere Funktion hat als der Maler in seinen Entwurfsskizzen sich das vorstellte. Die Schwierigkeiten, die bei der Realisierung einer künstlerischen Vision auftauchen, erfordern Geduld (nicht zuletzt auch von den Fachleuten in den Ausstattungswerkstätten), sind aber im Normalfall nicht unüberwindlich. Und es gibt auch Künstler, die sich mit dem Handwerk des Theaters ausführlich vertraut machen.

Man könnte nun fragen, warum man, die damit verbundene Extraarbeit bedenkend, überhaupt Künstler als Bühnenbildner verpflichtet, denn die professionellen Ausstatter sind ja keine phantasielosen Dekorateure. Die Antwort lautet schlicht, daß es das moderne Bühnenbild nicht gäbe, falls nicht Künstler vorgeführt hätten, wie es aussehen könnte. Damit ist nicht in erster Linie der intensive Dialog gemeint, den das Bühnenbild seit dem Beginn unseres Jahrhunderts mit der bildenden Kunst führt (genau genommen monologisiert die Kunst, und das Theater hört aufmerksam zu), die Übersetzung also expressionistischer, konstruktivistischer oder surrealistischer Gestaltungsweisen in die Darstellungsmöglichkeiten der Bühne und die Anwendung bestimmter Techniken – Collage, Montage, Assemblage – auf den Raum des Theaters. Das heißt konkret, daß die Künstler durch ihre Arbeit für die Bühne die Modelle geliefert haben, an denen sich die Ausstatter orientierten.

Das Bühnenbild des 20. Jahrhunderts wurzelt in Überlegungen des späten neunzehnten, und die ersten Anstöße zu einer Überwindung des historisierenden Ausstattungswesens kamen nicht von der Kunst, sondern aus dem Theater selbst. Die Propheten der Zukunft hießen Adolphe Appia und Edward Gordon Craig. Appia (1862–1928), ein Musiker, der als Regieassistent praktische Bühnenerfahrung gesammelt hatte, zog sich bald aus der schlechten Wirklichkeit des Theaters zurück in eine bessere Welt der Oper, in die der Makartschwulst des Hoftheater-Illusionismus keinen Zutritt erhielt. Sein Inszenierungskonzept für Wagners *Ring des Nibelungen* sah eine stilisierte Bühne vor, die als architektonisch-plastischer Raum wirkte, also tatsächlich ein dreidimensionales Gehäuse für die Handlung war, in dem das Licht eine entscheidende interpretatorische Aufgabe hatte. Es gab da keine urig-germanische Hütte des Hunding, keine Felskulissen, keinen mythologisch verfremdeten Stadtwald, in dem Siegfried den Drachen erschlug. Bei Appia war die Tetralogie jenseits von Natur und Geschichte angesiedelt, im Niemandsland der Archetypen. Cosima, die hohe Herrin von Bayreuth, hat seine – zugegebenermaßen revolutionären – Entwürfe damals nicht mit einem Blick gewürdigt, erst ihr Enkel, Wieland Wagner, hat Appias Ideen dann nach 1945 verwirklicht.

Auch Edward Gordon Craig (1872–1966), ein Schauspieler, der sich dann der Regie zuwandte, war höchst unzufrieden mit Dekorationen, die sich nicht durch Phantasie, sondern mit Geschichtstreue rechtfertigten. Er erfand eine Raumbühne aus beweglichen Kuben, die unbegrenzt verwandlungsfähig war und bei der die Veränderungen des Lichts ebenfalls eine ausschlaggebende Rolle spielten. Seine aus ›screens‹ (Wandschirmen) konstruierte Bühne war als autonomer architektonischer Ort definiert, der durch Bewegung und Licht sich artikulierte und in letzter Konsequenz den Schauspieler oder Sänger überflüssig machte, ihn zumindest im Sinne von Craigs antinaturalistischen Tendenzen zur *Übermarionette* stilisierte.

Beide, Appia und Craig, hatten nur selten Gelegenheit, ihre radikalen Neuerungen in der Praxis zu erproben, und selbst dann nicht an großen Häusern, sondern in Privattheatern oder angemieteten Räumen. Appia erhielt erst Anfang der zwanziger Jahre die Gelegenheit, Teile des seit 1892 vorliegenden *Ring*-Konzepts an der Basler Oper zu verwirklichen (und 1924 hat er an der Mailänder Scala *Tristan und Isolde*

László Maholy-Nágy: *Hoffmanns Erzählungen*, Kroll-Oper
Berlin 1929

Fernand Léger: *La création du monde* (Darius Milhaud),
Paris 1923

inszeniert, mit Toscanini als Dirigent); Craig konnte nur ein einziges Mal mit dem System der beweglichen ›screens‹ arbeiten, 1912 bei einer *Hamlet*-Aufführung am Moskauer Künstlertheater, bei der er allerdings nicht einmal Regie führte. Die großen Bühnenreformer waren selbst auf dem Theater eigentlich gar nicht präsent, beeinflußten aber durch ihre theoretischen Schriften und die Publikation ihrer Entwürfe das Welttheater nachhaltig. Und nicht nur das Theater: die ›screens‹ der Moskauer *Hamlet*-Bühne haben in der Kunst des russischen Konstruktivismus deutliche Spuren hinterlassen…

Appia und Craig haben die Revolution des Bühnenbilds verkündet, ein Professor an der Wiener Kunstgewerbeschule (und zeitweiliger Präsident der *Wiener Secession*) hat sie verwirklicht: Alfred Roller, den der Hofoperndirektor Gustav Mahler zum Chefbühnenbildner machte, obwohl er noch nie eine Hinterbühne gesehen hatte. Roller stellte sich bei einer Neuinszenierung von *Tristan und Isolde* vor – und dieses Datum, es war der 21. Februar 1903, ist in die Operngeschichte eingegangen als der Tag, an dem die historische Dekoration des 19. Jahrhunderts in einem der großen, von der Gründerzeit errichteten Opernhäuser überraschend zu Grabe getragen wurde. »Gemalte Tristanmusik«, war die erste Reaktion eines Kritikers auf den visuellen Schock, den er soeben erlebt hatte, und in der Tat hat Roller einen farbigen Erlebnisraum geschaffen, in dem die Musik nachhallte.

Roller kam vom Kunstgewerbe, und das war damals in Wien noch kein Schimpfwort. In dem umfassenden Entwurf des Jugendstils (in der Hauptstadt der Doppelmonarchie *Secession* genannt), der alle Lebensbereiche mit einschloß, hatte es durchaus seinen Platz. Eine Eigenart des Wiener Kunstgewerbes, die Dialektik von flächig-ornamentalen und tektonisch-konstruktiven Elementen, kam Rollers bühnenbildnerischen Überlegungen entgegen: Flächenaufbau und Raumstruktur standen bei seinen Ausstattungen in einem produktiven Spannungsverhältnis.

Ohne Mahler hätte Roller seine Vorstellungen nicht kompromißlos verwirklichen können, ohne Roller hätte aber auch Mahler nicht das Musiktheater erhalten, das ihm vorschwebte. Jede der Inszenierungen, die die beiden in den Jahren von 1903 bis 1907 gemeinsam erarbeiteten, hatte mehr oder minder Modellcharakter. Wagners *Tristan* war ein Experiment mit farbigem Hören (Roller hatte da Überlegungen von Alexander Skrjabin und Wassily Kandinsky vorweggenommen); in Beethovens *Fidelio* wurde das Licht zum Bedeutungsträger; die *Walküre* enthielt den Entwurf einer Raumbühne, Glucks *Iphigenie in Aulis* den einer fast abstrakten Stilbühne. Beim *Don Giovanni* von Mozart griff Roller auf das alte *Théâtre italien* zurück (und näherte sich dabei vielleicht dem, was man später Verfremdung nannte), und *Figaros Hochzeit* spielte in realistischen Bühnenbildern, die sich auf die konkrete geschichtliche Situation bezogen, jedoch nicht historisierend waren.

»Ich hasse die Meiningerei, die Dekoration darf nicht Selbstzweck sein«, hat Alfred Roller erklärt, »als Prinzip aller Inszenierungskunst gilt mir der Satz: Das Verhältnis des heutigen Publikums zum Bühnenwerk muß das gleiche sein wie zwischen Bühne und Publikum zu Zeiten des Dichters. Nun ändert, wandelt, entwickelt sich das Publikum fortwährend. Deshalb muß sich auch das Bühnenbild immer wandeln…« Die Frage, ob der Stil- oder der Illusionsbühne, der plastischen Dekoration oder gemalten Vorhängen der Vorzug gebühre, hielt er für falsch gestellt: »In all diesen Fragen gibt es ja keine Wahl, sie sind in dem zu inszenierenden Werk beantwortet.« Und: »Jedes Kunstwerk trägt das Gesetz seiner Inszenierung in sich.« Roller hatte also einen durchaus modernen Begriff von Werktreue, der keineswegs identisch war mit dem Wilhelm Furtwänglers, auf den sich – bewußt oder unbewußt – alle Verfechter der scheinbar stückimmanent richtigen Aufführungs- und Ausstattungspraxis beziehen.

Roller hat vermutlich die Stiche gekannt, die Szenen aus den Wiener Uraufführungen der *Zauberflöte* und des *Fidelio* darstellen, und er hat, falls er sie gesehen hat, sich sicher auch darüber Gedanken gemacht, warum die Bühnenbilder so weit hinter den von der Handlung eigentlich geforderten Schauplätzen zurückblieben. Das Publikum damals war damit durchaus zufrieden, die blassen Reste des einst so großarti-

Oskar Kokoschka: Entwürfe zur *Zauberflöte*,
Genf 1964/65

gen barocken Bühnenspektakels vorgesetzt zu bekommen. Das bürgerliche Theater, das erst in den klassizistischen Bühnenbildern Friedrich Beuthers und Karl Friedrich Schinkels, in den romantischen Szenerien der Grand Opéra sich vom höfischen Theater emanzipierte, gab es nur in Ansätzen. Wenn also, wie Roller zu Recht meinte, das Werk das Gesetz seiner Inszenierung in sich trägt, und er – ebenfalls zu Recht – postuliert, daß das Verhältnis zwischen Bühne und Publikum gleich bleiben müsse, dann kann das selbstverständlich nur heißen, daß die Erwartungen des Publikums sich, theoretisch zumindest, ausrichten an den Möglichkeiten, die das jeweils zeitgenössische Theater hat – und daß diese Möglichkeiten auch werkgerecht angewandt werden. Es gibt eben nicht die eine einzig richtige Interpretation, allenfalls die gestern, heute und morgen richtige. Das hat Roller begriffen, das sahen und sehen Künstler, die für das Theater arbeiten, ebenso (schließlich sind sie in besonderer Weise auf das Hier und Jetzt verpflichtet).

Einmal angenommen, wir lebten tatsächlich in einer Zeit des Post-histoire, hätten also unsere innovatorischen Kräfte erschöpft und wären angewiesen auf den Pluralismus des Vorhandenen, dann stellt sich die Frage nach der Legitimität eines Neohistorismus, der den Historismus des 19. Jahrhunderts zu Ende denkt. Jener hat nämlich meist nur Geschichte in die Gegenwart hereingeholt und – was das Theater angeht – regelrecht Archäologie betrieben (Schinkels ägyptisierende *Zauberflöte* aus dem Jahr 1816 ist dafür ein Paradebeispiel), selten aber Gegenwart in die Geschichte projiziert. Wagners *Ring*, eine Überhöhung des Industriezeitalters im Mythos, kann man zu den Ausnahmen rechnen. Das hieße dann, falls man die Berechtigung eines Neohistorismus in unseren Tagen anerkennt, daß der Bühnenbildner und konkret: der Künstler als Bühnenbildner heute eine Bildsprache benutzt, die das Vokabular von Gestern für ihre Zwecke adaptiert und dieses so aktualisiert; das Verhältnis zwischen Bühne und Publikum wäre dann ja, sicher in einem von Roller nicht gemeinten Sinne, tatsächlich gleich.

David Hockney hat Bühnenbilder entworfen, die – immer unter den angenommenen Voraussetzungen – diese Form der vergegenwärtigenden Rückprojektion zeigen. Seine Ausstattung der *Zauberflöte*, 1978 beim Glyndebourne Festival erstmals präsentiert (und erst kürzlich von der Mailänder Scala übernommen), übersetzt den hohen Stil der Schinkelschen Bilder in den Slang der Pop-Generation. Die Entwürfe des großen Architekten, in denen aufblitzt, wozu die Verbindung von Phantasie und Philologie fähig gewesen wäre, dienten Hockney sozusagen als Blaupause, in die er hineinzeichnete. Er hat den zentralperspektivischen Bildaufbau übernommen, verschleiert aber – anders als Schinkel – nicht, daß die Tiefe nur vorgetäuscht ist und korrigiert auch dessen Vision einer vom Verfall unberührten antiken Welt. Bei Hockney liegen zwischen Tempelpyramiden und Obelisken die Trümmer gigantischer Pharaonenstatuen herum, und Sarastros Palast steht nicht im Tal der Könige, sondern eher in einem Hollywood-Studio. Wo Schinkel die Szene mit prachtvollen Architekturen rahmt, nimmt Hockney die *Art-deco*-Ornamente von Spielautomaten.

Der Neon-Barock war schon vor Hockney auf der Bühne heimisch, das Theater reagiert rasch auf Signale der Außenwelt, bemerkenswert ist jedoch wie der englische Maler unter Verwendung von Elementen der visuellen Alltagskultur ein quasi-klassisches Bühnenbild entwirft, das er durch eben diese Anleihen gleich wieder ironisiert. David Hockney stellt im Rückgriff auf die künstlerisch bedeutendste Bühnengestaltung des 19. Jahrhunderts das Vorbildhafte der Schinkelschen Lösung fest, kritisiert aber zugleich deren Anspruch auf Gültigkeit unabhängig von der Zeitsituation. Ähnliches hat es übrigens schon in den 20er Jahren gegeben: damals baute man für Inszenierungen von Händel-Opern konstruktivistische Barockbühnen. Und auch dabei war die Absicht, aus dem Spannungsverhältnis von historischem Modell und dessen aktualisierter Interpretation einen theatralischen Schauplatz zu gestalten, der den Abstand zur Vergangenheit zeigte und aufhob.

Mit Hockneys *Zauberflöte* betrat die Post-Moderne zu einem Zeitpunkt die Bühne, als der Begriff gerade erst erfunden war. Post-Moderne meint letztlich den freien Zugriff auf Geschichte, also Eklektizismus. Da bietet sich an, Stücke in ihre Entstehungszeit zurückzuversetzen, nicht naiv natürlich, mit all dem

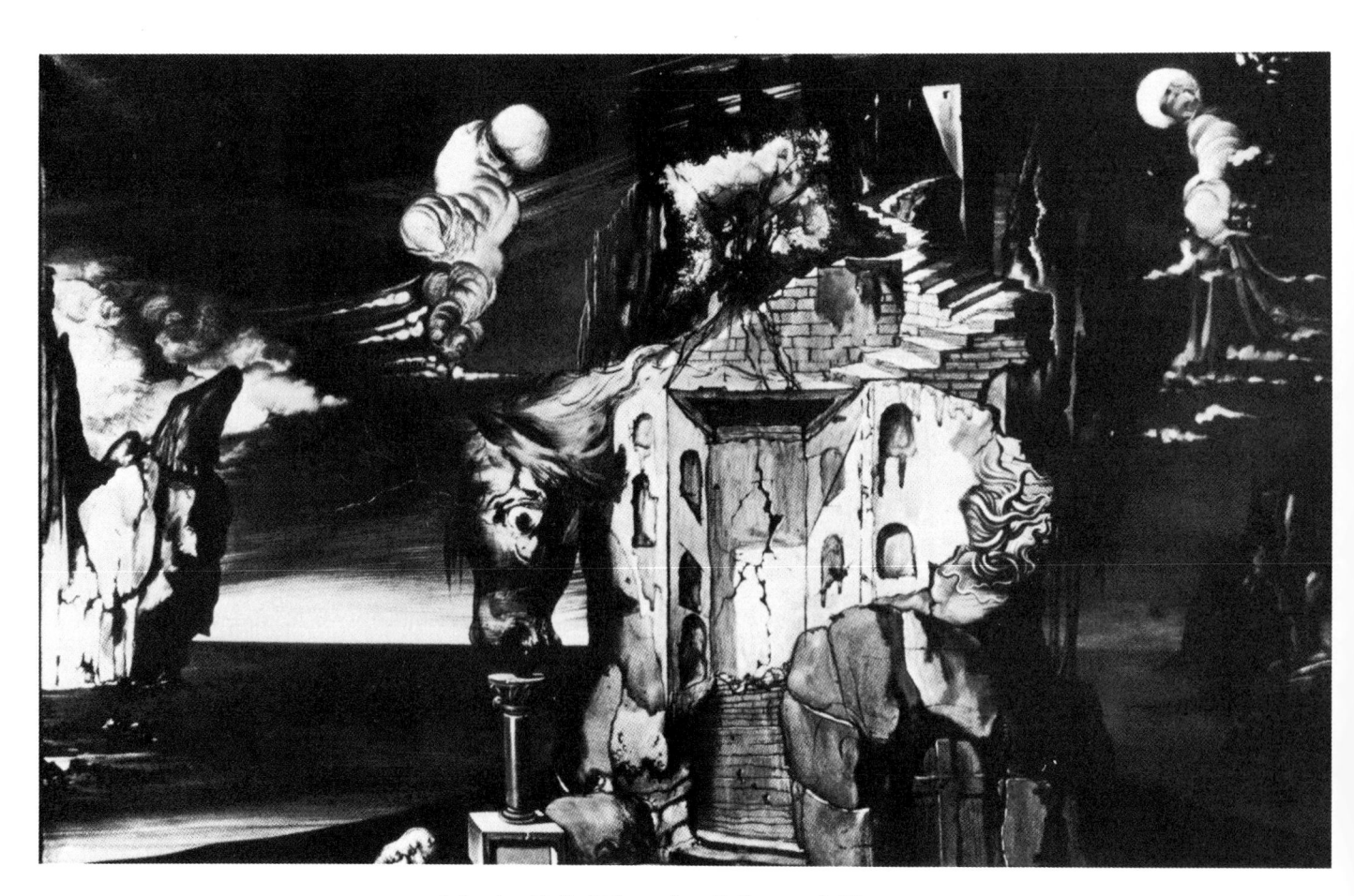

Salvador Dalí: *Tristan fou*, Ballett nach Wagner,
New York 1944

Wissen vielmehr, das wir inzwischen haben über die betreffende Epoche. Man wird also die *Salome* von Richard Strauss nicht mehr in Herodes' Tagen ansiedeln, sondern im Fin de siècle. Nun macht es aber einen gewaltigen Unterschied, ob man das Stück in einer farbenprächtigen Jugendstildekoration spielen läßt und sich dabei auf die Kunstgeschichte beruft, oder ob man – wie Salvador Dali es getan hat – die Tragödie der schönen Prinzessin in eine labyrinthische Felsenburg verlegt, wo die überhängenden Gesteinsmassen jederzeit sich lösen und das mit Pfauenschwänzen geschmückte königliche Zelt unter sich begraben können. Der Surrealist Dali, der es immer geschickt verstanden hat, sein beträchtliches Wissen hinter einer wirkungsvoll behaupteten Paranoia zu verbergen, entrückte die Oper in eine Art Endzeit, brachte also den geistesgeschichtlichen Horizont der Zeit um die Jahrhundertwende ins Spiel.

Dali hat sich mit den Arbeiten Sigmund Freuds beschäftigt und wußte einigermaßen Bescheid über die Mechanismen des Unbewußten. Seine *Salome*-Dekoration, entstanden 1949 für eine Aufführung am Londoner Covent Garden, bei der Peter Brook Regie führte, macht sichtbar, was Strauss sozusagen mitkomponiert hat, ohne sich das bewußtzumachen. Das Verfahren, Motivationen freizulegen, über die sich der Autor höchstwahrscheinlich nicht im klaren war, führt – ins allgemeine gewendet und weiter gefaßt – zu der Frage, inwieweit es die Aufgabe des Bühnenbildners sein kann, Opern, die aus bühnentechnischen Gründen in ihrer Zeit nicht optimal zur Wirkung kamen, szenisch zu vollenden und darüber hinaus aufzuschlüsseln, welche versteckten oder offenen Zeitbezüge uns heute noch angehen. Die Antwort hängt nicht zuletzt davon ab, ob man bereit ist, der Oper, die ja als letzte Domäne des schönen Scheins gilt, die Annäherung an die Wirklichkeit zu gestatten. Die empörte Reaktion des Bayreuther Publikums, als Patrice Chéreau einen Gott auf offener Bühne einen Menschen einigermaßen realistisch abschlachten ließ, ist auch schon eine Antwort...

Einen Zuschauer des 18. Jahrhunderts hat es wenig interessiert, wie Karthago wirklich aussah, Hauptsache, es brannte; einer des neunzehnten wollte schon wissen, wie man damals baute, und am liebsten auch, welche Uniformen die Feuerwehr damals trug – er besaß ein neugierig-kulinarisches Verhältnis zur Geschichte. Und der Zuschauer des 20. Jahrhunderts, soll der nun wissen wollen, warum Karthago brannte? Ganz und gar nicht. Die Oper will nur ernstgenommen werden und erwartet deshalb von ihm eine andere Art von Neugier, eine, die sich auf das Kunstwerk bezieht. *Hoffmanns Erzählungen* von Jacques Offenbach zum Beispiel ist ein Stück, das bis zu der Aufführung an der Kroll-Oper in Berlin (1929) nicht ernstgenommen wurde. Erst der Bauhausmeister László Maholy-Nágy hat mit seinen konstruktivistisch klaren und doch imaginären Räumen, in denen Licht und Schatten eine ungreifbar wirkliche, greifbar unwirkliche Atmosphäre schufen, das Doppelbödige, ja Bodenlose dingfest gemacht, das in dieser Oper steckt.

Eine Oper ernstnehmen, kann auch heißen, sie unabhängig von der bisherigen Aufführungstradition daraufhin zu untersuchen, ob in ihr noch unentdeckte Dimensionen vorhanden sind, die vielleicht gerade durch die vermeintlich gesicherte Interpretation verdeckt werden. Der Architekt Hans-Dieter Schaal, der schon für die Frankfurter Aufführung von Berlioz' *Trojanern* eine feingliedrig monumentale Bühnenlandschaft entworfen hat (die beiden Adjektive widersprechen sich hier einmal nicht), siedelt Alban Bergs *Wozzeck* nicht in den engen Räumen einer Kasernenwelt an, sondern in einer Stadt, deren drohend aufragende Bauten die Wände eines Gefängnisses sind, aus dem niemand ausbrechen kann. Eine Flucht wäre auch sinnlos, denn hinter diesen Mauern, die sich öffnen und so scheinbar einen Weg öffnen in die Freiheit, kommen einfallende Häuser zum Vorschein. Am Schluß der Oper versammeln sich die Überlebenden in einer Trümmergegend, die keine Hoffnung macht auf eine menschliche Zukunft. Schaal hat die »Architektur-Oper«, wie er den *Wozzeck* nennt, zunächst an der Ost-Berliner Staatsoper (1984) und dann – wiederum mit Ruth Berghaus als Regisseurin – an der Pariser Oper (1985) realisiert. Eine ungewöhnliche Interpretation, welche die inneren Zwänge, denen die Personen ausgeliefert sind, auf eine äußere Situation projiziert, die das psychische Geschehen, ohne zu psychologisieren, widerspiegelt.

Günther Uecker: *Parsifal*,
Stuttgart 1976

Hans-Dieter Schaal: *Wozzeck*,
Paris 1985

Was Hans-Dieter Schaal, einem Bühnenbauer im wörtlichen Sinn, bei diesem *Wozzeck* vorschwebte, war eine Vergegenwärtigung der Handlung, die das Heute mit dem Damals gedanklich verknüpft: er geht über die Möglichkeiten, die das Theater bei der Uraufführung (1925) gehabt hätte, nicht hinaus; nur hat in den 20er Jahren eben keiner daran gedacht, die in der Literatur und der Kunst gängige Großstadt-Metapher auf die Oper anzuwenden. Vergegenwärtigung bedeutet Unmittelbarkeit, meint, bezogen auf den Zuschauer: ein Erlebnis, das nicht auf dem Wiedererkennen beruht.

Diese Unmittelbarkeit zu erreichen, ist das eigentliche Problem des heutigen Musiktheaters. Der Bildhauer Günther Uecker, der gelegentlich Ausflüge in die Oper macht, hat für Götz Friedrichs *Tristan*-Inszenierung an der Stuttgarter Staatsoper (1981) Bühnenskulpturen entworfen, die vom Realen zum Symbolischen hin durchlässige Räume bezeichneten, Räume, die – auf die Musik antwortend – szenische Leitmotive anboten. Uecker arbeitet auch im Theater mit autonomen künstlerischen Mitteln, und aus diesem Grund vermeidet er das Wort Bühnenbild. Auffälliges Merkmal dieser Räume war die enthistorisierende Tendenz, es war nicht oder kaum möglich, sie mit Vorwissen zu besetzen, sie bedeuteten nicht Cornwall und verwiesen nicht auf ein Mittelalter. Ueckers Bühne sperrte sich jedoch nicht gegen eine Einfühlung, bei der im Idealfall die, seitens des Künstlers eingeflossenen, Erfahrungen sich mit denen des Zuschauers trafen. Günther Uecker hat in der Entsprechung zur musikalischen Partitur eine visuelle Partitur erarbeitet, die eine deutlich als Kunst von heute erkennbare Notation verwendet. Möglicherweise, überlegte er, ließe sich so (und nur so) eine Aufführung herstellen, die man als Uraufführung verstehen könnte. Ein bestechender Gedanke.

David Hockney: Entwürfe zur *Zauberflöte*,
Glyndebourne 1978

III

Rückblick auf die Spielzeit 1984/85

Lew Kopelew

Puschkin und kein Ende...

I

In der Kindheit erlebt man die ersten Verse, ohne nach dem Verfasser zu fragen: »Ein Männlein steht im Walde ganz still und stumm...«, »Hänschen klein ging allein«, »Fuchs, du hast die Gans gestohlen...« Die Kinderreime nimmt man genauso auf wie die ersten Worte der Muttersprache, und sie prägen sich ganz unbemerkt im Gedächtnis ein.

Die Worte *Dichtung* und *Dichter* hörte ich wohl schon viel früher als den Namen Puschkin. Doch in meinem kindlichen Gedächtnis blieb haften: Dichtung – das ist Puschkin. Ich weiß nicht mehr, welche seiner Gedichte man mir zuerst vorlas, wahrscheinlich die gereimten Märchen. Schon zu meinem 10. Geburtstag bekam ich dann *Eugen Onegin* geschenkt – eine Einzelausgabe mit prachtvollen Illustrationen. Die ersten Begegnungen mit Puschkins Versen sind für immer in meinem Gedächtnis haften geblieben: das frische, leuchtende Kolorit, die so deutlich sichtbaren Gestalten und der bezaubernde Klang der Worte. Doch je mehr ich den Sinn dieser Verse zu verstehen begann, um so stärker wurde auch jene unbewußte Freude an der Poesie, die ich in der Kindheit durch die lustigen Abzählreime, die Spottverse und die sanfte Melancholie der traurigen Volkslieder erlebte. Damals wirkte die Dichtung auf mich als elementare Kraft, die von der elementaren Kraft der Sprache kaum zu trennen war. Aber seit ich begann, Puschkin zu hören und zu lesen, wurde mir diese vorher unbewußte Freude immer mehr bewußt. Und diese neue Erkenntnis ließ mich zugleich auch alle anderen Gedichte, Prosa, Malerei und Musik besser verstehen und empfinden.

Unsere Lehrerin Lydia Lasarewna Woideslawer las uns Neun- und Zehnjährigen Puschkins *Stanzen* vor:

> *Wenn ich durch laute Straßen gehe,*
> *In überfüllten Kirchen bin,*
> *Der Jungen Unvernunft so sehe,*
> *Dann kommt mir manches in den Sinn.*
>
> *Ich sage mir: Es fliehn die Jahre*
> *Und ist die Menschheit auch Million,*
> *Wir enden alle auf der Bahre*
> *Und manchem schlägt sein Stündlein schon.*
>
> *Ich seh den Eichenbaum, den breiten,*
> *Der Patriarch steht einsam da:*
> *Er überlebt auch unsere Zeiten,*
> *Er, der die Väter gehen sah.*
>
> (Übersetzung: Kay Borowsky)

Hätte ich dieses Gedicht damals einfach nur gehört oder gelesen, wäre es mir vielleicht stärker im Gedächtnis geblieben als andere Gedichte. Ich kannte ja zu jener Zeit schon verschiedene Gedichte von Puschkin, Lermontow, Nekrassow, Goethe, Schiller und Heine auswendig. Doch unsere Lehrerin las uns

Puschkin in
Selbstporträts
1820 1829
1827 1836

die *Stanzen* nicht nur vor, sondern sprach auch mit uns darüber. Es war in meinem Leben das erste ernsthafte, *erwachsene* Gespräch. Sie erklärte, daß wir Menschen uns von allen anderen Lebewesen auf der Erde dadurch unterscheiden, daß wir um den Tod wissen – wissen, daß wir sterben werden. Dieser Tatsache werden wir uns erst dann bewußt, wenn wir wirklich zu Menschen werden, wenn wir zu denken beginnen. Denn kleine Kinder sind ja überzeugt, daß wir ewig leben werden. Lydia Lasarewna sprach darüber leise und ruhig zu uns: daß die Gedanken an den Tod sehr schwierig, aber sehr wichtig seien, daß man ohne sie das Leben gar nicht verstehen könne und auch nicht, wozu wir leben. Meistens erschrecken sie uns, und ängstliche Menschen versuchen einfach, sie zu verdrängen, vor ihnen zu flüchten.

Diejenigen, die an Gott glauben, hoffen auf ein Leben nach dem Tode, aber auch sie fürchten sich häufig, an den Tod zu denken. Selbstgefällige und einfältige Menschen wollen überhaupt nie daran erinnert werden, um sich das Leben nicht zu vergällen. Doch auch manche mutige Menschen weichen solchen Gedanken aus, damit Furcht und Trauer ihre Seele nicht belasten.

Puschkin aber hat ein Gedicht darüber geschrieben, wie er stets an sein unausweichliches Ende dachte. Doch diese traurigen Gedanken in seinen Versen erschrecken und bedrücken uns nicht. Im Gegenteil, sie ermutigen, wecken das stolze Gefühl der Menschenwürde in uns.

Wenn man aber den Inhalt dieser *Stanzen* wiederzugeben versucht: die Alten sterben; die Jungen wachsen heran; die Eiche, in deren Schatten schon die Vorfahren lebten, wird auch noch die Urenkel überleben, so erscheinen einem diese Wahrheiten eher trivial. Doch wichtig ist ja, wie der Dichter das, was er sagen will, zum Ausdruck bringt. Wichtig sind nicht nur die Worte, sondern auch die Intonation, in der sich das Verhältnis des Autors zu den Grundgedanken seines Gedichts und auch seine Persönlichkeit ausdrücken. Wichtig sind die Bilder und die Musik – der Klang, die Sprachmelodie, die Nuancen der Gedanken und Gefühle.

Puschkins *Stanzen* sind von sanfter Melancholie und von Liebe durchdrungen – von der Liebe zu völlig unbekannten jungen Menschen, zum Kind, zur Heimat. In diesem Gedicht wird das Wissen um den Tod und um das un-endliche Weiterleben der Natur verdichtet. Durch die Melodie der Worte dringt die stumme Musik der Gedanken und Gefühle des Dichters hindurch. Puschkin versucht nicht zu trösten. In den *Stanzen* wird weder von der Unsterblichkeit der Seele und paradiesischem Glück, noch vom dankbaren Gedenken der Nachgeborenen gesprochen. Doch aus jeder Zeile klingt die überlegene und mutige Würde eines Menschen, der bereit ist, dem Tod mit Trauer, aber ohne Furcht zu begegnen, der das neue Leben und die ewige Schönheit der Natur segnet.

II

In *Eugen Onegin*, dem Roman in Versen, den der große Literaturkritiker Wissarion Belinski eine »Enzyklopädie des russischen Lebens« genannt hat, gestaltet der Dichter lustige und traurige Szenen in den Hauptstädten Petersburg und Moskau und auf dem Lande, ein farbenreiches Panorama verschiedenster Menschen aus allen Ständen, Generationen, verschiedene Schicksale, Wesensarten, gibt die traurigen und weisen Gedanken des Autors wieder. Er selbst brachte das in einer Widmung zum Ausdruck, die an einen Freund gerichtet ist:

> *...Dieser Kapitel Bunterlei,*
> *Die, halb zum Lachen, halb zum Weinen*
> *Volkston und Ideal vereinen,*
> *Sorglose Frucht von Spielerei,*
> *Schlaflosen Nächten, Inspirierung,*
> *Unreifer, welker Jahre Sinn,*
> *Verstandes kalter Registrierung*
> *Und Herzens schmerzlicher Gewinn.*
> (Übersetzung: Rolf-Dietrich Keil)

In Deutschland beginnt man Puschkin erst jetzt richtig kennenzulernen, obwohl schon im 19. Jahrhundert gewissenhafte Literaten seine Werke übersetzt hatten; aber die wirklich poetischen Übersetzungen und Nachdichtungen erschienen eigentlich erst um die Mitte unseres Jahrhunderts. Die Nachdichtung des *Eugen Onegin* von Rolf-Dietrich Keil ist meines Erachtens die beste von allen, die ich bisher gelesen habe. Und ich bin überzeugt, daß den deutschen Lesern und Hörern noch viele freudige Entdeckungen aus Puschkins Dichtung bevorstehen. Im Unterschied zu den Naturwissenschaften, die immer Eindeutigkeit verlangen, wie es zum Beispiel für die Gesetze der Physik und der Chemie notwendig ist, die in allen Sprachen das gleiche bedeuten, sind wahrhaft große Kunstwerke immer vieldeutig. Sie können mehrmals in eine andere Sprache und auch in andere Kunstgattungen umgewandelt werden. Dichtung wird zu Musik oder Musik wird zum Wort, die Werke von Dichtern, Schriftstellern oder Komponisten inspirieren Maler und Bildhauer. Deswegen bleiben wahre Kunstwerke nie *unbeweglich*, sie wachsen, sie entwickeln sich mit der Zeit. Darin besteht ihre unendliche Lebenskraft. Die Zauberkraft der Werke von Homer und Shakespeare, Cervantes und Goethe drückt sich auch darin aus, daß sie viele Jahrhunderte später in anderen Ländern, in anderen Sprachen, unter ganz anderen sozialen und kulturellen Bedingungen in immer neuen Verwandlungen weiterleben. Durch jede neue Übersetzung und jedes Mal, wenn aus einem Gedicht oder einer Erzählung ein Drama, ein Film oder ein musikalisches Werk entsteht, ist es wohl ein neues eigenständiges Kunstwerk, aber zugleich erweitert, verjüngt es auch dasjenige, aus dem es entstanden war. So leben in Jahrhunderten Hamlet und Faust, die immer wieder von neuen Übersetzern, Malern, Schauspielern und Komponisten verjüngt werden, so hat auch *Eugen Onegin* ein neues Leben in der Musik von Tschaikowsky erhalten und lebt weiter, immer wieder verjüngt durch neue Aufführungen und neue Übersetzungen.

Einst, als ich noch Jungkommunist war, erinnerte ich mich an die Stunden, an die Lehren von Lydia Lasarewna eher herablassend. Sie tat mir leid, denn sie lehrte, wie ich damals glaubte, einen *naiven Idealismus* und *abstrakten Humanismus*. Ebenso wie die meisten meiner Kameraden begeisterte ich mich in jenen Jahren vor allem für revolutionäre Dichter – für Majakowski, Jessenin und andere. Unsere Liebe zu Puschkin, zu Lermontow, zu Goethe, Byron und Schiller haben wir wohl nie verloren und nie verborgen, hielten es aber für notwendig, sie einzuschränken, indem wir kritisch die »Schwächen«, die »falschen Ansichten«, die »sozial-historisch bedingte Beschränktheit« der großen Dichter der Vergangenheit tadelten. Puschkin hatte ja Leibeigene gehabt, hatte sogar ein paar lobende Gedichte auf den Zaren geschrieben. Aber zum Glück vermochte diese ideologische Verdummung nicht die seit der Kindheit verwurzelten Verbindungen mit der großen Dichtung zu schwächen, konnte auch die einst liebgewonnenen Gedichte nicht aus dem Gedächtnis verdrängen.

In den schrecklichsten Stunden und Tagen meines Lebens, als der Tod ganz nahe schien, in den schwersten Tagen und Wochen von Gefangenschaft, Krankheit, Exil hat mir immer wieder die heilende Macht der Poesie geholfen. Das Gedächtnis rief die großen Freunde zu Hilfe – die Gedichte der Klassiker und zeitgenössischen Autoren; sehr oft half mir Goethe und immer Puschkin. Er bezeugt für alle Zeiten: Um würdig zu leben, darf man den Tod nicht vergessen, so wie er selbst ihn nie vergessen hat:

> *Ich möchte, daß an meinem Grabe*
> *Das junge Leben fröhlich spielt,*
> *Am Gleichmut der Natur sich labe,*
> *Und diese ewig weiter blüht.*
> (Übersetzung: Kay Borowsky)

Aus dem Russischen übersetzt von Irene Kawohl in Zusammenarbeit mit dem Autor.

Hanspeter Krellmann

Zeitgenosse Paul Hindemith?
Anmerkungen anläßlich seines 90. Geburtstages am 16. November 1985

Es scheint ein Faktum, daß man sich in diesem Musikjahr 1985 lieber und leichter einläßt auf Bach und Händel, auch auf Berg, als auf Orff und Hindemith. Vor allem Hindemith setzt Fragezeichen, der Zugang zu ihm ist wie mit Stolpersteinen belegt. Warum eigentlich?

Hindemith, der Widerspruchsgeist, der er wohl selbst immer sein wollte, scheint weiter Widersprüche zu evozieren und Ratlosigkeit zu erzeugen. Seine Person ist in der Rückschau eher von Redlichkeit als von Glanz und Aufbruchstimmung umgeben. Seine Musik wirkt – mehr von geredeter als von erfahrener Einschätzung her – durchaus klassikerwürdig. Ein starkes, offizielles Wort! Klassiker zu sein heißt vor allem, mit einem Schaffen für die Nachwelt und vor ihr gesichert dazustehen, überprüfbar zu sein. Trifft das für Hindemith zu? Warum sollte er es nicht erreicht haben?

Da stellt sich zunächst die Frage nach der Verfügbarkeit eines künstlerischen Schaffens allgemein. Nur wenige kennen das Werk Bachs und Händels vermutlich Note für Note. Aber beider Œuvre steht dennoch zur Verfügung, ist abrufbar. Nicht anders ist es bestellt um das Schaffen Schönbergs und das seiner Schüler Berg und Webern, aber auch um das Tschaikowskys, von dem man ebenfalls nicht jedes Lied und jedes einzelne Klavierstück kennt, das aber in seinen Schwerpunkten und Grundzügen vertraut ist. Das trifft für Hindemith so nicht zu. Sein kompositorisches Feld ist zwar überschaubar und überprüfbar. Dennoch steht es uns nicht zur Verfügung. Es ist nicht abrufbar, weil wir unsererseits ihm gegenüber unsicher sind. Wofür es Gründe geben muß.

Hindemith wollte ein populärer Komponist mit Anspruch sein. Er verpflichtete sich zum Beispiel der Jugendmusikbewegung, schrieb quasi-leichte Gebrauchsmusik ohne sich anbiedernde Effekte (wobei er später abstritt, der Inaugurator des Begriffs Gebrauchsmusik gewesen zu sein). Hindemith bekannte sich zu überkommenen Formen, schrieb Opern, Sinfonien, Sonaten für alle denkbaren Instrumente. Er bedachte Pianisten und Organisten. Hornisten, Posaunisten und Tubisten müssen sich ihm verpflichtet fühlen, da sie ihm einige ihrer wenigen Solo-Vortragsstücke zu danken haben. Hindemith wollte musikalischer Lehr- und Zuchtmeister im Sinne der alten Meister, wollte selbst wahrscheinlich altmeisterlich, ja vielleicht ein alter Meister von jungen Jahren sein, weil er sich dem Neuen so verpflichtet gefühlt haben mag, wie er vom Tradierten nicht lassen konnte und wollte. Und er hatte sich einer Vielseitigkeit um fast jeden Preis verschrieben.

Neunzig Jahre nach seiner Geburt erleichtert uns das nicht den möglichst objektiven Blick auf ihn. Denn zunächst stellen wir fest: wir kennen Hindemith erstaunlicherweise nur ausschnitthaft, mögen ihn gar nur punktuell. Dabei ist er durchaus für Überraschungen, positive wie negative, gut. Während man weiß, daß uns bei Schönberg eine in sich abgeschlossene Ästhetik erwartet (nichts fällt bei ihm aus der Norm), nicht anders als bei Händel und Bach, so wird man bei Hindemith durchaus in Erstaunen versetzt. Etwa bei der Wiederbegegnung mit seiner Oper *Cardillac* oder seinem grandios gearbeiteten und entsprechend ausstrahlungsstarken zweiten Streichquartett. Der in der Person Hindemiths selbst vermutete Widerspruch erhält so neue Nahrung. Aber ist *Cardillac* deshalb ein Meisterwerk? – und der Begriff drängt sich auf bei einem Komponisten, der Meistertugenden vertrat und deshalb Meisterehren verdient.

Schönbergs aufrüttelnd-unfertiger *Moses und Aron* und Hindemiths *Cardillac* im Vergleich – wie nimmt sich das aus? Darf man beide überhaupt vergleichen, oder muß man sie sogar vergleichen? Die moralisierend-schwergewichtige Thematik beider Opern besitzt gewiß gleichartigen Rang, die tiefgreifende Ehrlichkeit der musikalischen Ausarbeitung nicht minder. Rezeptionsprobleme bieten beide Werke, sind jedoch, wie die Praxis zeigt, in beiden Fällen zu bewältigen. Stellt sich somit die Frage, welches Werk mehr Nachwirkung in sich trägt. Und warum es um solche Wirkung geht. Gehen muß, womöglich.

Seltsamerweise ist man bei Hindemith versucht, bei ihm mehr als bei anderen, alles, auch scheinbar gesicherte Erkenntnisse, in Frage zu stellen. Wahrscheinlich ist die Gewöhnung oder der Zwang zur ausschnitthaften Betrachtung seines Werkes schuld daran. Bei Hindemith stellt man gezielt und punktuell Fragen. Eine Klaviersonate Mozarts ordnet sich ein ins Mozartische Stilbild. Die zweite Klaviersonate Hindemiths, eine seiner Orgelsonaten, die Mathis-Symphonie oder die Weber-Metamorphosen, sie alle bilden bei jedem neuerlichen Hören, zu dem selten genug Gelegenheit besteht, immerhin Ordnungspunkte. Man bezieht von ihnen aus neu Position. Wie aber kann sich eine solche Einzelerfahrung zur übergeordneten Einschätzbarkeit, um die es geht, fügen?

Klassikerbewußtsein setzt stilbildende Kräfte voraus. Klassiker der Moderne hat man Hindemith, Strawinsky, Bartók und Schönberg vorschnell genannt, man hat sie unter ein Etikett verbannt, unter das keiner der vier so recht paßt. Denn Klassiker zu sein, heißt ja auch, zur Schulbildung fähig zu sein. Klassiker der Moderne ist eine paradoxe Formel, wie Carl Dahlhaus jüngst fast euphemistisch angemerkt hat. Aber die Schulbildung, die das Vorrecht von Klassikern sein soll, steht bei diesen vier dahin, wie man heute sieht. Wo gäbe es etwa Nachfolger Bartóks, wo könnte sie es überhaupt geben, da Bartók doch – wie Janáček – Originalgenie war und niemand ohne Einbuße an Eigengesicht so hätte komponieren können wie er. Anders steht es um Schönberg. Nicht nur Berg und Webern als seine Schüler legitimieren den Schulbegriff. Die Saat der Schönbergschen Errungenschaft ist erst 1945 richtig zum Tragen gekommen. Die Dodekaphonie, Schönbergs Erfindung also, ist somit wirklich schulbildend geworden; insofern darf Schönberg, wenn wir der angeschlagenen Definition folgen, Klassiker genannt werden. Igor Strawinsky in gewissem Umfang auch: seine kompositorischen Modelle und Muster konnten zwar nicht unmittelbar übernommen werden, wenn man sich nicht eines Plagiatsverdachtes aussetzen wollte. Aber sie wurden aufgegriffen und setzten sich im musikalisch-kompositorischen Denken der Zeit fest.

Was hat nun Hindemith in solcher Beziehung bewirkt? Sein linearer Kontrapunkt – beispielsweise – hat sich nicht fortsetzen und ausbauen lassen. Wer mit diesem weiterkomponierte, verwendete eine Kompositionstechnik, die sich bald von selbst als Manier entlarvte. Das ist im übrigen recht schnell bemerkt worden. So hatte Hindemith zwar Schüler, die indes, zusammengenommen, keine Hindemithschule ausmachten. Es wurde zwar eine Zeitlang hindemithisch komponiert, zumal ja der Komponist selbst als Lehrer für seine Haltung werbend eintrat, besonders in Front gegen die Dodekaphonisten, und vielerorts auf offene Ohren stieß. Zumindest Ansätze zu einer musikalischen Tradition wurden damit evident. Aber sie manifestierten sich stetig als konservativ-rückschrittlich, entstanden sozusagen aus der Haltung gegen ein Feindbild, nämlich das des Experimentes, und ohne Experimente findet keine Entwicklung statt. Mangelt es deshalb dem Schaffen Hindemiths an Entwicklung, stand der Komponist Entwicklung in diesem Sinn abwehrend, zumindest abwartend gegenüber?

Wir müssen immer wieder zurückkommen auf unser eigenes, wahrscheinlich selbstverschuldetes Verhältnis zu Hindemith. Haben wir uns zu wenig um seine Musik gekümmert, anderes für prophetisch genommen, das diesem Anspruch ebenfalls nicht standgehalten hat? Tatsächlich sind der Dodekaphonie als Methode auch nur zwanzig Jahre vorbehalten gewesen. Danach trennte man sich von den Gesetzmäßigkeiten, die in Erstarrung geführt hatten. Heute, weitere zwanzig Jahre später, zeigt sich indes, daß alle Beschäftigung damit nicht vergeblich war: der Weg hat weitergeführt, wenn auch in andere Richtungen,

Volkram Anton Scharf: Paul Hindemith, 1933

so daß wir heute fähig sind, dem Schaffen eines Schostakowitsch anders und gerecht zu begegnen. Diese Möglichkeit hatte vorher nicht bestanden.

Arno Schmidt hat in einer Edgar Allan Poe-Übersetzung den Satz hingeschrieben, Komponist sein sei eine Lebenslänglichkeit. Versteht man diese Formulierung von der Rezeptionsseite her, so mag sie bedeuten, daß ein Komponist, auch wenn man ihn zu verstehen glaubt oder verstanden zu haben glaubt, lebenslänglich, nämlich *unser* Leben lang, Probleme aufgeben muß. Tut er es nicht, verliert er den Anspruch auf Aufmerksamkeit. So wie Wilhelm Furtwängler einmal von Beethovens neun Symphonien als von einem nie gut genug auszudenkenden Wunder gesprochen hat. Also in dem Sinn, daß immer ein Rest bleibt, selbst wenn einem jede Passage vertraut ist, daß zumindest ein Wunder bleibt, das man bestaunen kann.

Hindemith scheint ein solcher Komponist von Lebenslänglichkeit nicht zu sein. Sein Werk hat nicht Schule bilden können, so daß sich von ihm aus auch keine kulturelle Tradition fortsetzen läßt. Hindemiths eigene eingestandene Vorliebe zum Musikmachen (das wichtiger sei als Musikhören, wie er gesagt hat), ein Musikmachen aus dem Handgelenk mit hoher technischer Versiertheit, so daß komplizierte Vorgänge restlos beherrscht und selbstzweckhaft wurden, hat bei seiner Musik zu einer an sich begrüßenswerten Nimbuslosigkeit geführt, die jetzt offensichtlich zurückschlägt. Da es in Hindemiths Musik nichts Verrätseltes gibt, muß infolgedessen auch nichts enträtselt werden. Muß deshalb auch alles nicht so ernst genommen werden?

Hindemith war gewiß nicht empfindungsarm, war aber gewiß auch kein empfindsamer Komponist. Sein Weg führte deshalb weder ins Geschmäcklerische noch in die Untersuchung. Der flapsige Klavierschülerspruch: *Hindemith, her damit, weg damit* könnte sogar vom Komponisten selbst stammen: Musik sollte gespielt, nicht gedacht werden. Das ist ein gewiß ehrenwerter Standpunkt, der im übrigen für manchen anderen Komponisten ebenso zutrifft (man denke an Richard Strauss, aber auch an Hans Pfitzner oder Max Reger). Im Hindemithschen Musikdenken muß es aber darüber hinaus Kriterien geben, die letztlich zu einer Verarmung geführt haben und die Musik zum Tagesereignis haben absinken lassen.

Und nochmals die Frage: haben wir selbst genug getan, um unser Verhältnis zu Hindemith zu bereinigen? Sicher ist die Musikvermittlung nicht schuldlos daran, daß unser Wissen um seine Musik als geradezu fragmentarisch bezeichnet werden muß. Denn bevor von persönlichkeitsgerechter Einschätzung, gar vom Heben unbekannter Schätze zu sprechen ist, muß der Betrachtungsgegenstand verfügbar sein. Das ist er bei Hindemith nicht. Also sind wir auf den Einzelfall angewiesen. Er führt potentiell zu den beschriebenen Überraschungseffekten. Die gibt es für unsere Ohren stärker bei *Cardillac* als bei *Mathis der Maler*, beim zweiten Streichquartett mehr als beim Oktett beispielsweise. Dabei zeichnet sich eine bestimmte Richtung ab. Sie führt tendenziell mehr zum jüngeren als zum älteren Hindemith, zumal der ältere es in einigen Fällen für richtig gehalten hat, sich von frühen Arbeitsergebnissen zu distanzieren und diese zu korrigieren. Dafür ist die Oper *Cardillac* ein historisch gewordener Fall.

Aber selbst in früher Musik Hindemiths bleiben bei Wiederbegegnungen mit ihr Fragen nicht aus, die sich zu Fragen über die Kompositionsästhetik verknoten. In Ansätzen wollte Hindemith spürbar aufklärerisch wirken, wollte zeigen, wie weit man in selbstverschuldete Unmündigkeit zurückgefallen ist im Laufe von zweihundert Jahren Musikgeschichte. So verwendete er die Fuge – etwa in *Cardillac* – abgelöst vom dramaturgischen Kontext, ohne Rücksicht auf den Handlungsverlauf oder -inhalt. Er wollte beweisen, daß die Form Fuge auch in solcher zugespitzten theatralischen Situation anwendbar ist, daß sie *funktioniert*, was Glenn Gould, der sich im übrigen für Hindemith eingesetzt hat, zu dem lapidar-sarkastischen Wort veranlaßt hat, bei Hindemith ergebe sich Ekstase meist aus Fugensituationen. Das jedoch muß eine verinnerlichte geistige Ekstase im Komponisten gewesen sein. Denn wenn Verdi, der Fugen erklärtermaßen nicht mochte, im Schlachtbild seines *Macbeth* wie im Schluß des *Falstaff* Fugen verwendete, so weil er heterogene menschliche Handlungs- und Temperamentsverläufe nun dramaturgisch-hierarchisch knotenpunktartig fassen wollte – vieles Auseinanderstrebende wird einmal auf einen Nenner gebracht. Hindemith behält die Fuge nicht solchen Momenten vor, er setzt sie nicht wählerisch und ausgewählt ein, sondern losgelöst vom Umfeld und selbstzweckhaft. Dies geschah nicht intellektuell grundiert, sondern im Sinne naiver Abkapselung.

Paul Hindemith war auf seine Art ein Verführer. Er versammelte Menschen um sich in einem Klima intellektueller Harmonie, wie er es nannte. Freilich war das etwas rattenfängerisch gedacht. Denn intellektuelle Harmonie ergab sich für ihn und bei ihm durch spielerische Stimmigkeit. Kunst sollte Spaß machen, und Spiel konnte die vorrangige Basis dafür sein. So steuerte im Leben und Schaffen Hindemiths alles einer frühen und so sicher nicht gewollten Peripetie zu, nach der die ästhetisch-künstlerische Entwicklung sich konsolidierte, aber auch verengte. Wichtig wäre dabei wohl zu erkennen, daß diese Entwicklung folgerichtig war, weil sie sich in der persönlichen *Sturm und Drang*-Periode andeutet und nach dem Umschlag, der etwa mit *Mathis der Maler* einsetzt, zur Einlösung kommt.

Insofern steht Paul Hindemith also doch nicht rätselhaft vor uns, selbst wenn er uns überraschen kann, weil wir zu wenig von ihm wissen. Als Vorkämpfer für die neue Musik und als Zeitgenosse stand er – wie mancher andere übrigens außer ihm auch – nie wirklich zur Verfügung. Dazu war er zu betont mit sich selbst beschäftigt. Vielleicht hätte ihm bei kritischer Selbstuntersuchung dieser Umstand leidgetan. Als sich in seinem letzten Lebensjahrzehnt abzeichnete, daß man ihm nur noch aus einer Erinnerungsgesinnung heraus folgte, war eine Revision nicht mehr möglich, aber sicher von ihm selbst nun auch nicht mehr gewollt. Sei es aus Einsicht, sei es aus Verbitterung. Für eine kulturelle Tradition war er selbst die Vaterfigur, aber zugleich auch deren Schlußstein.

Dies legitimiert uns indes nicht, unsachlich und ungenau mit seinem Schaffen umzugehen. Denn die wertvollen Kristallisationspunkte in ihm liegen verdeckt. Hier hätte eine sorgfältige Repertoireschau des öffentlichen Musiklebens anzusetzen.

Premieren und Wiederaufnahmen

13. Oktober 1984
PAPILLON
Ballett von Ronald Hynd
nach der Originalfassung der Pariser Oper, 1860
Musik von Jacques Offenbach
eingerichtet und instrumentiert von
John Lanchbery
Musikalische Leitung: John Lanchbery
Choreographie und Inszenierung: Ronald Hynd
Bühnenbild und Kostüme: Peter Docherty

Joyce Cuoco, Jolinda Menendez, Jacqueline
Achmedowa, Louise Lester, Mary Renouf
Peter Breuer, Ferenc Barbay, Dorin Gal, Carey Davis,
Tomasz Kajdanski

24. November 1984
PIQUE DAME
von Peter Iljitsch Tschaikowsky
Neuinszenierung
Musikalische Leitung: Algis Shuraitis
Inszenierung: Joakim Scharojew
Bühnenbild: Georgi Meschischwili
Kostüme: Silvia Strahammer
Chöre: Günther Schmidt-Bohländer

Elena Obraszowa (Gräfin), Julia Varady (Lisa), Ludmilla
Schemtschuk (Polina), Gudrun Wewezow
(Gouvernante), Carmen Anhorn (Mascha),
Wladimir Atlantow (Hermann), Alexander Woroschilo
(Graf Tomski), Bodo Brinkmann (Fürst Jeletzki),
Yoshihisa Yamaji (Tschekalinski), Karl Helm (Surin),
Ulrich Reß (Tschaplitzki), Alfred Kuhn (Narumow),
Friedrich Lenz (Festordner), Vladimir Pavič (Der kleine
Kommandeur)

12. Dezember 1984
ARIADNE AUF NAXOS
von Richard Strauss
Neuinszenierung
Musikalische Leitung: Wolfgang Sawallisch
Inszenierung: Günter Roth
Bühnenbild: Ulrich Franz
Kostüme: Silvia Strahammer

Delores Ziegler (Komponist), Edita Gruberova
(Zerbinetta), Margaret Price (Primadonna/Ariadne),
Carmen Anhorn (Najade), Cornelia Wulkopf (Dryade),
Julie Kaufmann (Echo), Georg Paskuda (Haushofmeister),
Bodo Brinkmann (Musiklehrer), Peter Lindroos (Tenor/
Bacchus), David Thaw (Offizier), Claes H. Ahnsjö
(Tanzmeister), Hans Wilbrink (Perückenmacher),
Hermann Sapell (Lakai), John Janssen (Harlekin), Ulrich
Reß (Scaramuccio), Jan-Hendrik Rootering (Truffaldin),
Yoshihisa Yamaji (Brighella)

28. Januar 1985
CARDILLAC
von Paul Hindemith
Neuinszenierung
Musikalische Leitung: Wolfgang Sawallisch
Inszenierung: Jean-Pierre Ponnelle
Bühnenbild: Jean-Pierre Ponnelle
Kostüme: Pet Halmen
Chöre: Günther Schmidt-Bohländer

Maria de Francesca-Cavazza (Tochter), Doris Soffel
(Dame), Donald McIntyre (Cardillac), Robert Schunk
(Offizier), Hans Günter Nöcker (Goldhändler), Josef
Hopferwieser (Kavalier), Karl Helm (Führer der
Prévôté)

12. Februar 1985
Anläßlich des 100. Geburtstags des Komponisten
WOZZECK
von Alban Berg
Wiederaufnahme

Musikalische Leitung: Siegfried Köhler
Inszenierung: Dieter Dorn
Bühnenbild und Kostüme: Jürgen Rose
Chöre: Udo Mehrpohl

Dunja Vejzovic (Marie), Gudrun Wewezow (Margret), Bodo Brinkmann (Wozzeck), Josef Hopferwieser (Tambourmajor), Claes H. Ahnsjö (Andres), Hermann Winkler (Hauptmann), Karl Ridderbusch (Doktor), Nikolaus Hillebrand (1. Handwerksbursch), Ulrich Reß (2. Handwerksbursch), Yoshihisa Yamaji (Narr), Benjamin Westermayer (Mariens Knabe), Hans Wilbrink (Ein Soldat), Manfred Berger (Ein anderer Soldat)

2. März 1985 (Cuvilliés-Theater)
MOZART-BALLETTABEND

Divertimento Nr. 15
Choreographie: George Balanchine
Wiederaufnahme

Ein musikalischer Spaß
Choreographie: Peter Marcus
Uraufführung

Der Gottgeliebte – Gerüchte um Mozart
Choreographie: Peter Breuer
Uraufführung

Bühnenbild: Pet Halmen
Kostüme: Karinska/Bruno Schwengl/Pet Halmen

Jacqueline Achmedowa, Linda Kalda, Rosina Kovacs, Irina Lebedjewa, Louise Lester, Judith Turos
Carey Davis, Adrian Fryer, Dorin Gal, Peter Jolesch, Tomasz Kajdanski, Robert Machherndl, Shane Spooner, Waldemar Wolk-Karaczewski

30. März 1985
MACBETH
von Giuseppe Verdi
Neuinszenierung

Musikalische Leitung: Riccardo Muti
Inszenierung: Roberto De Simone
Bühnenbild und Kostüme: Giacomo Manzù
Chöre: Udo Mehrpohl

Elizabeth Connell (Lady Macbeth), Diane Jennings (Kammerfrau), Renato Bruson (Macbeth), Jan-Hendrik Rootering (Banquo), Veriano Luchetti (Macduff), Ulrich Reß (Malcolm), Gerhard Auer (Arzt), Hermann Sapell (Diener), Hans Wilbrink (Mörder)

15. Mai 1985
BALLETTABEND

Die Jahreszeiten
Musik von Alexander Glasunow

Der Fächer
Musik von Edward Elgar

Fanfare für Tänzer
Musik von Leoš Janáček
(Uraufführung)

Musikalische Leitung: Michael Collins
Choreographie: Ronald Hynd
Bühnenbild und Kostüme: Peter Docherty

Jolinda Menendez, Judith Turos, Rosina Kovacs, Irina Lebedjewa, Jacqueline Achmedowa, Louise Lester, Linda Kalda, Gabriele Hubert, Anna Seidl, Kiki Lammersen
Peter Breuer, Ferenc Barbay, Gyula Harangozó, Waldemar Wolk-Karaczewski, Carey Davis, Tomasz Kajdanski, Peter Jolesch, Alexander Minz, Dorin Gal, Adrian Fryer

26. Mai 1985
LA TRAVIATA
von Giuseppe Verdi
Wiederaufnahme

Musikalische Leitung: Carlos Kleiber
Inszenierung: Otto Schenk
Bühnenbild und Kostüme: Jürgen Rose
Chöre: Udo Mehrpohl

Edita Gruberova (Violetta Valéry), Marianne Seibel (Flora Bervoix), Helena Jungwirth (Annina), Neil Shicoff (Alfred Germont), Wolfgang Brendel (George Germont), Ulrich Reß (Gaston), John Janssen (Baron Douphol), Gerhard Auer (Marquis d'Obigny), Nikolaus Hillebrand (Doktor Grenvil), Christopher Scholl (Diener bei Violetta), Joachim-Alois Pieczyk (Diener bei Flora), Hermann Sapell (Bote)

6. Juli 1985
Anläßlich des 100. Geburtstags des Komponisten
LULU
von Alban Berg
Münchner Erstaufführung der dreiaktigen Fassung

Musikalische Leitung: Friedrich Cerha
Inszenierung: Jean-Pierre Ponnelle
Bühnenbild: Jean-Pierre Ponnelle
Kostüme: Pet Halmen

Catherine Malfitano (Lulu), Brigitte Fassbaender (Gräfin Geschwitz), Astrid Varnay (Theatergarderobiere), Helena Jungwirth (Gymnasiast), Diane Jennings (Eine Fünfzehnjährige), Cornelia Wulkopf (Ihre Mutter), Gudrun Wewezow (Kunstgewerblerin), Verena Gohl (Groom), Claes H. Ahnsjö (Der Maler/Ein Neger), Franz Mazura (Dr. Schön/Jack), Jacque Trussel (Alwa), Alfred Kuhn (Ein Tierbändiger/Der Athlet), Hans Hotter (Schigolch), Ulrich Reß (Der Prinz/Der Marquis), Friedrich Lenz (Kammerdiener), Kieth Engen (Der Theaterdirektor/Der Banquier), Hermann Sapell (Ein Clown/Polizeikommissär), Georg Paskuda (Stimme des Medizinalrats), Gerhard Auer (Diener), Hans Wilbrink (Journalist)

22. Juli 1985 (Cuvilliés-Theater)
LE ROI BÉRENGER
von Heinrich Sutermeister
Uraufführung

Musikalische Leitung: Wolfgang Sawallisch
Inszenierung: Jorge Lavelli
Bühnenbild und Kostüme: Max Bignens
Chöre: Udo Mehrpohl

Ute Trekel-Burckhardt (Königin Marguerite), Edith Mathis (Königin Marie), Julie Kaufmann (Juliette), Theo Adam (König Bérenger I.), Claes H. Ahnsjö (Arzt), Fritz Uhl (Der alte Leibwächter)

Akademiekonzerte

des Bayerischen Staatsorchesters
(Nationaltheater)

22. Oktober 1984
1. Konzert
Ludwig van Beethoven:
Ouvertüre zu »Coriolan«
Wolfgang Amadeus Mozart:
Symphonie Nr. 33 in B-Dur, KV 319
Johannes Brahms:
Symphonie Nr. 2 in D-Dur, op. 73
Leitung: Carlos Kleiber

5. November 1984
2. Konzert
Gustav Mahler:
Symphonie Nr. 7 in e-Moll
Leitung: Gary Bertini

3. Dezember 1984
3. Konzert
Wolfgang Amadeus Mozart:
Klavierkonzert in B-Dur, KV 595
Anton Bruckner:
Symphonie Nr. 9 in d-Moll
Leitung: Wolfgang Sawallisch
Solist: Emil Gilels

7. Januar 1985
4. Konzert
Wolfgang Amadeus Mozart:
Symphonie F-Dur, KV Anh. 223 (19a)
Wolfgang Amadeus Mozart:
Konzert für Violine und
Orchester in G-Dur, KV 216
George Gershwin:
Concerto in F für Klavier
und Orchester
Maurice Ravel:
Rhapsodie espagnol
Leitung: Wolfgang Sawallisch
Solisten: Takumi Kubota
          Jorge Bolet

4. Februar 1985
5. Konzert
Rudi Stephan:
Musik für Saiteninstrumente
(Münchner Erstaufführung)
Max Reger:
Symphonischer Prolog, op. 108
Leitung: Gerd Albrecht

4. März 1985
6. Konzert
Herbert Blendinger:
Divertimento für Streicher
(Uraufführung)
Vincent d'Indy:
Symphonie sur un chant
montagnard français, op. 25
für Klavier und Orchester
Darius Milhaud:
Concerto Nr. 1 für Klavier
und Orchester
Modest Mussorgsky:
Bilder einer Ausstellung
Leitung: Wolfgang Sawallisch
Solist: Grant Johannesen

6. Mai 1985
7. Konzert
Dmitrij Schostakowitsch:
Violinkonzert Nr. 1 in a-Moll, op. 77
Richard Strauss:
Don Juan
Ottorino Respighi:
Pinien von Rom
Leitung: Giuseppe Patané
Solist: Dmitry Sitkovetsky

3. Juni 1985
8. Konzert
Johannes Brahms:
Klavierkonzert Nr. 2
in B-Dur, op. 83
Antonín Dvořák:
Symphonie Nr. 7 in d-Moll, op. 70
Leitung: Wolfgang Sawallisch
Solist: Maurizio Pollini

Kammermusik-Matinéen und -Serenaden

des Bayerischen Staatsorchesters
(Cuvilliés-Theater)

28. Oktober 1984
31. Oktober 1984
1. Kammermusik

Werke von
Johann Joachim Quantz – Marin Marais – Johann David Heinichen – Georg Philipp Telemann – Bohuslav Martinu – Johann Sebastian Bach – Johann Christian Bach

Rudolf Schmidt (Violine); Trudi Horváth (Viola d'amore); Adolf Schmidt (Violoncello); Hans Dieter Kruse (Viola da gamba); Gernot Woll (Flöte); Gottfried Sirotek (Oboe und Oboe d'amore); Walter Götz (Kontrabaß); Heinrich Bender (Cembalo)

18. November 1984
27. November 1984
2. Kammermusik

Werke von
Bernhard Henrik Crusell – Dieter Rössler – Friedrich Kuhlau – Andreas Jakob Romberg – Wolfgang Amadeus Mozart

Eva Maria Nagora, Kai Bernhöft (Violine); Peter Blaumer, Gerhard Breinl (Viola); Gerhard Zank (Violoncello); Gernot Woll (Flöte); Klaus König (Oboe); Hubert Hilser (Klarinette); Siegfried Machata (Horn)

20. Januar 1985
3. Kammermusik

Jubiläumsmatinée

25 Jahre Kammermusik-Matinéen des Bayerischen Staatsorchesters

»Kammermusikalische Anthologie von der Klassik bis zur Gegenwart«

Werke von
Karl Ditters von Dittersdorf – Wolfgang Amadeus Mozart – Ludwig van Beethoven – Franz Schubert – Jean Françaix – Felix Mendelssohn Bartholdy – Ingo Sinnhoffer – Anton Ruppert – Antonín Dvořák – Johannes Brahms

Wolfgang Sawallisch (Klavier); Ingo Sinnhoffer, Luis Michal, Angel-Jésus Garcia, Eva Maria Nagora, Wolfgang Leopolder, Christa Milrad, Hiroko Yoshida, Jan Gruszecki, Aldo Volpini, Katharina Lindenbaum, Susanne Langer, Annette Krusenbaum (Violine); Fritz Ruf, Roland Metzger, Ottmar Machan, Peter Blaumer, Trudi Horváth, Gerhard Breinl, Esa Kamu, Ingo Sinnhoffer (Viola); Adolf Schmidt, Franz Amann, Friedrich Kleinknecht, Alexander Teuner, Gerhard Zank (Violoncello); Christoph Möhle (Kontrabaß); Hermann Klemeyer (Flöte); Hagen Wangenheim (Oboe); Hans Schöneberger, Hubert Hilser (Klarinette); Detlev Kühl, Klaus Botzky (Fagott); Siegfried Machata (Horn); Paul Lachenmeir, Walter Maier (Trompete); Robert Kamleiter, Richard Heunisch (Posaune)

24. März 1985

26. März 1985

4. Kammermusik

Zum 300. Geburtstag des Komponisten

Werke von
Johann Sebastian Bach

Gernot Woll (Flöte); Luis Michal (Violine); Franz Amann (Violoncello)

21. April 1985

23. April 1985

5. Kammermusik

Werke von
Gioacchino Rossini – Charles Gounod – Antonín Dvořák

Hermann Klemeyer (Flöte); Hagen Wangenheim, Gottfried Sirotek (Oboe); Hans Schöneberger, Hubert Hilser (Klarinette); Detlev Kühl, Kurt Meister (Fagott); Dietrich Kallensee (Kontrafagott); Siegfried Machata, Rainer Schmitz, Manfred Neukirchner (Horn); Friedrich Kleinknecht (Violoncello); Josef Niederhammer (Kontrabaß)

19. Mai 1985

21. Mai 1985

6. Kammermusik

Werke von
Johann Sebastian Bach

Eckhart Hermann (Violine); Gerhard Breinl (Violine und Viola); Gerhard Zank (Violoncello); Wolfgang Haag (Flöte); Klaus König (Oboe und Oboe d'amore); Detlev Kühl (Fagott); Christian Kroll (Cembalo)

Liedermatinéen und Liederabende

15. Januar 1985 – Cuvilliés-Theater
BODO BRINKMANN
Franz Schubert
Die Winterreise
Am Flügel: Wolfgang Sawallisch

17. Juni 1985 – Nationaltheater
LUCIANO PAVAROTTI
Am Flügel: John Wustman

7. Juli 1985 – Nationaltheater
HERMANN PREY
Lieder von Robert Schumann und Hugo Wolf
Am Flügel: Wolfgang Sawallisch

14. Juli 1985 – Nationaltheater
DIETRICH FISCHER-DIESKAU
Franz Schubert
Die Winterreise
Am Flügel: Hartmut Höll

24. Juli 1985 – Cuvilliés-Theater
INGRID BJONER
Lieder von Richard Wagner, Richard Strauss, Jean Sibelius und Edvard Grieg
Am Flügel: Einar Steen-Nökleberg

Einführungsveranstaltungen

18. November 1984 – Cuvilliés-Theater
Zur Neuinszenierung
PIQUE DAME
von Peter Iljitsch Tschaikowsky

21. Januar 1985 – Cuvilliés-Theater
Zur Neuinszenierung
CARDILLAC
von Paul Hindemith

20. März 1985 – Cuvilliés-Theater
Zur Neuinszenierung
MACBETH
von Giuseppe Verdi

26. Juni 1985 – Cuvilliés-Theater
Zur Neuinszenierung
LULU
von Alban Berg

7. Juli 1985 – Katholische Akademie
Zur Neuinszenierung
DIE BERNAUERIN
von Carl Orff

8. Juli 1985 – Cuvilliés-Theater
LE ROI BÉRENGER
von Heinrich Sutermeister

Jacques Offenbach
Papillon
Choreographie und Inszenierung: Ronald Hynd
Bühne und Kostüme: Peter Docherty
München 1984

Ballett-Woche 1984
(vom 13. bis 21. Oktober 1984)

Nationaltheater

13. Oktober 1984
PAPILLON (Premiere)
Ballett von Ronald Hynd
nach der Originalfassung der Pariser Oper, 1860

Musik von Jacques Offenbach
in der Bearbeitung von John Lanchbery

Musikalische Leitung: John Lanchbery
Choreographie und Inszenierung: Ronald Hynd
Bühnenbild und Kostüme: Peter Docherty

Joyce Cuoco, Jolinda Menendez, Jacqueline Achmedowa, Louise Lester, Mary Renouf
Peter Breuer, Ferenc Barbay, Dorin Gal, Carey Davis, Tomasz Kajdanski

14. Oktober 1984
PAPILLON
Ballett von Ronald Hynd
nach der Originalfassung der Pariser Oper, 1860

Musik von Jacques Offenbach
in der Bearbeitung von John Lanchbery

Musikalische Leitung: John Lanchbery
Choreographie und Inszenierung: Ronald Hynd
Bühnenbild und Kostüme: Peter Docherty

Joyce Cuoco, Jolinda Menendez, Jacqueline Achmedowa, Louise Lester, Mary Renouf
Peter Breuer, Ferenc Barbay, Dorin Gal, Carey Davis, Tomasz Kajdanski

15. Oktober 1984
PAPILLON
Ballett von Ronald Hynd
nach der Originalfassung der Pariser Oper, 1860

Musik von Jacques Offenbach
in der Bearbeitung von John Lanchbery

Musikalische Leitung: John Lanchbery
Choreographie und Inszenierung: Ronald Hynd
Bühnenbild und Kostüme: Peter Docherty

Judith Turos, Rosina Kovacs, Jacqueline Achmedowa, Louise Lester, Mary Renouf
Waldemar Wolk-Karaczewski, Jindrich Mikulasek, Peter Jolesch, Carey Davis, Tomasz Kajdanski

16. Oktober 1984
PAPILLON
Ballett von Ronald Hynd
nach der Originalfassung der Pariser Oper, 1860

Musik von Jacques Offenbach
in der Bearbeitung von John Lanchbery

Musikalische Leitung: John Lanchbery
Choreographie und Inszenierung: Ronald Hynd
Bühnenbild und Kostüme: Peter Docherty

Judith Turos, Rosina Kovacs, Jacqueline Achmedowa, Louise Lester, Mary Renouf
Waldemar Wolk-Karaczewski, Jindrich Mikulasek, Peter Jolesch, Carey Davis, Tomasz Kajdanski

17. Oktober 1984
SCHWANENSEE
von Peter Iljitsch Tschaikowsky

Musikalische Leitung: Michael Collins
Choreographie und Inszenierung: Peter Wright
Bühnenbild und Kostüme: Philip Prowse

Jolinda Menendez, Claudie Algeranowa, Jacqueline Achmedowa, Louise Lester, Rosina Kovacs, Judith Turos, Gabriele Hubert, Irina Lebedjewa, Natasha Maghfurian, Anna Villadolid, Barbara Korge, Trudie Campbell, Barbara Samp
Peter Breuer, Waldemar Wolk-Karaczewski, Jürgen Wienert, Jindrich Mikulasek, Dorin Gal, Tomasz Kajdanski, Leon Kjellsson, Shane Spooner, Robert Machherndl

Peter I. Tschaikowsky
Schwanensee
Inszenierung und Choreographie: Peter Wright
Bühne und Kostüme: Philip Prowse
München 1984

18. Oktober 1984

GASTSPIEL DES ALVIN AILEY AMERICAN DANCE THEATER

Suite Otis

Musik: Otis Redding
Choreographie: George Faison

Gary DeLoatch, Marilyn Banks, Masazumi Chaya, Debora Chase, Sharrell Mesh, Neisha Folkes, Ralph Glenmore, Kevin Brown, Carl Bailey, Deborah Manning

Cry

Musik: Alice Coltrane, Laura Nyro und Chuck Griffin
Choreographie: Alvin Ailey

Donna Wood

The Stack-Up

Musik: Maurice White, Verdine White, Larry Dunn, Philip Bailey, David Gates, Alphonze Mouzon, D. Doxdale, T. Dones, M. Clee, P. Graham, B. Robinson
Choreographie: Talley Beatty
Kostüme: Carol Vollet Garner

Ralph Glenmore, Gary DeLoatch, Marilyn Banks, Sharrell Mesh, Masazumi Chaya, Deborah Manning, Darius Grandisson, Jonathan Riseling, Stephen Smith, April Berry, Patricia Dingle, Kevin Brown, Rodney Nugent, Debora Chase, Neisha Folkes, Carl Bailey, Charles Epps

Revelations

Volksmusik
Choreographie: Alvin Ailey
Bühnenbild und Kostüme: Ves Harper

Masazumi Chaya, Debora Chase, Neisha Folkes, Kevin Brown, April Berry, Christopher Huggins, David St. Charles, Daniel Clark, Marilyn Banks, Rodney Nugent, Donna Wood, Michihiko Oka, Carl Bailey, Charles Epps

19. Oktober 1984

GASTSPIEL DES ALVIN AILEY AMERICAN DANCE THEATER

Divining

Musik: Monti Ellison, Kimati Dinizulu
Choreographie: Judith Jamison
Kostüme: Masazumi Chaya

Donna Wood, Toni Pierce, Masazumi Chaya, Jonathan Riseling, Elizabeth Roxas, Michihiko Oka, Beth Lane, Stephen Smith, Debora Chase, Marey Griffith, Renée Robinson, Marilyn Banks, Ralph Glenmore, Kevin Brown, Charles Epps

Treading

Musik: Steve Reich
Choreographie: Elisa Monte
Kostüme: Marisol

Deborah Manning, Carl Bailey

For Bird – With Love

Musik: Charlie Parker, Dizzy Gillespie, Count Basie, Jerome Kern
Choreographie: Alvin Ailey
Ausstattung: Randy Barcelo

Gary DeLoatch, Carl Bailey, Kevin Brown, Daniel Clark, Jonathan Riseling, Marilyn Banks, Barbara Pouncie, Neisha Folkes, Debora Chase, Dudley Williams, Patricia Dingle, April Berry

Revelations

Volksmusik
Choreographie: Alvin Ailey
Bühnenbild und Kostüme: Ves Harper

Rodney Nugent, Sharrell Mesh, Patricia Dingle, Kevin Brown, April Berry, Marey Griffith, Christopher Huggins, Daniel Clark, Stephen Smith, Deborah Manning, Ralph Glenmore, Donna Wood, Michihiko Oka, Carl Bailey, Jonathan Riseling

Alvin Ailey American Dance Theater
Revelations
Choreographie: Alvin Ailey
Gastspiel München 1984

20. Oktober 1984

GASTSPIEL DES ALVIN AILEY AMERICAN DANCE THEATER

Memoria

Musik: Keith Jarrett
Choreographie: Alvin Ailey
Kostüme: A. Christina Giannini

Donna Wood, Gary DeLoatch, Kevin Brown, Masazumi Chaya, Deborah Manning, Marilyn Banks, Daniel Clark, Sharrell Mesh, Michihiko Oka, Patricia Dingle, Stephen Smith, Barbara Pouncie, April Berry, Carl Bailey, Ralph Glenmore

Night Shade

Musik: Steve Reich
Choreographie: Ulysses Dove
Bühnenbild: Ulysses Dove
Kostüme: Carol Vollet Garner

Marey Griffith, Marilyn Banks, Deborah Manning, Neisha Folkes, Carl Bailey, Rodney Nugent, David St. Charles, Kevin Brown

Treading

Musik: Steve Reich
Choreographie: Elisa Monte
Kostüme: Marisol

Debora Chase, Carl Bailey

Revelations

Volksmusik
Choreographie: Alvin Ailey
Bühnenbild und Kostüme: Ves Harper

Masazumi Chaya, Debora Chase, Barbara Pouncie, Michihiko Oka, Renée Robinson, Sharrell Mesh, Ralph Glenmore, David St. Charles, Stephen Smith, Marilyn Banks, Gary DeLoatch, April Berry, Dudley Williams, Rodney Nugent, Darius Grandisson, Christopher Huggins

21. Oktober 1984

PAPILLON

Ballett von Ronald Hynd
nach der Originalfassung der Pariser Oper, 1860

Musik von Jacques Offenbach
in der Bearbeitung von John Lanchbery

Musikalische Leitung: Michael Collins
Choreographie und Inszenierung: Ronald Hynd
Bühnenbild und Kostüme: Peter Docherty

Judith Turos, Rosina Kovacs, Jacqueline Achmedowa, Louise Lester, Mary Renouf
Waldemar Wolk-Karaczewski, Jindrich Mikulasek, Peter Jolesch, Carey Davis, Tomasz Kajdanski

Altes Residenztheater
(Cuvilliés-Theater)

15. Oktober 1984
17. Oktober 1984
20. Oktober 1984

GASTSPIEL DER JOYCE TRISLER DANSCOMPANY

Dance for Six

Musik: Antonio Vivaldi
Choreographie: Joyce Trisler
Kostüme: Joyce Trisler

Jennifer Blose, Martha Connerton, Rebecca Rigert, Kenneth Bowman, Kevin Campbell, Jay Kerns

Ragtime

Musik: Igor Strawinsky
Choreographie: Milton Myers
Kostüme: Penny Howell

Jennifer Blose, Rebecca Rigert, Kenneth Bowman

Journey

Musik: Charles Ives
Choreographie: Joyce Trisler
Kostüme: Joyce Trisler

Martha Connerton

Four Etudes

Musik: Igor Strawinsky
Choreographie: Milton Myers
Kostüme: Milton Myers

Rebecca Rigert, Jay Kerns, Theresa Maldonado, Kevin Campbell, Jennifer Blose, Kenneth Bowman, Jeffrey Wadlington

Koan

Musik: Stephan Micus
Choreographie: Gray Veredon
Kostüme: Penny Howell

Rebecca Rigert, Jay Kerns

16. Oktober 1984
19. Oktober 1984
21. Oktober 1984

GASTSPIEL DER JOYCE TRISLER DANSCOMPANY

Four Etudes

Musik: Igor Strawinsky
Choreographie: Milton Myers
Kostüme: Milton Myers

Rebecca Rigert, Jay Kerns, Theresa Maldonado, Kevin Campbell, Jennifer Blose, Kenneth Bowman, Jeffrey Wadlington

Journey

Musik: Charles Ives
Choreographie: Joyce Trisler
Kostüme: Joyce Trisler

Martha Connerton

Ange des Orages

Musik: Philip Glass
Choreographie: Milton Myers
Kostüme: Natalie Garfinkel

Rebecca Rigert, Jay Kerns, Jennifer Blose, Kenneth Bowman, Kevin Campbell, Milton Myers, Martha Connerton, Theresa Maldonado

Bagatelles

Musik: Antonín Dvořák
Choreographie: Milton Myers
Kostüme: K. L. Fredericks

Jennifer Blose, Kenneth Bowman, Kevin Campbell, Jay Kerns, Jeffrey Wadlington, Rebecca Rigert

Four Temperaments

Musik: Paul Hindemith
Choreographie: Joyce Trisler
Kostüme: Joyce Trisler

Rebecca Rigert, Jay Kerns, Theresa Maldonado, Kevin Campbell, Martha Connerton, Kenneth Bowman, Jennifer Blose, Michael Blake

Gastspiele

10. und 11. Mai 1985

GASTSPIEL DES BALLET PHILIPPINES

of the Cultural Center of the Philippines

6. und 7. Juni 1985

GASTSPIEL DES NATIONAL BALLET OF CANADA

Don Quixote

Canciones · Components · Raymonda (3. Akt)

Anläßlich des 300. Geburtstages des Komponisten

9. Juni 1985

Georg Friedrich Händel

HERCULES

Konzertante Aufführung
in englischer Sprache

Musikalische Leitung: Nikolaus Harnoncourt
Concentus Musicus und die Konzertvereinigung
Wiener Staatsopernchor

Sarah Walker, Marjana Lipovsek, Jolanta Radek
Werner Hollweg, Roderick Kennedy, Artur Korn

14., 15. und 16. Juni 1985

GASTSPIEL DER SICHUAN-OPER, VOLKSREPUBLIK CHINA

Die weiße Schlange (Chinesische Oper)

Höhepunkte aus chinesischen Opern

28. und 30. Juli 1985

Gesamtgastspiel der Komischen Oper Berlin

Georg Friedrich Händel

GIUSTINO

Musikalische Leitung: Hartmut Haenchen
Inszenierung: Harry Kupfer
Bühnenbild: Valeri Lewental
Kostüme: Reinhardt Heinrich
Chöre: Gerhart Wüstner

Jana Smitkova, Violetta Madjarowa, Barbara Sternberger
Michael Rabsilber, Bernd Grabowski, Jochen Kowalski,
Günter Neumann, Hans-Martin Nau

Aufführungsstatistik 1984/85

(Gastspiele der Reihe »Die Staatsoper in Bayern« sind mitgezählt)

Opern

Adriana Lecouvreur	8
Aida	2
Arabella	7
Ariadne auf Naxos	5
Der Barbier von Bagdad	9
Der Barbier von Sevilla	5
Die Bernauerin	4
La Bohème	7
Cardillac	9
Carmen	6
La Cenerentola	5
Così fan tutte	3
Don Carlos	9
Don Pasquale	7
Elektra	3
Eugen Onegin	5
Die Fledermaus	5
Der fliegende Holländer	3
Die Frau ohne Schatten	1
Gianni Schicchi	4
Hänsel und Gretel	6
Die Hochzeit des Figaro	6
Johanna auf dem Scheiterhaufen	7
Das Liebesverbot	8
Lohengrin	1
Lulu	4
Die lustigen Weiber von Windsor	5
Macbeth	6
Madame Butterfly	2
Manon Lescaut	2
Ein Maskenball	6
Die Meistersinger von Nürnberg	2
Norma (konzertant)	2
Orpheus und Eurydike	3
Otello	5
Parsifal	2
Pique Dame	12
Rigoletto	8
Le Roi Bérenger	3
Der Rosenkavalier	4
Salome	2
Il Tabarro (Der Mantel)*	4
Tannhäuser	3
Tosca	6
La Traviata	5
Tristan und Isolde	1
Die vier Grobiane	2
Wozzeck	6
Die Zauberflöte	6

* zusammen mit »Gianni Schicchi«

Gastspiel der Bayerischen Staatsoper in der Volksrepublik China

Die Hochzeit des Figaro	5
Die Zauberflöte	4
Konzerte	2

Gastspiele an der Bayerischen Staatsoper

Giustino (Gesamtgastspiel der Komischen Oper Berlin)	2
Hercules (Gastspiel des Concentus Musicus und der Vereinigung Wiener Staatsopernchor)	1
Gastspiel der Sichuan-Oper, Volksrepublik China	3
Gastspiel des Alvin Ailey American Dance Theater	3
Gastspiel der Joyce Trisler Danscompany	6
Gastspiel des National Ballet of Canada	2
Gastspiel des Ballet Philippines	2

Ballette

Coppelia	3
La Fille mal gardée	7
Onegin	12
Papillon	25
Schwanensee	17
Der Fächer/Fanfare für Tänzer/Die Jahreszeiten	8
Fokine-Abend: Les Sylphides/Fragmente aus Petruschka/Der sterbende Schwan/La Spectre de la Rose/Le Carnaval	3
Mozart-Ballettabend: Divertimento Nr. 15/Ein musikalischer Spaß/Der Gottgeliebte – Gerüchte um Mozart	8
New Dance '85: Festival des Neuen und Experimentellen Tanzes	8
Ballett-Matinéen (Heinz-Bosl-Stiftung)	3

Konzerte, Matinéen u. a.

Akademiekonzerte	8
Konzert-Matinéen	3
Kammermusik-Matinéen	6
Kammermusik-Serenaden	6
Liederabende	3
Liedermatinéen	2
Klaviermatinée	1
Gala-Konzert	1
Abschlußkonzert der »Münchner Singschul' 1985«	1
Veranstaltungen des Opernstudios	6
Klang-Aktionen '84	4
Klang-Aktionen '85	3
Musik-Theater-Werkstatt (Der Marstall für Kinder)	4
Gastspiel des Théâtre Fantastique	4
Maldoror (Deutsch-französische Co-Produktion)	10
Einführungsveranstaltungen	6
Gedenkfeier Carl Orff	1

IV

Das Ensemble der Bayerischen Staatsoper

*

Vorschau auf die Spielzeit 1985/86

*

Gesellschaft zur Förderung
der Münchner Opern-Festspiele

Die Bayerische Staatsoper

*Staatsoperndirektor
und Generalmusikdirektor*
Wolfgang Sawallisch

Betriebsdirektor
Otto Herbst

Verwaltungsdirektor
Dr. Tomas Bauer

*Pressesprecher und Leiter
der Öffentlichkeitsarbeit*
Dr. Gerhard Heldt

Chefdramaturg
Dr. Hanspeter Krellmann

Ballettdirektor
Ronald Hynd

Technischer Direktor
Helmut Großer

Leiter des Kostümwesens
Günter Berger

*Leiter des Direktionsbüros und
Direktor des musikalischen Bereichs*
Gerd Uecker

Studienleiter
Richard Trimborn

Chordirektoren
Günther Schmidt-Bohländer
Udo Mehrpohl
Frank-Udo Schulze (Chorassistent)

Leiter der Bühnenmusik
Hans Martin

Leiter der Experimentierbühne
Walter Haupt

Sekretariate der Abteilungen
Eva Maria von Wildemann-Duday,
Ingrid Nützl
(Staatsoperndirektion und musikalische Leitung)
Evelyne Harder,
Petra Haupt (Verwaltung)
Krista Thiele (Dramaturgie)
Stephanie Redlich (Technische Direktion)

Betriebsbüro
Evamaria Wieser

Monika Finkel

Ursula Schleuning

Adelheid Busse
(Regiekanzlei)

Benno Ahr
Lisetta Jakob
(Vorzimmer des Betriebsbüros)

Pressestelle
Dr. Ulrike Hessler

Ulrike Wilckens
Ulrike Reisch
Johannes Reitmeier
(Volontäre)

Dramaturgie
Petra Grell
(Volontärin)

Haushaltsreferat
Eugen Friedl (Leitung)
Ruth Bachhuber

Personalverwaltung
Herwarth Stockmar (BTT, MTL)
Karl-Heinz Dittebrand (BAT)

Wolfgang Schöfthaler
Robert Paizoni
(Solo, Orchester, Chor, Ballett)

Herbert Rabhansl
(Allgemeine Theaterangelegenheiten)

Musikalische Einstudierung
Rita Loving
Anton Ruppert
Ulrich Sprenger
Thomas Uhlmann
Klaus von Wildemann

Spielleiter und Regieassistenten
Ronald H. Adler
Roberto Goldschlager
Helmut Lehberger
Georg Rootering

Inspizienten
Horst Wruck
Nikolaus Ehlers
Herbert Gurth
Gerhard Rothert
Ernst Weizenböck

Souffleusen
Ingrid von Eckardstein
Helga Korks
Christiane Montulet

Statisterie
Ralf Wedler
Renate Schulze

Bibliothek
Franz Hajek (Leiter)
Gabriele Strobl

Photographen
Anne Kirchbach
Sabine Toepffer

Registratur
Hedwig Freiwagner
Reinhold Linka

Telephonzentrale
Sigrid Fürst
Marianne Wagner
Angela Wankerl

Offizianten
Rudolf Festner
Josef Warmer

Dirigenten
Gerd Albrecht · Maurizio Arena · Niksa Bareza · Heinrich Bender · Gary Bertini · Luigi Campanino · Miltiades Caridis · Friedrich Cerha · Carlo Felice Cillario · Michael Collins · Heinz Fricke · Miguel Gomez Martinez · Heinrich Hollreiser · Marek Janowski · Bernhard Klee · Carlos Kleiber · Siegfried Köhler · Jiri Kout · Gustav Kuhn · John Lanchbery · Ferdinand Leitner · John Matheson · Uwe Mund · Riccardo Muti · Giuseppe Patané · Christof Prick · Wolfgang Sawallisch · Peter Schneider · Hanns-Martin Schneidt · Algis Shuraitis · Silvio Varviso · Hiroshi Wakasugi · Ralf Weikert

Instrumentalsolisten
Jorge Bollet · Emil Gilels · Bruno Hoffmann · Grant Jonannesen · Benedikt Koehlen · Takumi Kubota · Maurizio Pollini · Dmitry Sitkovetsky

Regisseure
Jean-Claude Auvray · Peter Beauvais · Ruth Berghaus · Wolf Busse · Giulio Chazalettes · John Copley · Dieter Dorn · Franco Enriquez · August Everding · Götz Friedrich · Tito Gobbi · Dietrich Haugk · Joachim Herz · Kurt Horres · Jorge Lavelli · Hans-Peter Lehmann · Herbert List · Jurij Ljubimov · Gian Carlo Menotti · Giancarlo del Monaco · John Neumeier · Rudolf Noelte · Pier Luigi Pizzi · Ernst Poettgen · Roman Polanski · Jean-Pierre Ponnelle · Günther Rennert · Günter Roth · Filippo Sanjust · Joakim Scharojew · Otto Schenk · Oscar Fritz Schuh · Roberto De Simone · Erich Walter · Herbert Wernicke

Bühnen- und Kostümbildner
Henry Bardon · Max Bignens · David Borovskij · Annelies Corrodi · Peter Docherty · Liselotte Erler · Peter Farmer · Ulrich Franz · Ernst Fuchs · Lore Haas · Pet Halmen · Dominik Hartmann · Jürgen Hassler · Reinhardt Heinrich · Rudolf Heinrich · Klaus Hellenstein · Benedikt Herforth · Gabriele Jaenecke · Herbert Kapplmüller · Jana Karen · Karinska · Herbert Kern · Eleonore Kleiber · Osbert Lancaster · Rolf Langenfass · André Majewski · Axel Manthey · Giacomo Manzù · Maria de Matteis · Ita Maximowna · Georgi Meschischwili · Hubert Monloup · Beni Montresor · Bernd Müller · Jörg Neumann · Pier Luigi Pizzi · Ernst Poettgen · Jean-Pierre Ponnelle · Philip Prowse · Susanne Raschig · Andreas Reinhardt · Jürgen Rose · Pier Luigi Samaritani · Filippo Sanjust · Ulisse Santicchi · Günther Schneider-Siemssen · Bruno Schwengl · Michael Scott · Michael Stennett · Otto Stich · Silvia Strahammer · Carlo Tommasi · Herbert Wernicke · Wilfried Werz · Erich Wonder · Jörg Zimmermann

Solisten
Lucia Aliberti · Kristina Anghelakova · Carmen Anhorn · Bruna Baglioni · Lisbeth Balslev · Agnes Baltsa · Gabriela Beňačková · Ingrid Bjoner · Angela Maria Blasi · Barbara Bonney · Christel Borchers · Birgit Calm · Maria Chiara · Pamela Coburn · Elizabeth Connell · Barbara Daniels · Helga Dernesch · Zdzislava Donat · Helen Donath · Ruthild Engert · Daphne Evangelatos · Brigitte Fassbaender · Maria de Francesca-Cavazza · Mirella Freni · Sona Ghazarian · Silvia Greenberg · Edita Gruberova · Sabine Hass · Elfie Hobarth · Marga Höffgen · Fiamma Izzo d'Amico · Gwyneth Jones · Helena Jungwirth · Raina Kabaivanska · Makvala Kasrashvili · Julie Kaufmann · Edith Lang · Josella Ligi · Margerita Lilowa · Glenys Linos · Marjana Lipovsek · Rebecca Littig · Catherine Malfitano · Adriana Maliponte · Janis Martin · Edith Mathis · Tamara Milaschkina · Alexandrina Miltschewa · Eugenia Moldoveanu · Mary Morgan · Ann Murray · Magda Nador · Alicia Nafé · Elena Obraszowa · Janet Perry · Lucia Popp · Margaret Price · Eva Randova · Carmen Reppel · Katia Ricciarelli · Ruth Rohner · Galina Savova · Ludmilla Schemtschuk · Marga Schiml · Trudeliese Schmidt · Monika Schmitt · Hanna Schwarz · Marianne Seibel · Cyndia Sieden · Tamara Siniavskaja · Maria Slatinaru · Doris Soffel · Ulrike Steinsky · Katherine Stone · Lilian Sukis · Stefania Toczyska · Anna Tomowa-Sintow · Ute Trekel-Burckhardt · Natalia Troitskaya · Julia Varady · Astrid Varnay · Dunja Vejzovic · Ute Vinzing · Gudrun Wewezow · Patricia Wise · Cornelia Wulkopf · Mara Zampieri · Delores Ziegler · Marilyn Zschau · Teresa Zylis-Gara

Theo Adam · Claes H. Ahnsjö · Giacomo Aragall · Francisco Araiza · Wladimir Atlantow · Gerhard Auer · Andreas Becker · Kurt Böhme · Christian Boesch · Franco Bonisolli · Franco Bordoni · Garbis Boyagian · Roland Bracht · Wolfgang Brendel · Bodo Brinkmann · Renato Bruson · Piero Cappuccilli · Carlo Cossutta · Alberto Cupido · Placido Domingo · Peter Dvorsky · Kieth Engen · Dietrich Fischer-Dieskau · Ferruccio Furlanetto · Kenneth Garrison · Jean Charles Gebelin · Nicolai Ghiaurov · Claudio Giombi · Dalmacio Gonzales · Walton Grönroos · Ferry Gruber · Raimund Grumbach · Franz Grundheber · Dénes Gulyás · Hans Helm · Karl Helm · Nikolaus Hillebrand · Juraj Hurny · Josef Hopferwieser · Heiner Hopfner · Gottfried Hornik · Hans Hotter · Heinz Imdahl · John Janssen · Siegfried Jerusalem · Manfred Jungwirth · Kaludi Kaludov · Matti Kastu · Peter Keller · James King · Franz Klarwein · Erich Knot · Karl Christian Kohn · René Kollo · Artur Korn · Alfred Kuhn · Benno Kusche · Giorgio Lamberti · Horst R. Laubenthal · Friedrich Lenz · Luis Lima · Peter Lindroos · Robert Lloyd · Veriano Luchetti · Matteo Manuguerra · Ermanno Mauro · Franz Mazura · Donald McIntyre · Mikael Melbye · Günter Missenhardt · Kurt Moll · Paolo Montarsolo · Corneliu Murgu · Franz Ferdinand Nentwig · Siegmund Nimsgern · Horst Nitsche · Hans Günter Nöcker · Leo Nucci · Norbert Orth · Attilio d'Orazi · Ernesto Palacio · Rolando Panerai · Georg Paskuda · Luciano Pavarotti · Laszlo Polgar · Juan Pons · Hermann Prey · Ruggero Raimondi · Alejandro Ramirez · Ulrich Reß · Karl Ridderbusch · Alberto Rinaldi · Jan-Hendrik Rootering · Kurt Rydl · Matti Salminen · Hermann Sapell · Vicente Sardinero · Roberto Scandiuzzi · Manfred Schenk · Georg Schnapka · Peter Schreier · Robert Schunk · Peter Seiffert · Enrico Serra · Neil Shicoff · Hans Sotin · Martti Talvela · David Thaw · Robert Tear · Jacque Trussel · Fritz Uhl · Ernesto Veronelli · Piero Visconti · Eberhard Waechter · Paolo Washington · Bernd Weikl · Spas Wenkoff · Hans Wilbrink · Gösta Winbergh · Hermann Winkler · Ingvar Wixell · Ekkehard Wlaschiha · Thomas Woodman · Alexander Woroschilo · Yoshihisa Yamaji · Giorgio Zancanaro

Andrea Jonasson · Krista Posch

Gustl Bayrhammer · Götz Burger · Rolf Castell · Gerd Deutschmann · Norbert Gastell · Max Griesser · Hans Gruber · Herbert Hanko · Walter von Hauff · Michael Hoffmann · Christian Kohlund · Abbas Maghfurian · Wilhelm Meyer · Hans Reinhard Müller · Franz Muxeneder · Nikolaus Paryla · Christian Quadflieg · Henner Quest · Otto Schenk · Wulf Schmid Noerr · Willy Schultes · Michael Schwarzmeier · Will Spindler · Fritz Strassner · Peter Wagner

Tölzer Sängerknaben

Opernstudio

Musikalische Leitung
Heinrich Bender

Korrepetition
Joachim Pohl · Walter Thomas

Bewegungsunterricht
Peter Marcus

Darstellungsunterricht
Ronald H. Adler · Jan Biczycki

Sprechunterricht
Mathilde Turowski · Margarethe Adler

Mitglieder
Györgyi Benza · Monika Brustmann · Verena Gohl · Diane Jennings · Karla Körbel · Ellen Strba · Reiko Tsuruta
Ian Christopher · Marshall Cooper · Egon Komann · Robert Künzli · Joachim-Alois Pieczyk · Christopher Scholl · Hans-Joachim Straub · Rüdiger Trebes

Das Bayerische Staatsorchester

1. Violine
Ingo Sinnhoffer · Luis Michal · Angel-Jésus Garcia · Antal Veress · Eva Maria Nagora · Heinrich Köthe · Wolfgang Leopolder · Christa Milrad · Rudolf Klier · Erich Gargerle · Richard Oelkers · Elfriede von Noé · Nikola Nikolic · Hiroko Yoshida · Erich Pizka · Joachim Boruvka · Kai Bernhöft · Maria Moscher · Jan Gruszecki · Aldo Volpini · Rainer Sadlik · Annette Krusenbaum · Fionnuala Hunt · Cäcilie Sproß

2. Violine
Eberhard Soltau · Rudolf Schmidt · Siegfried Schwarz · Katharina Lindenbaum-Schwarz · Heinz Werner · Heinz Deubel · Karl Mayer · Helmut Steger · Jürgen Frehde · Bernd Wunderlich · Brigitte Schwittek · Jiři Kveton · Susanne Langer · Marilyn-Marie Knüppel · Walter Probst · Ulrich Grußendorf · Klaus Huber · Eckhart Hermann

Viola
Fritz Ruf · Roland Metzger · Ottmar Machan · Wolfgang Reschke · Kurt Plank · Peter Blaumer · Josef Merkl · Hans Habig · Christian Radakovits · Friedbert Welscher · Trudi Horváth · Peter Kugler · Gerhard Breinl · Roland Krüger · Esa Kamu · Florian Ruf

Violoncello
Adolf Schmidt · Franz Amann · Peter Wöpke · Wolfram Reuthe · Friedrich Kleinknecht · Hans Joachim Link · Franz Krause · Alexander Teuner · Hans Dieter Kruse · Viktor Weywara · Karl Heinz Feit · Horstmar Probst · Wolfgang Bergius · Gerhard Zank

Kontrabaß
Christoph Möhle · Josef Niederhammer · Walter Götz · Alfred Nickel · Peter Schell · Wolfram Schmid · Pankraz Brendel · Heinz Peter Müller · Uwe Thielmann · Wolfgang Lauppe

Harfe
Ingeborg Fauss · Michael Scheer

Flöte
Gernot Woll · Hermann Klemeyer · Wolfgang Haag · Klaus Holsten · Fritz Peter Ruppert · Wilfried Elstner

Oboe
Hagen Wangenheim · Simon Dent · Klaus König · Gottfried Sirotek · Bernhard Emmerling · Helmut Wollenweber

Klarinette
Ivan Mähr · Hans Schöneberger · Klaus Sass · Horst Schwantner · Hubert Hilser · Hartmut Graf

Fagott
Oswald Herget · Detlev Kühl · Klaus Botzky · Kurt Meister · Dietmar Heinrich · Dietrich Kallensee

Horn
Hans Pizka · Siegfried Machata · Karl-Heinz Fedder · Hans Walter Burkhart · Rainer Schmitz · Volker Hardt · Wolfram Sirotek · Manfred Neukirchner · Rolf Jürgen Eisermann · Sebastian Huber

Trompete
Paul Lachenmeir · Christian Böld · Gerd Zapf · Manfred Klette · Helmut Musser · Walter Maier

Posaune
Carl Lenthe · Robert Kamleiter · Franz Eder · Lothar Zirkelbach · Heinz Weiher · Richard Heunisch

Tuba
Rudolf Güra · Robert Tucci

Pauke
Siegfried Wolf · Gerd Quellmelz

Schlagzeug
Hermann Holler · Walter Haupt · Hugo Dümig · Ralph Peinkofer · Andreas Vonderthann

Leiter der Orchesterbüros
Klaus Einfeld

Orchesterwarte
Manfred Hascher · Josef Hlawna · Heinz Weibhauser · Stefan Wennekers

Orchestervorstand
Kurt Meister · Klaus König · Gottfried Sirotek

Vorstand der Musikalischen Akademie
Kurt Meister · Elfriede von Noé · Klaus Botzky

Der Chor der Bayerischen Staatsoper

1. Sopran
Elisabeth Hellmann · Judith Funkhauser · Marlies Luttner · Helga Müller · Hilde Röttger · Elisabeth Schmaus · Hedy Veicht · Ursula Schreiber · Solmunde Schaller-Reinhardt · Serena Nierhaus · Elke Großhans · Nancy Prager · Barbara von Hammerstein · Lucy Craig · Irmengard Stümmer

2. Sopran
Elisabeth Deiss · Therese Weiß · Vera Gregor · Hildegard Steinmaier · Cosima Domroese · Inge Heller · Therese Katzer · Heidi Schmidt · Adelheid Mayr · Maria Mikulska

1. Alt
Käthe Heidrich · Christa Golle · Anita Berry · Margaret Liebl · Annegret Haack · Rosemarie Thomamüller · Mechthild Osseforth · Karin Lehmbach · Hildegard Peters-Schöfthaler · Gabriele Beißner · Anne Bergh

2. Alt
Christa Palme · Hanne-Ruth Mayer · Gundula Schumacher · Monika Gunia · Ingrid Polzin · Chrysta Komár · Helga Merill · Lore Siebke · Maria Weikmann · Petra Schürer · Renate Hackenberg

1. Tenor
Adolf Neumann · Gerhard Fuchs · Rudolf Schwab · Manfred Knappmann · Franz Strauch · Adolf Beer · Alwin Novy · Joachim Heinz · Georg Tarai · Karl Praprotnik · Stephen Rowland · Manfred Berger

2. Tenor
Hans Dürr · Werner Hochberger · Hans Carlitz · Werner Liebl · Friedrich Hackländer · Ernst Josef Müller · Karl Heinrich Derichs · Edmund Brunskill · Peter Klare · Michael Rohe · Joachim Bohdansky

1. Baß
Willi Lück · Hans Grotz · Franz Josef Luttner · Walter Brem · Hans Mursch · Valentin Dickhaut · Nikolaus Paczulla · Lothar Schreiber · Rainer Jakob Wichartz · Dieter Miserre · Herbert Huber

2. Baß
Max Jonetzko · Paul König · Arthur Horn · Helmut Schmitt · Mathias Pleis · Klaus Bayer · Otto Dechantsreiter · Magnus Bettau · Wolfgang Georgi · Heinz Schmidtpeter · Heinz Eichhorn · Kurt Benninghaus · Helmut Meinhardt · Jürgen Gregarek

Chorvorstand
Werner Liebl · Franz Strauch · Hildegard Peters-Schöfthaler

Ballett

Ballettdirektor: Ronald Hynd

Ballettmeisterin und stellvertretende Ballettdirektorin: Annette Page

Assistentin des Ballettdirektors und Sekretariat: Claudie Algeranowa

Ballettmeister und Trainingsmeister: Stefan Erler · Alexander Minz

Lehrer für die Eleven: Stefan Erler

Choreologin: Cherie Trevaskis

Repetitoren: Christian Feiler · Gregory Gadzhijev · Franz Schmidt

Choreographen
Frederick Ashton · George Balanchine · Ferenc Barbay · Ray Barra · Maurice Béjart · Gerhard Bohner · August Bournonville · Peter Breuer · John Butler · John Cranko · Rudi van Dantzig · Michail Fokine · William Forsythe · Terry Gilbert · Ronald Hynd · Johann Kresnik · Jiři Kylian · Harald Lander · Lar Lubowitch · Kenneth McMillan · Hans van Manen · Peter Marcus · John Neumeier · Jerome Robbins · Ben Stevensen · Glen Tetley · Youri Vámos · Erich Walter · Peter Wright

Tänzerinnen
Jacqueline Achmedowa · Trudie Campbell · Joyce Cuoco · Gabriele Hubert · Lynette Hughes · Siglinde Jagsch · Linda Kalda · Barbara Korge · Rosina Kovacs · Helen Kraus-Natschewa · Kiki Lammersen · Irina Lebedjewa · Louise Lester · Natasha Maghfurian · Andrée Martin · Jolinda Menendez · Pamela Morley · Irene Pedrotti · Susan Pfaff · Mary Renouf · Kerstin Rovana · Anna Rudolph · Barbara Samp · Donna Scherbakowa · Anna Seidl · Anna Serafinas · Gislinde Skroblin · Irene Steinbeißer · Cherie Trevaskis · Judith Turos · Pascale Vigouroux · Anna Villadolid · June Wall

Tänzer
Ferenc Barbay · Peter Breuer · Carey Davis · Jaroslav Federovicz · Adrian Fryer · Dorin Gal · Günther Gernot · Gyula Harangozó · Jean-Jacques Herment · Seweryn Hys · Peter Jolesch · Tomasz Kajdanski · Marko Kathol · Leon Kjellsson · Michel de Lutry · Robert Machherndl · Peter Marcus · Thomas Mayr · Jindrich Mikulasek · Fred Nagel · Jean-François Plateau · Carol Rednic · Erwin Ryser · Martin Sommerlatte · Shane Spooner · Gregor Swarcz · Youri Vámos · Jürgen Wienert · Waldemar Wolk-Karaczewski

Gäste
Laurel Benedict · Eva Evdokimova · Natalia Makarova
Peter Schaufuss

Kostümabteilung

Leiter der Kostümabteilung: Günter Berger
Kostümgestaltung: Silvia Strahammer
Verwaltungsangestellte: Annemarie Malonek · Hans Schöner
Lagerverwaltung: Walter Kiesewetter · Brigitte Sperl

*

Maske

Chefmaskenbildner: Rudolf Herbert
Stellvertreter: Ingrid Klug · Peter Seibert

Irene Ambrozy · Ida Arndt · Micaela Bomba · Angelika Brey · Rosita Doppler · François Ettinger · Renate Gammel · Ingrid Krümpeler · Christa Lautner · Margit Leiss · Helmut Maier · Karin Marino · Leonhard Putzgruber · Jürgen Rasche · Brigitte Rataj · Elke Rühlmann · Martha Scherer · Karl-Heinz Schrader · Angelika Schrott

Volontärinnen: Michaela Herbert · Margrit Timm

*

Assistentinnen: Helga Osward · Emilie Prosty · Claudia Tröscher (Volontärin)

Damenschneiderei:
Maria-Josefa Prötzel-Berchtenbreiter · Ulrike Scheiderer · Juliane Ulmann (Leitung der Damenschneiderei)

Irene Wächter (Gewandmeisterin)

Monika Dietrich · Elisabeth Graf · Bernadette Hahn · Lieselotte Handfest · Ingeborg Hoerl · Helga Krug · Rosemarie Laumeyer · Anneliese Neff · Maria Obermair · Gisela Reisinger · Erika Ronge · Ruth Salva · Annemarie Schreiber · Angelika Schwienbacher · Monika Zippel

Herrenschneiderei:
Norbert Klos · Alois Rösch (Leitung der Herrenschneiderei)

Franz-Xaver Bachhuber · Xaver Klein (Vorarbeiter)

August Bachhuber · Ahmed Bakhit · Mijo Bucar · Emanuela Buchner · Wolfgang Buchner · Ludwig Datzmann · Josef Ettl · Paul Feber · Martin Grabmaier · Peter Güttsches · Horst Hörrmann · Ria Manuela Kachel · Gerwin Müller · Jeerapan Pizka · Martin Schönwetter · Ernst Stine · Birgit Stöber

Repertoireschneiderei und Ausbildungswerkstätte:
Angelika Seidel (Meisterin)

Heidemarie Filip · Karin Schleifer · Klara Herstig

Cornelia Damm · Christine Neumeister · Kirsten Schwabe · Katharina Weiß · Heinz Paul Wimmer (Auszubildende)

Schuhmacherei:
Kurt Seidl (Schuhmachermeister)

Martina Radlmayr · Richard Wagner

Rüstkammer:
Adolf Munzig (Rüstmeister) · Egon Sorg

Modistinnen:
Ruth Burger · Edda Kriembardis · Margarethe Luegmair

Damengarderobe:
Jutta Lürman (Garderobenmeisterin)

Camilla Graber · Renate Roßberg · Franziska Schwarz (Vorarbeiterinnen)

Hildegard Bauer · Albertine Beer · Christa Bouymin · Hildegard Brehorst · Emilie Broschko · Edeltraud Denk · Gertraud Höhn · Liliane Kappl · Lieselotte Neff · Andrea Staudinger

Herrengarderobe:
Werner Dittrich (Garderobenmeister)

Rosa Friesinger · Arthur Merkel · Domenico Stano · Josef Zimmermann (Vorarbeiter)

Georg Albrecht · Ute Hauenstein · Roland Heizinger · Benno Karrer · Manfred Kolbe · Georg Krah · Günther Meergans · Michael Reith · Irene Schirdewan · Hanna Schmitt · Astrid Schneider

Magazin:
Erika Graf (Magazinmeisterin)

Irene Dilg · Helga Duscha · Iris Klapheck · Margarethe Liebert

Wäscherei:
Elisabeth Neubert · Ingeborg Oppel · Anna Thoms

Technik

Technische Direktion

Technischer Direktor: Helmut Großer

Technischer Leiter: Horst Wiegenstein

Technischer Assistent: Volker Josefowski

Technischer Betriebsleiter im Ausstattungs- und Werkstattbereich: Gerhart Kekek

Technische Verwaltung: Oscar Arnold · Peter Nagel · Martin Schermer · Josef Thalhammer · Christine Woidich

Ausstattung

Leiter des Ausstattungsateliers: Ulrich Franz

Ausstattungsassistenten: Harald Bernhard Thor · Christoph Rasche · Andrea Bednarz

Technischer Zeichner: Peter Molz

Bühne

Bühneninspektor: Günter Costa

Theaterobermeister: Helmut Gebhardt

Theatermeister: Franz Keck · Andreas Nunberger · Richard Stumpf

Werkstätten

Leiter der Dekorations- und Ausstattungswerkstätten: Matthias Kranzusch

Malersaal

Vorstand der Malersäle: Gustav Kutzer

Christine Aechtner · Peter Armbruster · Karl Botond · Lothar Bretschneider · Rudolf Feistner · Edmund Fischer · Arminio Jordanescou · Helmut Kehrer · Bettina Köpp · Wolfgang Köster · Lutz Kugler · Willibald Röhling · Oliver Schott · Richard Semmler · Josef Urmössy

Plastiker- und Kascheurwerkstatt

Leiter: Hermann Raster

Elisabeth Fuchs · Hannes Heindl · Manfred Hiller · Peter Pfitzner

Schreinerei

Schreinermeister: Hans Hellwig

Stefan Beyerer · Alfred Gallina · Wolfgang Haslinger · Alfred Hirt · Hermann Kellner · Theodor Kreuzer · Hermann Paltzer · Roland Petz · Xaver Prommersberger · Matthias Pullina · Heinz Rotermund · Ernst Sagaster · Alfred Wagner · Sebastian Walbrunn · Josef Wallner · Karl Walter · Franz Wurmitsch
Ulrike Pasler (Auszubildende)

Schlosserei

Schlossermeister: Bernhard Bukowski

Horst Faltermeier · Rudolf Kreilinger · Erwin Müller · Fritz Tretter · Hilmar Weber · Rudolf Westermeier

Tapezierer

Tapezierermeister: Peter Kretzschmar

Olga Grasdanner · Max Kohlhuber · Johann Kreilinger · Heidemarie Neupert · Hilde Peltret-Unterreiner · Edith Sackser · Alfons Schels · Andreas Thun

Hauspersonal

Manfred Bauknecht (Hausmeister); Peter Waldinger (Betriebselektriker); Ursula Pichlmeier · Anna Stimmer · Magdalena Walbrun (Reinigungsfrauen)

Bühne

Hydraulik

Maschinenmeister: Alfred Reichlmeier

Wilhelm Bauer · Ferdinand Berner · Georg Forster · Peter Gorofsky · Alfons Mangstl · Ernst Richter · Helmut Schäffler · Josef Staudinger · Siegfried Wiebrodt · Johann Zimmermann

Bühnenhandwerker

Seitenmeister: Otto Bachschneider · Ludwig Bußmann · Johann Dier · Georg Maintok · Siegfried Morgenländer · Josef Nußbaumer · Gerhard Schmid · Johann Thannhofer · Franz Werner

Schnürmeister: Leonhard Schindler · Ludwig Spitzer · Karl Heinz Wechsler

Vorarbeiter: Georg Kroneck · Rudolf Wohlleben

Wilhelm Aechtner · Detlev Baierl · Heinz Böhme · Necip Bostanci · Arnulf Brandl · Anton Brei · Friedhelm Bulla · Martin Jan Coma · Klaus Danner · Albert Darchinger · Johann Demmel · Ivan Dobrenic · Matthias Dönch · Heinz Donhauser · Joachim Dreier · Josef Fischl · Lothar Fröhlich · Johann Fürnrieder · Luigi Graziadio · Hans J. Guerok · Peter Häuplik · Werner Harrer · Hans Hasieber · Egbert Hauck · Gottfried Hermann · Josef Herzinger · Ludwig Hörburger · Johann Hofherr · Sebastian Huber · Georg Hummel · Wilhelm Kammerer · Eugen Kawszun · Christian Kniesl · Gerd König · Heinz Köppen · Karel Kousal · Erich Kraxenberger · Erich Krüger · Klaus Lang · Rudolf Lang · Hubert Lukas · Gottfried Maier · Adolf Mayr · Günther Meier · Werner Meister · Josef Neumeier · Alb. H. van Noort · Günter Paul ·

Matthus Penzl · Ildefonso Peres de la Iglesia · Kalmat Pimanow · Kurt Prestele · Josef Reindl · Adolf Reithmayr · Rudolf Reithmayr · Josef Riedmeier · Georg Sagmeister · Helmut Schmid · Josef Schmid · Hans Schneider · Jürgen Schöll · Helmut Schweigert · Lorenz Spielberger · Josef Staudinger · Engelbert Steinmacher · Franz Xaver Stelzl · Josef Stöhr · Rainer Swiontek · Siegfried Unruh · Herbert Vornehm · Willi Vornehm · Michael Walbrun · Kurt Wustl

Beleuchtung

Leiter des Beleuchtungswesens: Wolfgang Frauendienst

Beleuchtungsmeister: Johann Darchinger · Wilfried Jerasch · Rudolf Rappmannsberger · Peter Schween

Paul Alexy · Michael Bauer · Christian Bittner · Harry De Lon · Günter Einlechner · Herbert Fischer · Helmut Gröger · Alfons Heckmeier · Johannes Heiß · Eberhard Heitbrink · Karl Jesenko · Richard Kornprobst · Manfred Krapf · Bernd Lipfert · Werner Merkel · Hermann Neumann · Reinhold Ruf · Gerald Schöll · Rudolf Schleinkofer · Felix Soberon · Wolfgang Stettberger · Alfred Zehrer

Elektro-Akustik

Tonmeister: Dieter Behne

Annegret Brehme · Wolfgang Preissler · Klaus-Dieter Schwarz · Franz Ziel

Requisiten-Abteilung

Möbel- und Requisitenmeister: Götz Tiede

Hans Andreas · Artur Auer · Theodor Hampel · Robert Hitzinger · Heinz Maschinowski · Karl-Heinz Mertel · Wolfgang Noack · Frank Paspirgilis · Karl Pausch · Christian Raaber · Günther Scharl · Manfred Schenk · Alfred Schmid · Helmut Schmittner · Konrad Schönhofer · Gottfried Strobl · Josef Widera

Transport

Magazinverwalter: Herbert Dichtl

Hellmut Bauer · Günter Broßmann sen. · Günter Broßmann jun. · Rainer Kapfer · Rudolf Langer · Herbert Lukas · Luigi Piluso · Georg Schmidbauer sen. · Klaus Schraml · Helmut Seidenschwand · Michelangelo Siani · Stefan Stieglmeier · Rolf Stude · Joachim Teichert · Karl Weiß · Johann Zaschka

Bühnenputzerinnen

Anna Hagn · Kunigunde Möthe · Elke Nebling · Irene Schmidberger · Kall. Tsartsidou

Haus

Heizung

Heizungs- und Klimameister: Augustin Haas

Hans-Peter Eidenschink · Josef Feldmeier · Josef Greska · Herbert Moser · Anton Rippl · Hubert Sukacz · Helmut Stieglmeier

Hauselektrik

Elektromeister: Günther Wolf

Axel Adlichhammer · Karl Bestle · Giovanni Deiure · Horst Pichler · Klaus Schneider · Ernst Staller

Fahrwesen

Leiter: Max Böshenz

Albert Gandorfer · Johann Göllert · Gerd-Ulrich Hartmann · Heinrich Jendryssek · Franz Krenn · Franz Xaver Muggenthaler · Manfred Rappold

Hausinspektion

Leiter: Adolf Reuschlein

Hausverwalter: Johann Lainer · Leonhard Winterholler

Coriolan Coman · Wilhelm Ebersberger · Horst Eisenhauer · Georg Feichtmeier · Walter Fiedler · Siegfried Gärtner · Georg Güthlein · Otto Jablonski · Rudolf Knabl · Wilhelm Rehm · Ernst Schöll · Günter Schubert · Günther Siekmann · Robert Spieske · Ernst Vettermann · Günter Wannack

Garderobenpersonal

Lieselotte Baumann · Aloisia Blettner · Anna Böhm · Rosa Buckentin · Maria Buckhardt · Erna Diepold · Anna Enzinger · Therese Florian · Marianne Grill · Waltraud Huber · Hildegard Jablonsky · Anneliese Jurka · Mana Lehrmann · Monika Lucka · Elisabeth Ludl · Anna Niedermeier · Elisabeth Oberbeil · Svea Primus · Ursula Rasmy · Luise Rödl · Rosa Uhlendorf · Franziska Veit · Maria Wiedora · Betti Winkler · Margot Wittenberg · Therese Wolfsteiner · Pravda Zierler

Einlaßpersonal

Konrad Aigner · Anton Alpas · Gordon Asanger · Michael Bachinger · Kurt Bock · Helmut Burkhardt · Klaus Cosda · Christian Cramer · August Eichhammer · Hans Fritzberg · Franz Haf · Jürgen Hoffmann · Richard Hoffmann · Heinrich Horn · August Huthmann · Thomas Jablonsky · Kurt Jansen · Josef Kartje · Max Kehrle · Rainer Männig · Eberhard Mende · Wilhelm Müller · Karl Nemeth · Martin Neumann · Enrico Rossi · Karl Heinz Scheibel · Robert Schindler · Heinrich Stadler · Adolf Stauß · Josef Stock · Robert Thiel · Herbert Vortisch · Frank Wernitz · Hans Wiesmüller · Friedrich Winkler · Dieter Wittenberg · Franz Wolfsteiner · Karl Heinz Zeiger · Walter Zierler

Reinigungsfrauen

Olga Botticella · Rosa Braun · Stana Cizmic · Mileva Cvijanovic · Doris Eichinger · Barbara Göllert · Else Grabmeier · Elfriede Harrer · Renate Herzberger · Anna Kirchpfennig · Gisela Kleyer · Elfriede Klein · Maria Köpf · Nada Lainer · Maria Litzinger · Nada Malancic · Cita Menacher · Mileva Micic · Anna Mooser · Charlotte Müller · Maria Müller · Milosava Pavlovic · Emma Pfandorfer · Maria Posedi · Johanna Rachinsky · Renate Rausch · Rita Schießl · Christa Schmidt · Helga Silva · Veronika Spierer · Ingrid Taubold · Stanka Tesic · Antonia Tomasiello · Marica Trpkovic · Anna Vladarsky · Paula Wenger · Maria Wenzel · Mathilde Wergles

Vorschau auf die Spielzeit 1985/86

18. September 1985
Beginn der Spielzeit

Fernseh-Aufzeichnung

25. September 1985

Paul Hindemith
CARDILLAC

Dirigent: Wolfgang Sawallisch
Regie und Bühnenbild: Jean-Pierre Ponnelle
Kostüme: Pet Halmen

Maria de Francesca-Cavazza
Doris Soffel

Donald McIntyre
Robert Schunk
Hans Günter Nöcker
Joseph Hopferwieser
Karl Helm

Weitere Vorstellungen:
14. Oktober, 4. Dezember 1985;
10. und 31. Januar 1986

3. Oktober 1985

Arnold Schönberg
MOSES UND ARON
Wiederaufnahme

Dirigent: Gerd Albrecht
Regie: Giancarlo del Monaco
Bühnenbild: Jean-Pierre Ponnelle
Kostüme: Pet Halmen

Wolfgang Reichmann
Wolfgang Neumann

Weitere Vorstellungen:
9., 11., 15. und 18. Oktober 1985;
26. und 29. Januar 1986

20. Oktober 1985

BALLETTABEND
Neuproduktion

27. Oktober 1985

Werner Egk
PEER GYNT
Wiederaufnahme

Dirigent: Heinrich Bender
Regie: Kurt Horres
Bühnenbild und Kostüme: Wilfried Werz

Marianne Seibel
Cheryl Studer
Astrid Varnay

Hermann Becht
Horst Hiestermann

Weitere Vorstellungen:
31. Oktober, 1. Dezember 1985;
1. Februar 1986

29. November 1985

Jules Massenet
MANON
Neuinszenierung
in französischer Sprache

Dirigent: Julius Rudel
Regie, Bühnenbild und
Kostüme: Jean-Pierre Ponnelle

Dekorationen und Kostüme wurden mit freundlicher Genehmigung von der Wiener Staatsoper entliehen

Edita Gruberova
Julie Kaufmann
Carmen Anhorn

Neil Shicoff
Alberto Rinaldi
Hans Günter Nöcker
Kenneth Garrison

Weitere Vorstellungen:
2., 4., 8., 12. und 15. Dezember 1985

18. Dezember 1985

Pietro Mascagni
CAVALLERIA RUSTICANA
Wiederaufnahme

Dirigent: Giuseppe Patané
Regie: Giancarlo del Monaco
Bühnenbild: Günther Schneider-Siemssen
Kostüme: Silvia Strahammer

Julia Varady
Astrid Varnay

Giorgio Lamberti
Piero Cappuccilli

Ruggiero Leoncavallo
I PAGLIACCI (DER BAJAZZO)
Wiederaufnahme

Dirigent: Giuseppe Patané
Regie: Giancarlo del Monaco
Bühnenbild: Günther Schneider-Siemssen
Kostüme: Silvia Strahammer

Angela Maria Blasi

Wladimir Atlantow
Piero Cappuccilli
Alberto Rinaldi
Ulrich Reß

Weitere Vorstellungen:
21., 26. und 29. Dezember 1985;
3. und 6. Januar 1986

Silvestervorstellung

Johann Strauß
DIE FLEDERMAUS

16. Januar 1986
(Cuvilliés-Theater)

BALLETTABEND
Neuproduktion

anschließend bis zum
24. Januar 1986

BALLETT-TAGE 1986

25. Januar bis
8. Februar 1986

TAGE DES ZEITGENÖSSISCHEN MUSIKTHEATERS

25. Januar 1986

OPERN-URAUFFÜHRUNG

von Volker David Kirchner

Weitere Vorstellungen:
28. Januar, 5. Februar 1986

Arnold Schönberg
MOSES UND ARON
(26. und 29. 1.)

Heinrich Sutermeister
LE ROI BÉRENGER (27. 1.)
(Cuvilliés-Theater)

Alban Berg
WOZZECK (30. 1. und 4. 2.)
LULU (2., 6. und 8. 2.)

Paul Hindemith
CARDILLAC (31. 1.)

Werner Egk
PEER GYNT (1. 2.)

Arthur Honegger
JOHANNA AUF DEM
SCHEITERHAUFEN (7. 2.)

2. März 1986

Wolfgang Amadeus Mozart

DON GIOVANNI

Neuinszenierung
in italienischer Sprache

Dirigent: Wolfgang Sawallisch
Regie: Maximilian Schell

Edita Gruberova
Trudeliese Schmidt
Angela Maria Blasi
Thomas Allen
Peter Seiffert
Kurt Moll
Jan-Hendrik Rootering
Christian Boesch

Weitere Vorstellungen:
5., 8., 13., 16., 19. und 22. März 1986

23. März 1986

Richard Wagner

PARSIFAL

Dirigent: Wolfgang Sawallisch

Ingrid Bjoner

René Kollo
Wolfgang Brendel
Kurt Moll
Hans Günter Nöcker
Karl Helm

Weitere Vorstellungen:
27. und 30. März 1986

27. April 1986

Giuseppe Verdi
LA FORZA DEL DESTINO
(DIE MACHT DES SCHICKSALS)

Neuinszenierung
in italienischer Sprache

Dirigent: Giuseppe Sinopoli
Regie: Götz Friedrich
Bühnenbild: Hans Schavernoch
Kostüme: Lore Haas

Julia Varady
Marjana Lipovsek

Veriano Luchetti
Wolfgang Brendel
Kurt Moll
Jan-Hendrik Rootering

Weitere Vorstellungen:
30. April, 4., 8., 12., 15. und 19. Mai 1986

FRÄNKISCHE FESTWOCHE IM MARKGRÄFLICHEN OPERNHAUS BAYREUTH:

23. und 24. Mai 1986
ARIADNE AUF NAXOS
Dirigent: Wolfgang Sawallisch

26., 27. und 28. Mai 1986
BALLETT

14. Juni 1986
BALLETTABEND
Neuproduktion

Münchner Opern-Festspiele 1986

Eröffnungspremiere

7. Juli 1986

Aribert Reimann
TROADES
Uraufführung

Dirigent: Gerd Albrecht
Regie und Bühnenbild: Jean-Pierre Ponnelle
Kostüme: Pet Halmen

Helga Dernesch
Doris Soffel
Carmen Reppel
Cyndia Sieden

Bodo Brinkmann
Matti Kastu

Carmen Renate Köper
Rolf Boysen

21. Juli 1986

Jacques Offenbach
LES CONTES D'HOFFMANN
(HOFFMANNS ERZÄHLUNGEN)

Neuinszenierung
in französischer Sprache

Dirigent: Riccardo Chailly
Regie: Otto Schenk
Bühnenbild: Günther Schneider-Siemssen
Kostüme: Monika von Zallinger

Cyndia Sieden
Trudeliese Schmidt
Pamela Coburn
Cornelia Wulkopf

Neil Shicoff
Wolfgang Brendel
Alfred Kuhn
Jan-Hendrik Rootering
Karl Helm
Claes H. Ahnsjö
Ferry Gruber
Hans Günter Nöcker

THEATER IM MARSTALL

Geplante Produktionen der Experimentierbühne der Bayerischen Staatsoper in der Spielzeit 1985/86

November 1985

NIGHT
Uraufführung

Musik: Lorenzo Ferrero
Regie und Libretto: Peter Werhahn
Bühnenbild und Kostüme: Michael Scott

Anfang Dezember 1985 und Februar 1986

NEUE MUSIK im Marstall

Szenische Konzertversuche

(Co-Produktionen mit dem Stadtjugendamt und dem »Studio für Neue Musik«)

Januar 1986

MUSIK-THEATER-WERKSTATT
FÜR KINDER

(Co-Produktion mit der Pädagogischen Aktion)

März 1986

NEW DANCE FESTIVAL

April 1986

BETRIEBSVERFASSUNGSGESETZ
Uraufführung

Choreographisches Theater
von Johann Kresnik

Musik: Walter Haupt
Regie und Choreographie: Johann Kresnik
Bühnenbild: Anne Steiner

Geplant:

Januar 1986 oder Juli 1986

Uraufführung einer
JUGEND- UND KINDEROPER

Musik und Regie: Niels Frederic Hoffmann

AKADEMIEKONZERTE DES BAYERISCHEN STAATSORCHESTERS
(Nationaltheater)

7. Oktober 1985
1. AKADEMIEKONZERT
Johann Nepomuk David
Variationen über ein Thema von Johann Sebastian Bach, op. 29a

Der Titel eines Instrumentalkonzertes mit dem Preisträger des ARD-Wettbewerbs 1985 wird noch bekanntgegeben

Robert Schumann
1. Symphonie B-Dur, op. 38
Leitung: Wolfgang Sawallisch
Solist: 1. Preisträger des ARD-Wettbewerbs 1985

4. November 1985
2. AKADEMIEKONZERT
Christobal Jimenez Halffter
Fantasie über einen Klang von Händel

Igor Strawinsky
Concerto in D für Violine und Orchester

Hector Berlioz
Symphonie fantastique, op. 14
Leitung: Jesus Lopez Cobos
Solist: Frank Peter Zimmermann

8. Dezember 1985
WOHLTÄTIGKEITSKONZERT FÜR DIE AKTION »ADVENTSKALENDER FÜR GUTE WERKE«
Programm wie 3. Akademiekonzert

9. Dezember 1985
3. AKADEMIEKONZERT
Peter Jona Korn
»Der Psalm vom Mut« – Kantate für Bariton, Chor und Orchester zu Texten von Lion Feuchtwanger
Uraufführung

Anton Bruckner
2. Symphonie, c-Moll
Leitung: Wolfgang Sawallisch

3. Februar 1986
4. AKADEMIEKONZERT
Wilhelm Killmayer
Hölderlin-Lieder
Uraufführung

Karl Amadeus Hartmann
Gesangsszene »Leben und Sterben des heiligen Teufels«
Leitung: Wolfgang Sawallisch
Solisten: Peter Schreier
Dietrich Fischer-Dieskau

9. März 1986
KONZERT-MATINÉE
Programm wie 5. Akademiekonzert

10. März 1986
5. AKADEMIEKONZERT
Leitung: Carlos Kleiber

7. April 1986
6. AKADEMIEKONZERT
Jean Sibelius
Violinkonzert d-Moll, op. 47

Richard Strauss
Der Bürger als Edelmann, op. 60

Richard Strauss
Till Eulenspiegels lustige Streiche, op. 28
Leitung: Wolfgang Sawallisch
Solist: Shlomo Mintz

5. Mai 1986

7. AKADEMIEKONZERT

Gustav Mahler
6. Symphonie a-Moll

Leitung: Giuseppe Sinopoli

9. Juni 1986

8. AKADEMIEKONZERT

Ludwig van Beethoven
Klavierkonzert Nr. 3, c-Moll

Peter Iljitsch Tschaikowsky
Symphonie Nr. 6, h-Moll, op. 74
(»Pathétique«)

Leitung: Wolfgang Sawallisch
Solist: Alfred Brendel

KAMMERMUSIK-VERANSTALTUNGEN DES BAYERISCHEN STAATSORCHESTERS

(Cuvilliés-Theater)

29. September 1985

1. KAMMERMUSIK-MATINÉE

Richard Strauss
Klavierquartett op. 13, c-Moll

Günter Bialas
9 Bagatellen für Bläsertrio,
Streichtrio und Klavier
Uraufführung

Ludwig Thuille
Sextett op. 6 für Klavier, Flöte,
Oboe, Klarinette, Fagott und Horn

Wolfgang Sawallisch (Klavier); Angel-Jésus Garcia (Violine); Fritz Ruf (Viola); Franz Amann (Violoncello); Hermann Klemeyer (Flöte); Simon Dent (Oboe); Hans Schönberger (Klarinette); Klaus Botzky (Fagott); Siegfried Machata (Horn)

2. Oktober 1985

KAMMERMUSIK-SERENADE

Programm und Besetzung wie
1. Kammermusik-Matinée am 29. 9.

17. November 1985

2. KAMMERMUSIK-MATINÉE

Johann Sebastian Bach
»Die Kunst der Fuge«

Das Sinnhoffer-Quartett: Ingo Sinnhoffer, Aldo Volpini (Violine), Roland Metzger (Viola), Peter Wöpke (Violoncello); Christoph Möhle (Kontrabaß); Chrisitan Kroll (Orgelpositiv)

19. November 1985

KAMMERMUSIK-SERENADE

Programm und Besetzung wie
2. Kammermusik-Matinée am 17. 11.

9. Februar 1986

3. KAMMERMUSIK-MATINÉE

Faschingsprogramm

10. und 12. Februar 1986

KAMMERMUSIK-SERENADEN

Programm und Besetzung wie
3. Kammermusik-Matinée am 9. 2.

16. März 1986

4. KAMMERMUSIK-MATINÉE

Joseph Haydn
Streichquartett op. 64 Nr. 6, Es-Dur

Leoš Janáček
1. Streichquartett (1923)

Ludwig van Beethoven
Streichquartett op. 74, Es-Dur

Das Leopolder-Quartett: Wolfgang Leopolder, Hiroko Yoshida (Violine); Gerhard Breinl (Viola); Friedrich Kleinknecht (Violoncello)

18. März 1986

KAMMERMUSIK-SERENADE

Programm und Besetzung wie
4. Kammermusik-Matinée am 16. 3.

27. April 1986

5. KAMMERMUSIK-MATINÉE

Giovanni Giuseppe Cambini
Trio in A-Dur für Flöte,
Violine und Viola

Jacques Ibert
Trio für Harfe, Violine und
Violoncello

Gioacchino Rossini
Quartett in B-Dur für Flöte,
Violine, Viola und Violoncello

Serge Prokofieff
Quintett op. 39 für Oboe,
Klarinette, Violine, Viola
und Kontrabaß

Gernot Woll (Flöte); Bernhard Emmerling (Oboe); Hartmut Graf (Klarinette); Ulrich Grußendorf (Violine); Roland Krüger (Viola); Wolfram Reuthe (Violoncello); Gudrun Haag (Harfe)

15. Juni 1986

6. KAMMERMUSIK-MATINÉE

Ludwig van Beethoven
Klarinettentrio op. 11, B-Dur

Hermann Zilcher
Klarinettentrio op. 90

Johannes Brahms
Klarinettentrio op. 114, a-Moll

Hartmut Graf (Klarinette); Gerhard Zank (Violoncello); Carl-Heinz März (Klavier)

17. Juni 1986

KAMMERMUSIK-SERENADE

Programm und Besetzung wie
6. Kammermusik-Matinée am 15. 6.

Gesellschaft zur Förderung der Münchner Opern-Festspiele

SCHIRMHERR:

Dr. h. c. Franz Josef Strauß
Bayerischer Ministerpräsident

EHRENPRÄSIDIUM:

Professor Dr. Hans Maier
Bayerischer Staatsminister für Unterricht und Kultus

Max Streibl
Bayerischer Staatsminister der Finanzen

Anton Jaumann
Bayerischer Staatsminister für Wirtschaft und Verkehr

Aufgabe der im Jahre 1958 gegründeten Gesellschaft ist es, die Münchner Opern-Festspiele durch wirtschaftliche und publizistische Maßnahmen zu fördern und so ihre Bedeutung im In- und Ausland weiter zu heben. Dies geschieht Jahr für Jahr insbesondere durch allgemeine Zuschüsse der Gesellschaft zur »Spitzenfinanzierung« hochwertiger Neuaufführungen im Rahmen der Festspiele und durch die Publikation des »Jahrbuchs der Bayerischen Staatsoper«, das anläßlich der Opern-Festspiele von der Gesellschaft in Verbindung mit der Staatsoperndirektion der Bayer. Staatsoper herausgegeben wird. Die Mittel hierfür werden in Form von Mitgliedsbeiträgen und Spenden aufgebracht. Die Mindestzuwendung fördernder Mitglieder ist auf DM 2000,– zuzüglich DM 40,– Verwaltungskostenbeitrag festgesetzt. Dieser Betrag ist abzüglich eines Mitgliedsbeitrages von DM 40,– als »Jahresspende« steuerlich absetzbar. Über Einzelheiten informiert Sie die Geschäftsstelle der Gesellschaft (Theatinerstr. 7/IV, 8000 München 2, Tel. 21 32 54 20).

Carl Wagenhöfer
Erster Vorsitzender

Erhardt D. Stiebner
Zweiter Vorsitzender

Die Jahresmitgliederversammlung der Gesellschaft zur Förderung der Münchner Opern-Festspiele am 21. November 1984, geleitet vom 1. Vorsitzenden der Gesellschaft, Carl Wagenhöfer, stand mit ihrem unterhaltenden Teil im Zeichen der China-Reise der Bayerischen Staatsoper. Die Abbildungen zeigen eine chinesische Opernszene sowie Orchestermitglieder beim Vorführen von mitgebrachten chinesischen Musikinstrumenten.

VORSTAND:

1. Vorsitzender Carl Wagenhöfer
Landeszentralbankpräsident i. R., München

2. Vorsitzender Erhardt D. Stiebner
Persönlich haftender und geschäftsführender Gesellschafter der F. Bruckmann KG, München

Schatzmeister Dr. Peter Pfeiffer
Mitglied des Vorstandes der Bayerischen Vereinsbank AG, München

Schriftführer Dipl.-Ing. Siegfried Janzen
Direktor a. D. der Siemens AG, München

August von Finck
Persönlich haftender Gesellschafter des Bankhauses Merck, Finck & Co., München

Reinhold Kuebart
Mitglied des Vorstandes a. D. der Hacker-Pschorr-Bräu AG, München

Dr. Wolfgang Schieren
Vorsitzender des Vorstandes der Allianz Versicherungs-AG, München

Dr. Josef Huber
Ministerialdirigent, Leiter der Protokollabteilung der Bayerischen Staatskanzlei, München

Franz Kerschensteiner
Ministerialdirigent, Leiter der Abteilung Kunst, Kunsthochschulen und Fachhochschulen und Staatstheaterreferent im Bayerischen Staatsministerium für Unterricht und Kultus, München

Professor Wolfgang Sawallisch
Staatsoperndirektor, München

KURATORIUM:

Dr. Peter Adolff
Mitglied der Geschäftsleitung der Allianz Versicherungs-AG, München-Berlin

Dr. Bernhard Bergdolt
Vorsitzender des Vorstandes i. R. der »Löwenbräu AG« München

Professor Dr.-Ing., Dr. h. c. Arthur Burkhardt
Vorsitzender des Vorstandes i. R. der Württembergischen Metallwarenfabrik, Stuttgart

Dr. Wilfried Guth
Mitglied des Vorstandes der Deutschen Bank AG, Frankfurt

Dr. Wolfgang Heintzeler
Senator E. h., Mitglied des Vorstandes a. D. der BASF Aktiengesellschaft, Heidelberg

Horst K. Jannott
Vorsitzender des Vorstandes der Münchener Rückversicherungs-Gesellschaft AG, München

Dr. Wolfgang Leeb
Mitglied des Vorstandes der Dresdner Bank AG, Frankfurt

Gertrud Papp
Inhaberin der Amtsspedition Balthasar Papp, München

Dr. Heinrich Reuschel
Persönlich haftender Gesellschafter des Bankhauses Reuschel & Co., München

Dipl.-Ing. Georg Schäfer
Persönlich haftender Gesellschafter der FAG Kugelfischer Georg Schäfer & Co., Schweinfurt

Dr. h. c. Karl Erhard Scheufelen
Fabrikant, Mitinhaber der Papierfabrik Scheufelen, Oberlenningen (Württ.)

Dr. Hubert Schmid
Mitglied des Vorstandes der Bayerischen Landesbank Girozentrale, München

Rosely Schweizer-Oetker
Murrhardt

Dr. Peter von Siemens
Mitglied des Aufsichtsrats-Ehrenpräsidiums der Siemens AG, München

Dr. Raban Freiherr von Spiegel
Mitglied des Vorstandes der Commerzbank AG, Frankfurt

Reinhold Vöth
Intendant des Bayerischen Rundfunks, München

Dr. Elmar Windthorst
Aufsichtsratsvorsitzender der Bauknecht GmbH, Stuttgart

Dr. Helmut Wolf
Vorsitzender des Vorstandes der Contigas Deutsche Energie-AG, Düsseldorf

Professor Dr. Joachim Zahn
Vorsitzender des Vorstandes i. R. der Daimler-Benz AG, München

GESCHÄFTSFÜHRER:

Herbert Zimmer
Vizepräsident der Landeszentralbank in Bayern, München

EHRENMITGLIEDER DER GESELLSCHAFT:

Professor Rudolf Hartmann
Staatsintendant a. D. der Bayerischen Staatsoper, München

Carl Wagenhöfer
Landeszentralbankpräsident i. R., München

Erich W. O. Busse
Mitglied des Vorstandes a. D. der Krauss-Maffei AG, München-Allach

Nachstehende Persönlichkeiten und Firmen
haben finanziell zusätzlich zum Gelingen
des Opern-Jahrbuches beigetragen,
so daß ihnen die Herausgeber
zu besonderem Dank verpflichtet sind.

Verlag DIE ABENDZEITUNG GmbH & Co. KG, München
Allianz Versicherungs-AG, München
Bayerische Handelsbank AG, München
Bayerische Landesanstalt für Aufbaufinanzierung, München
Bayerische Landesbank Girozentrale, München
Bayerische Rückversicherung AG, München
Bayerische Rundfunkwerbung GmbH, München
Bayerische Versicherungsbank AG, München
Bayern-Versicherung, München
BLV Verlagsgesellschaft mbH, München
Verlag F. Bruckmann KG, München
Commerzbank AG, Frankfurt
CONTIGAS Deutsche Energie-AG, Düsseldorf
Grand Hotel Continental GmbH, München
Daimler-Benz AG, München
Deutsche Bank AG, München
Dresdner Bank AG, München
Eisenwerk-Gesellschaft Maximilianshütte mbH, Sulzbach-Rosenberg
EPA Papiergroßhandel GmbH, Karlsruhe
Frankona Rückversicherungs-AG, München
Graphika-Werbung GmbH, München
Hacker-Pschorr Bräu GmbH, München
Haindl Papier GmbH, Augsburg
Hartmann & Mittler GmbH, München
Farbenfabriken Michael Huber München GmbH, Heimstetten
Dipl.-Ing. Siegfried Janzen, München
Horst Krüger, Badenweiler
Dr.-Ing. Friedrich Lehmhaus, Krailling
LHI Leasing für Handel und Industrie GmbH, München
MD Papierfabriken Heinrich Nicolaus GmbH, Dachau
Münchener Rückversicherungs-Gesellschaft, München
Münchner Pilot-Gesellschaft für Kabel-Kommunikation mbH (MPK), Unterföhring
R. Oldenbourg Graphische Betriebe GmbH, Kirchheim
Frau Gertrud Papp, München
Richard Pflaum Verlag KG, München
Bankhaus Reuschel & Co., München
Druckfarbenfabriken Gebr. Schmidt GmbH, Frankfurt
Papierfabrik Scheufelen GmbH + Co. KG, Lenningen
Siegwerk Druckfarben, J. Ganslmeier, Germering
Siemens AG, München
Süd-Chemie AG, München
Süddeutscher Verlag GmbH, München
Weltkunst Verlag GmbH, München

Autoren dieses Buches

Hans J. Fröhlich, geboren 1932 in Hannover, deutscher Schriftsteller. Schrieb mehrere Romane, eine Schubert-Biographie (1978), arbeitet als Kritiker und Essayist. War Kompositionsschüler Wolfgang Fortners. Fröhlich lebt in München.

Franz Willnauer, geboren 1933 in Enns/Österreich. Promovierte zum Dr. phil. in Psychologie und Theaterwissenschaften. 1957–1960 Tätigkeit im Musikverlag Universal Edition Wien, 1960–1963 Kulturredakteur der Monatszeitschrift »Forum«, daneben von 1952 bis 1964 Musikkritiker. 1963–1972 in leitenden Positionen an den Theatern in Stuttgart, Münster und Freiburg im Breisgau tätig, seit 1972 Leiter der Kulturabteilung der Bayer AG, Leverkusen. Zahlreiche Publikationen, darunter »Bühne als geistiger Raum« (gemeinsam mit Oscar Fritz Schuh; 1963) und »Gustav Mahler und die Wiener Oper« (1979).

Wilfried Hiller, geboren 1941 in Weißenhorn/Schwaben, deutscher Komponist. Studierte ab 1964 in München, u. a. bei Günter Bialas Komposition. Wurde 1969 Schüler von Carl Orff. Schrieb Bühnenwerke, Bühnenmusiken, zuletzt mit Michael Ende die bairische Mär »Der Goggolori«. Lebt in München.

Andres Briner, geboren 1923 in Zürich, studierte in seiner Heimatstadt am Konservatorium und an der Universität Musikwissenschaft. Promotion zum Dr. phil. 1953. Gastprofessor an der Universität von Pennsylvania von 1955 bis 1964. Er war Schüler Hindemiths und verfaßte eine Biographie über ihn. Er wurde leitender Musikkritiker an der Neuen Zürcher Zeitung und lebt in Zürich.

Helmut Heißenbüttel, geboren 1921 in Wilhelmshaven, deutscher Schriftsteller. Studierte Architektur, Germanistik und Kunstgeschichte in Dresden, Leipzig und Hamburg. Mitglied der Gruppe 47, des PEN-Clubs, der Akademie der Künste Berlin. Er erhielt 1969 den Darmstädter Georg-Büchner-Preis, 1971 den Hörspielpreis der Kriegsblinden. Von 1959 bis 1981 Leiter der Abteilung Radio-Essay des Süddeutschen Rundfunks Stuttgart. Lebt in Borsfleth bei Glückstadt.

Herbert Rosendorfer, geboren 1934 in Bozen, lebt als Amtsrichter in München. Schrieb Romane, Erzählungen, Theaterstücke, Fernsehspiele, Hörspiele. Beschäftigt sich mit Musik und schreibt darüber.

Horst Leuchtmann, geboren 1927 in Braunschweig, studierte Musik und Musikwissenschaft in München. Nach seiner Promotion zum Dr. phil wurde er freier, dann festangestellter Mitarbeiter der Musikhistorischen Kommission der Bayerischen Akademie der Wissenschaften. Er ist Herausgeber der Werke Orlando di Lassos und hat Lehraufträge an der Staatlichen Musikhochschule München und an der Universität München. Er redigiert die Halbjahresschrift »Musik in Bayern«.

Aloys Greither, geboren 1913 in Mittelberg im Kleinen Walsertal, studierte in München Psychologie, Pädagogik, Philosophie, Kunstgeschichte und Musikwissenschaft (Promotion zum Dr. phil. 1936) sowie Medizin (Promotion zum Dr. med. 1940). Von 1962 bis 1982 Professor an der Düsseldorfer Universität und Direktor der Universitätshautklinik Düsseldorf. Verschiedene Veröffentlichungen, u. a. drei Bücher über Mozart. Lebt als freier Musik- und Kunstwissenschaftler in München.

Mathilde Berghofer-Weichner, geboren 1931 in München, studierte Jura in München und promovierte 1957 zum Dr. jur. Nach Stationen in der Gerichtslaufbahn ging sie 1966 ins Bayerische Kultusministerium und wurde 1970 Ministerialrätin. 1968 stellvertretende Landesvorsitzende der CSU, 1970 Mitglied des Bayerischen Landtags. Seit 1974 Staatssekretärin im Staatsministerium für Unterricht und Kultus.

Siegfried Janzen, geboren 1905 in Liegnitz, studierte Technische Physik und erwarb 1929 in Dresden den Dipl.-Ing. Er war ab 1928 bei Siemens & Halske in Berlin tätig, nach 1945 bei Siemens in München. Eines seiner Spezialgebiete ist die Elektroakustik, er nahm die Eichung der Lautstärkeeinheit Phon vor. Wurde 1970 Ehrenbürger der Technischen Universität München. Janzen lebt in München.

Helmut Schneider, geboren 1936 in Stuttgart, studierte Kunstgeschichte, Theaterwissenschaft und Archäologie in München und Wien. Er schrieb u. a. über die Bühnenbildner in Riemanns Musiklexikon. Seit 1968 freier Kunstkritiker (Mitglied der AICA), lebt in München.

Lew Kopelew, geboren 1912 in Borodjanka/Ukraine, russischer Schriftsteller, studierte Germanistik in Moskau und trat bei Kriegsbeginn in die Rote Armee ein. Wegen seiner Sympathien mit dem damaligen deutschen Feind, niedergelegt in dem im Westen 1975 erschienenen Buch »Aufbewahren für alle Zeit«, wurde er zu zehn Jahren Straflager verurteilt. Danach lehrte er deutsche Literatur und Theaterwissenschaft in Moskau. 1980 reiste er in die Bundesrepublik und wurde ein Jahr später von der UdSSR ausgebürgert. Gastprofessuren an deutschen Hochschulen. Lebt als freier Schriftsteller in Köln.

Hanspeter Krellmann, geboren 1935 in Würzburg. Studierte Musik in Düsseldorf und Musikwissenschaft, Theatergeschichte und Alte Geschichte in Köln. Promotion zum Dr. phil. 1966. Arbeitete als freier Musikjournalist. Ab 1976 Chefdramaturg am Staatstheater Darmstadt. Seit 1982 an der Bayerischen Staatsoper München tätig als Pressesprecher, seit 1984 als Chefdramaturg. Veröffentlichte u. a. Darstellungen über Ferruccio Busoni und Anton Webern.

JAHRBUCH DER BAYERISCHEN STAATSOPER VIII
Herausgegeben anläßlich der Münchner Opern-Festspiele 1985 von der Gesellschaft zur Förderung der Münchner Opern-Festspiele zusammen mit der Direktion der Bayerischen Staatsoper
Zusammenstellung, Bilderauswahl, Redaktion: Dr. Hanspeter Krellmann
Assistenz: Krista Thiele
Redaktionelle Mitarbeit: Petra Grell
Nachweise: Alle Artikel sind Originalbeiträge für das JAHRBUCH.
Abbildungen: Bruckmann-Archiv: n. S. 4; Anne Kirchbach, Söcking: n. S. 8, n. S. 64, n. S. 74, n. S. 146, S. 180; Sabine Toepffer, München: n. S. 12, S. 27, n. S. 80, n. S. 106, S. 148; H. Angermaier, München: S. 17; Erich Alban Berg: Der unverbesserliche Romantiker, Österreichischer Bundesverlag, Wien 1985: S. 19; Originalwiedergabe: S. 22, n. S. 48; Christine Woidich, München: n. S. 24 (2), n. S. 82, S. 84, 86, 88, n. S. 88, n. S. 90, S. 94, n. S. 96, S. 98; Walter Schels: S. 29, n. S. 42; Sammlung Kläre Jürgens: S. 34, 35; Schott Verlag: S. 44; Newman Flower: George Frideric Handel, Cassell u. Company Ltd., London 1959: n. S. 56; Archiv der Bayerischen Staatsoper: S. 59, 103, 105, 137, 150; The New Grove, Vol. 16, London 1980: S. 71; Marie-Ange Dowré/Claude Sauvageot: China in Farbe, GeoCenter Stuttgart, München u. a., 1981: S. 100; S. Bayat: S. 108; Leipziger Bach-Gesamtausgabe, Supplementband Nr. IV, Deutscher Verlag für Musik, Leipzig 1979: S. 112, 115, 117; Marc Chagall: Retrospektive (Katalog), Kestner Gesellschaft, Hannover 1985: n. S. 118; Denis Bablet: Les révolutions sceniques du XXe siècle, Paris 1975: S. 120, 121, n. S. 122, S. 124; Hannes Kilian, Wäschenbeuren: S. 126; Maria Steinfeldt, Berlin (DDR): S. 127; Mozart, Klassik für die Gegenwart, Vereins- und Westbank, Hamburg 1978: n. S. 128; Programmheft *Pique Dame*, Bayerische Staatsoper, München 1984: S. 132; Musik-Konzepte 31 – Giacinto Scelsi, München 1983: S. 68.
Alle Rechte für Nachdruck und Bildveröffentlichungen vorbehalten.
Einlage gedruckt auf h'frei weiß mattgestrichen Bilderdruck BVS, 100g/m^2, Farbabbildungen gedruckt auf h'frei weiß Bilderdruck BVS mit Stern 115 g/m^2 der Papierfabrik Scheufelen, Oberlenningen.
Redaktionsschluß: 10. Mai 1985.
1. Auflage

Druck: Bruckmann München